한국사회를
움직이는
7가지
설득력

이 책은 방일영문화재단의 지원을 받아 저술·출판되었습니다.

한국사회를
움직이는

7가지 설득력

이성민 지음

이담
Books

프롤로그

    2012년은 대한민국 역사 발전의 이정표가 될 것이다. 제19대 국회의원 선거와 제18대 대통령 선거가 함께 치러지는 해이고, 대한민국 GDP의 5분의 1을 차지하는 삼성전자가 명실상부한 전자분야 세계 1위 기업으로 부상한 해이기 때문이다. 또한 탈북자 2만 명, 장기 체류 외국인 100만 명 시대에 진입한 2012년은 사회 변화를 반영이라도 하듯 종북 성향과 해외 이주민 출신 국회의원이 원내로 진입한 해이기도 하다.

    또한 김정일 사망 후 정권을 승계한 김정은의 북한이 핵과 미사일로 국제 문제를 야기하는 가운데, 반기문 유엔 사무총장은 재선 임기를 시작하며 '강력한 유엔' 만들기를 주장하고 있다. 그리고 유럽의 금융 위기가 불어닥쳐 세계가 냉풍에 휩싸인 가운데, 한국 출신 미국인 김용 세계은행 총재가 임기를 시작한다. 또한 소녀시대를 앞세운 SM 엔터테인먼트는 일본과 미국을 거쳐, 유럽과 남미, 아시아와 아프리카까지 활동 무대를 넓히고 있다.

    '선거의 여왕' 박근혜 의원이 추락 직전의 새누리당을 구출해 내자,

노무현 전 대통령의 평생 동지 문재인 후보가 대통령 출사표를 던졌고, 이어 안철수 컴퓨터 바이러스 연구소를 세운 안철수 후보도 대통령 선거 출마를 선언했다. 국민소득 2만 달러 시대를 맞는 대한민국은 국민소득 3만 달러를 목표로 항진을 계속하며, 통일 인구 8천만 명 시대의 가능성을 타진하고 있다.

세계가 주목하는 대한민국은 2012년 여전히 사회 전 분야에서 역동적이다. 정치는 날마다 혁명 중이고, 경제는 사활을 건 세계 기업들의 전쟁에서 용하게 버텨 남은 기업들이 쉬지 않고 구조 조정 중이다. 21세기는 문화의 시대라지만, 대한민국의 문화는 변화 일색이다. 정말로 끊임없이 모습을 바꾸고, 새롭게 거듭나고 있다. 추락하는 일본 경제는 부정적(Negative) 전망으로, 욱일승천하는 한국 경제는 긍정적(Positive) 전망으로, AA의 같은 대외 신인도 평가 등급으로 만났다. 따라서 2012년은 한일관계에서 교묘한 역사적 전환점이 될 것이다.

이러한 21세기 대한민국의 모습은 19세기 후반, 쇄국으로 굳게 문을 닫았던 대한민국의 전신 조선의 모습과는 천양지차이다. 근대화 실패에 대한 반성일까, 현대 정보 사회에 대한 갈망일까? 대한민국은 20세기 내내 전 분야에서 쉬지 않고 공사 중이었다. 그 결과 6·25한국전쟁 이후 60년 만에 대한민국은 세계 10위권의 무역대국으로 성장했다.

역사 연표에는 기록으로는 나타낼 수 없는 역사적 사실들이 숨어 있다. 20세기 한반도의 역사는 일제강점과 광복, 6·25한국전쟁과 민족 분단 그리고 발전으로 요약되겠지만, 역사적 진실은 근대화 시작과 근대화 달성, 민주주의 쟁취와 실현이라는 진실을 담고 있다. 또한 1950년 한국전쟁 직전 국민소득 100달러, 인구 1,600만 명의 대한민국이 62년이 지난 2012년 국민소득 25,000달러, 인구 5,000만 명의 세계 11대 무역 강국으로 성장한 내용도 역사 연표에는 담겨 있지 않다.

한강의 기적으로 표현되던 대한민국 근대화는 세계가 주목하는 비약적인 경제 성장을 이뤄, 한국전쟁 당시 세계 각국으로부터 도움을 받던 나라에서 이제는 개발도상국가들에 도움을 주는 나라로 변모한 세계에서 유례가 없는 역사를 창조했다. 물론 이러한 놀라운 사실들도 단편적인 역사적 사건만을 기록하는 역사 연표에는 전혀 실리지 않은 내용들이다.

대한민국 산업화는 민주주의 의식을 가진 시민 세력을 형성시켰고, 시민 세력은 군부독재를 차단했다. 1948년 7월 17일 민주공화국 대한민국이 건국된 이후, 장기 집권을 추구한 정치 세력은 있었지만, 종신 대통령의 출현은 이루어지지 않았다. 대한민국의 시민 세력은 헌법 절차를 통해 정권을 장악한 집권 세력의 임기는 보장해 주었지만, 정권 연장은 결코 허락하지 않았다.

대한민국의 근대화 과정을 폄하하는 세력은 대한민국이 산업화는 이루었어도, 민주주의는 이룩하지 못했다고 강변한다. 그러나 대한민국은 최단 시간에 경제 발전과 함께 자유민주주의를 정착한 국가이다. 대한민국은 일본도 이룩하지 못한 시민혁명을 통한 자유민주주의를 실현했고, 정부와 국민이 함께 힘을 모아 산업화를 이룩했다.

대한민국은 근대사회를 완성하고, 현대사회로 발전하고 있다. 근대화의 핵심은 산업혁명과 시민혁명이다. 대한민국의 산업혁명은 인위적 혁명이었지만, 대한민국의 시민혁명은 4·19혁명, 유신 반대, 광주 민주화 운동 등의 형태로 지속적으로 나타났다. 대한민국의 민주주의는 제2차 세계대전에서 승리한 연합군이 선물로 가져다준 것이 아니라, 항일 독립 운동을 전개한 임시정부의 광복 운동의 결과였다. 이러한 사실은 대한민국 헌법이 증명하는 건국이념이다.

대한민국은 이제 21세기의 세계 중심국가로 나아가고 있다. 미국의 대표적인 투자회사 골드만삭스는 2050년 대한민국이 국민소득 8만 달러의 세계 2위 국가로 도약할 것이라고 예측하고 있다. 38년 뒤 대한민국의 모습을 화려하게 예측해 준 골드만삭스의 주장이 실현되기 위해서 필요한 것은 대한민국 국민들의 피와 땀이다.

2012년 대한민국의 역동성에 대해, 이 책은 분석하고 있다. '한국 사회를 움직이는 7가지 설득력'이라는 제목에서 드러나듯이, 2012년 1월 1일 기준으로 각 분야를 대표하는 인물들의 역사적 의미와 가치에 대해 소개하고, 분석하는 것이 이 책의 목적이다. 이 책에는 대한민국의 역동성이 여실히 드러나 있다. 인물 선정일 당시에는 사회와 사상 분야를 대표했던 인물들이 현재 모두 대권 도전을 선언한 것도 독특한 상황이다. 사회와 사상 분야의 인물들이 정치 분야의 인물이 되어가는 과정도 주목할 만한 일이다.

정치 분야에서는 2012년 제18대 대통령 선거의 새누리당 후보로 선출된 박근혜 전 비상대책위원장을 소개한다. '선거의 여왕'으로 불리며, 지난 4월 11일 제19대 국회의원 선거에서 추락 직전의 새누리당을 구출해낸 박근혜 후보는 대한민국 최초의 여성 대통령이 되겠다는 포부를 가지고 있다. 박근혜 위원장의 정치 모토 "꿈꿨으면 이뤄라!"가 2012년 정치 분야 설득력이다.

경제 분야에서는 일본의 10대 전기전자 회사를 모두 이기고 세계 1등 기업으로 도약한 삼성전자의 이건희 회장을 조명한다. 1993년 프랑크푸르트 신경영 선언 이후 19년이 지난 현재, 삼성전자는 일본의

10대 전기전자 회사의 총판매량보다 많은 판매량을 기록하는 세계 최고의 전자전기 회사로 도약했다. 이건희 회장의 기업 경영 자세 "2등은 없다!"를 2012년 경제 분야 주제로 상정한다.

사회 분야에서는 노무현 전 대통령 서거 후 정치에 입문한 문재인 후보를 취급한다. 변호사로, 대통령 비서실장으로 사법, 행정 분야에서 활약해 온 문재인 후보의 총선 출마는 단순히 입법 기관 진출을 뛰어넘어서 민주통합당의 대선후보 당선으로 이어졌다. 대한민국 헌법 정신을 바탕으로 북한의 인권문제와 남북통일 문제를 언급할 수 있는 적임자 문재인 후보의 "불의하면 항거하라!"가 2012 사회 분야 설득력이다.

문화 분야에서는 소녀시대를 통해 미국 음악 시장에 본격 진출한 SM 엔터테인먼트의 이수만 회장을 분석한다. 세계 대중음악의 변방이었던 대한민국의 소년, 소녀들을 이끌고 5대양 6대주를 누비는 이수만 회장은 대한민국 연예 산업을 국가 전략 산업으로 발전시킨 선두주자이다. 이수만 회장의 지도력 "신나게 즐겨라!"가 2012년 문화 분야 설득력이다.

사상 분야에서는 안철수 컴퓨터 바이러스 연구소의 설립자인 안철수 서울대 교수를 평가한다. 의사로, 대학교수로, 컴퓨터 바이러스 연구자로, 기업가로 다양한 활동을 전개해 온 안철수 후보는 2011년 제35대 서울 시장 보궐부터 출마의사를 내비치며, 2012년 19대 국회의원 선거에서도 신당 창당 가능성을 보였고, 2012년 제18대 대통령선거에 출마하겠다고 공식적으로 선언했다. 의사와 컴퓨터 바이러스 연구자 출신의 안철수 후보의 "아프면 고쳐라!"가 2012년 사상 분야 설득력이다.

외교 분야에서는 임기 2기를 맞이하는 반기문 유엔 사무총장의 역량과 사명에 대해서 평가한다. 연임이 어려울 것 같다는 위기를 극복한 반기문 총장은 '강력한 유엔'을 완성해서, 유엔 르네상스를 이룩하겠다는 의지를 표명하고 있다. 통일을 위한 대한민국 외교의 좋은 교두보가 될 반기문 총장의 유엔 사무총장 진출을 통해, "세계를 품어라!"가 2012년 외교 분야 설득력이다.

국제 분야에서는 재미교포 김용 세계은행 총재의 기왕의 활약과 앞으로의 역할에 대해서 분석한다. 한국인 이민 100년 역사 가운데 가장 성공한 김용 총재는 일제 강점기 강제 이주, 취업 이민, 영유아 해외 입양 가운데 얻은 해외 한국인 성공 사례이다. 코리안 드림의 희망을 안고 찾아온 100만 외국인 시대는 김용 총재 성공의 감동 못지않게, 이참 한국관광공사 사장과 이자스민 새누리당 국회의원의 당선도 축하해야 하는 부담감도 지워 준다. 한국인이라는 정체성을 잃지 않고 미국에서 최선을 다한 김용 총재의 "아낌없이 사랑하라!"가 2012년 국제 분야 설득력이다.

이 책은 이러한 7가지 주제를 대한민국 근현대사와 일본의 근현대사는 물론, 세계 역사의 주요 사건, 인물들과 함께 다루고 있다. 이 책을 통해, 나는 대한민국이 더욱더 발전적인 사회가 되어야 하고, 다양한 가능성에 대해서도 열린 사회가 되어야 함을 주장하려 한다. 물론 전제 조건은 우리가 반드시 지켜야 할 대한민국의 정체성을 놓치지 않는 것이다. 그러한 의미에서 볼 때,『한국사회를 움직이는 7가지 설득력』은 2012년 현재 대한민국 사회가 어떤 사회인지 알려주고, 또 어떤 방식으로 발전해 나갈 것인지를 예시해주는 증거들을 모아놓은 2012년 대한민국 지침서라고 할 수 있을 것 같다.

끝으로, 이 책은 설득력에 관한 책이다. 설득력이란 상대를 자신의 주장에 따르도록 만드는 힘을 의미한다. 설득력이 힘을 발휘하기 시작하면, 설득자의 결함이나, 약점은 의미가 없어진다. 마음을 빼앗긴 사람은 이미 상대의 주장에만 관심을 기울인다. 따라서 설득력에서 가장 중요한 내용은 얼마나 강한 메시지를 담고 있느냐는 문제이다. 인정하고 싶든 아니든, 여기에 실린 7가지 설득력이 지금 대한민국을 움직이고 있다.

당신은 이들에게 왜 설득당하는가?

차례

1장

정치: 박근혜의 "꿈꿨으면 이뤄라!"

1. 박근혜의 여성 대통령 후보

1) 최초의 여성 대통령 후보

2012년 8월 20일, 박근혜 비상대책위원장(朴槿惠, 1952. 2. 2.~)은 새누리당의 제18대 대통령 선거의 후보로 당선되었다. 경선 전부터 받아온 압도적인 지지를 선거일까지 꿋꿋하게 지켜낸 결과였다. 박근혜 당선자는 84.24%로, 역대 최대 득표율을 기록했다. 그렇게 박근혜 당선자는 2012년 대통령 선거를 위한 새누리당 후보가 되었다.

박근혜 후보의 새누리당 대통령 후보 당선은 사실 새삼스러운 일이 아니었다. 제18대 대통령 선거와 관련한 여론조사가 시작될 때부터 줄곧 지지율 1위를 나타냈다. 상대 후보에 따라 지지율에 다소 변화가 있기도 했지만, 여야를 통틀어 1위 자리를 내준 적은 거의 없었다. 부동의 지지율 1위가 제18대 대통령 선거에 임하는 박근혜 후보에 대한 여론의 반응이었다.

물론 지지율 1위라는 사실이 대통령 당선으로 직결되는 것은 아니다. 약 4개월이 남은 제18대 대통령 선거에서, 돌발 변수는 의외로 많다. 북한 문제에서부터 경제 위기, 국제관계, 대선 바람 등 다양한 문제들이 터져 나올 수 있다. 1987년 제13대 대통령 선거를 앞두고는 칼 대한항공 858기가 추락했고, 1997년 제15대 대통령 선거 직전에는 금융위기가 발생했다. 박근혜 후보는, 대통령 후보의 자질과 상관없는 이러한 문제들을 유연하게 극복하고, 대통령 선거에서 당선될 수 있어야 한다. 그래야 현재까지 계속된 지지율 1위가 진정한 의미를 갖는 것이다.

역대 대통령 선거에서는, 여론조사 부동의 1위가 대통령에 당선된 적이 없었다. 사실 그래서 여론조사 1위였던 박근혜 후보가 우선 당내 경선을 통과하고 새누리당 대통령 후보로 당선될 수 있는지부터가 초미의 관심사였다. 1997년과 2002년 대통령 선거에서 여론조사 1위는 당시 한나라당 대통령 후보였던 이회창이었고, 2007년 대통령 선거에서 여론조사 1위는 국무총리를 지냈던 고건 전 총리였다. 그렇지만 이회창 후보와 고건 전 총리는 대통령이 되지 못했다.

대통령 선거 직전의 여론조사 1위는 말 그대로 대통령 선거 직전의 여론조사의 1위일 뿐이다. 대통령 선거가 진행되기 전까지 발생할 수 있는 변수가 무수하고, 대통령 선거 전에도 당내에서 대통령 후보로 선출될 수 있느냐 없느냐 하는 한계 상황도 생길 수 있기 때문이다.

1997년 대통령 선거에서 신한국당 대통령 후보 경선 전까지 여론조사 1위를 차지했던 박찬종 전 의원이나, 2002년 대통령 선거에서 야당이었던 새천년민주당의 대통령 후보 경선 전까지 여론조사 1위를 차지했던 이인제 의원 등이 비근한 사례들이다. 이들은 여론조사

1위의 상황을 당내 대통령 후보 당선으로 연결시키지 못했다. 당내 기반이 취약했거나, 대통령 선거를 앞두고 당 조직을 완전히 장악하지 못했기 때문이었다.

이외에도 2002년 한일 월드컵 4강 신화가 탄생할 때, 탄생의 주역으로 관심을 모았던 당시 정몽준 대한축구협회 회장도 한때 여론조사 1위를 달렸던 인물이었다. 하지만 정몽준 회장도 대통령 후보로는 당선되지 못했다. 소속정당과 계파의원을 거느리지 못한 무소속의 한계였다. 2007년 대통령 선거에서 열린우리당의 대통령 후보로 당선된 정동영 전 의원은 여론조사 1위의 상황을 열린우리당 대통령 후보 당선으로 연결시켜냈지만, 대통령으로 당선되지는 못했다. 정동영 의원에게는 당시 집권여당인 열린우리당에 대한 국민들의 피로감이 크게 쏟아졌다.

대통령 선거에서 당선하기 위해서는, 여론조사 1위를 뒷받침하는 정치력을 발휘해야 한다. 대부분의 여론조사 1위들이 당내 후보로 당선되지 못했던 것은 취약한 당내 기반 때문이었다. 당내 기반이 약하다는 것은 조직력을 갖추지 못했다는 뜻도 되고, 당을 장악하지 못했다는 말도 된다. 당내 경선을 통과해서 대통령 후보가 될 수 있어야, 여야 후보가 겨루는 대통령 선거에 나설 수 있다.

대통령 후보가 되면, 상대 후보는 물론, 언론과 여론의 집중 공격을 받게 된다. 그것은 적대적 개념으로서의 공격이라기보다는, 대통령으로서의 자질을 보여주기 위한 검증 과정이다. 대통령이 되기 위해서, 대통령 후보는 자기 정체성, 사명감, 위기 대응력, 유연성, 통찰력 등을 보여주어야 한다. 박근혜 후보는 여론조사 1위를 일단 새누리당 대통령 후보 당선으로 연결시켰다. 이제 남은 일은 제18대 대통령 선거에서 당선되느냐, 안 되느냐 하는 것이다.

새누리당 후보로 당선된 박근혜 후보는 2012년 12월 19일에 치러질 대통령 선거를 3개월 앞두고 있다. 이 기간에 박근혜 후보는 지난 경선과는 비교할 수도 없는 치열한 선거 운동을 펼쳐야 한다. 그것은 야당 후보와의 경선과정뿐만 아니라, 언론과 여론에 대한 이해와 설득 작업을 의미하는 것이기도 하다. 박근혜 후보는 이 과정에서 자신이 대한민국 대통령으로서 충분한 자질과 능력을 갖추고 있음을 보여줘야 한다. 물론 박근혜 후보는 이 과정에서 거의 전쟁을 치르는 정도의 육체적·정신적 고통을 경험할 것이다.

2) 2012년 4·11 총선

박근혜 후보의 여론조사 1위에는 단순히 여당의 대통령 후보 중 인기도 1위라는 의미만 담겨 있는 것이 아니다. 야당의 압승이 예측되던 2012년 4·11 총선을 승리로 이끌어낸 정치적 지도력에 대한 인정도 담겨 있다. '선거의 여왕'이라는 별명답게, 당시 비상대책위원장이었던 박근혜 후보는 완패가 예상됐던 4·11 총선에서 완승이라는 거짓말 같은 선거 드라마를 연출해냈다. 여론조사 1위에 걸맞은 정치력이었다.

사실 4·11 총선은 야당의 압승이 예상되던 선거였다. 심지어 개표 직후 여론조사를 발표할 때까지, 야당인 통합민주당이 우세하다고 했던 선거였다. 예측 조사 결과는 새누리당이 126~151석, 민주통합당이 128~150석의 박빙으로 나타났지만, 언론 관계자들은 민주통합당의 압승을 인정하는 분위기였다. 개표가 시작되고 새누리당의 후보들이 조금씩 앞서나가는 상황 속에도 선거 방송에 출연한 전문가들은 민주통합당의 근소한 우세를 예견하고 있었다.

하지만 결과는 예상과 달랐다. 유권자의 54.3%가 참여한 19대 국회 의원 선거에서, 새누리당은 152석을 획득하며, 127석과 13석을 각각 차지한 민주통합당과 통합진보당을 이겼다. 지난 18대 총선과 비교해서 1석밖에 적지 않은 의석 획득이었다. 새누리당의 압도적인 승리였고, 야권은 총선 참패를 인정할 수밖에 없는 상황이 벌어졌다.

물론 야권의 선거 자세와 전략에도 문제는 있었다. 이명박 대통령 국정운영에 대한 평가적 성격까지 지니고 있다는 판세 분석에 의지하며, 안일하게 선거에 임했던 부분도 없지 않았다. 지난 정부 시절 자신들이 합의했던 한미 FTA와 제주 해군기지 건설을 반대하면서 국민들에게 혼선을 준 것부터, 막말도 서슴지 않는 장외정치와 SNS를 이용한 도를 넘어선 사이버유세, 그리고 야권 내부의 갈등으로 인한 야권 성향의 정당과 후보의 난립도 국민들의 마음을 떠나게 한 중요한 요소가 되었다.

어쨌거나 박근혜 후보의 선거 전략과 지도력이 완패가 예측되던 4·11 총선을 완승으로 이끈 동력이었던 것만큼 분명한 사실이다. 19대 국회의원을 선출한 4·11 총선이 끝난 뒤, 언론들은 앞을 다퉈 '박근혜의, 박근혜에 의한, 박근혜를 위한 선거'라는 평가를 내렸다. 수세에 몰린 한나라당이 새누리당으로 당명까지 바꾸고 뛰어든 4·11 총선에서 여론은 박근혜 후보의 손을 들어준 셈이다.

새누리당은 4·11 총선을 앞두고, 공천 신청자가 적어 신청기간을 연장할 정도로 초반 분위기가 어려웠다. 당시 새누리당의 인기는 최악이었다. 정치 지망생들조차 집권 여당의 프리미엄을 포기했으니,

유권자들의 반응은 말할 필요도 없을 정도였다. 박근혜 당시 비상대책위원장은 그런 상황을 있는 그대로 받아들이고, 정면 돌파를 선택했다.

박근혜 후보가 선거 운동을 전개하면서부터, 4·11 총선은 박근혜 위원장이 2004년 17대 국회의원 선거의 승리를 재연하느냐 않느냐로 발전하기 시작했다. 2011년 하반기까지만 해도 새누리당으로 당명을 변경한 과거의 한나라당은 선거에서 승리할 수 있는 요인이 하나도 없었다. 무상급식 문제와 관련한 오세훈 서울시장의 신임투표 참패 이후, 이명박 대통령의 실정과 정권 심판론으로 이어진 야권 우세의 분위기 속에 새누리당이 100석도 못 건지고 참패할 것이라는 여론이 지배적이었다.

그런 상황에서 박근혜 위원장이 새누리당의 비상대책위원장으로 뛰어든 것이다. 박근혜 후보는 우선 한나라당의 당명을 새누리당으로 바꾸며, 이명박 대통령의 사당화된 느낌을 제거했다. 그리고 야권의 이명박 정권 심판론이 새누리당과 연계되는 것을 차단했다. 그리고 서서히 새누리당은 박근혜 후보가 선도하는 새로운 당이라는 개념을 국민들에게 확산시켜 나갔다. 자연스럽게 이명박 정권과 연계된 한나라당의 이미지는 소멸되기 시작했다.

박근혜 후보는 이명박 대통령 계열의 집단 반발을 막으면서, 논란의 소지가 있는 정치인들은 공천과정 중 배제해 나갔다. 이명박 대통령 정권 내에서 소외되었던 박근혜 후보였기 때문에, 이러한 공천 배제가 효과를 거둘 수 있었다. 공천 배제는 야당이 제기하는 정권 심판론에 대한 효과적인 맞대응이 되었다.

공천 확정과 함께 시작된 공식 선거운동 기간에 박근혜 후보는 본격적으로 총선 지원 유세에 나서기 시작했다. 고전 중인 지역구는 몇 차례씩 직접 방문해서, 선거 운동을 펼쳤다. 선거 운동이 특별히 유세와 연결될 상황은 아니었다. 워낙 인기가 떨어진 새누리당이었으므로, 박근혜 후보는 방문 지역의 유권자들과 만나 고개 숙여 인사하고, 악수를 하는 것이 전부였다. 워낙 많은 사람들과 손을 잡은 터라, 나중에는 오른손에 붕대를 감고, 왼손으로 악수를 하는 상황에까지 이르렀다.

박근혜 위원장은 전국 각지의 선거구를 방문하면서, 4·11 총선의 이슈를 단순화했다. 새누리당 대 민주통합당, 여권 대 야권의 대결이 아니라, 박근혜 대 비 박근혜의 대결로 정리한 것이다. 새누리당 내에서도 반박 세력이 있는 것을 절묘하게 이용해서, 현 정부와 동행하지 않으면서, 결별하지도 않는다는 여당 내 야성을 부각시킨 것이다. 4·11 총선에서 박근혜 위원장은 여론조사 지지율 1위의 의미를 드러내며, 명실공이 '선거의 여왕'이라는 사실을 다시 한 번 입증해 보였다.

3) 2004년 4·15 총선

박근혜 위원장이 처음 '선거의 여왕'이라는 사실을 증명해 보인 것은 2004년 제17대 총선이었다. 당시에는 새누리당의 전신인 한나라당 시절이었는데, 한나라당의 인기 하락은 4·11 총선이 치러지던 2012년 못지않았다. 국민 여론은 한나라당에 대해서 냉담하게 등을 돌렸다.

한나라당이 국민들에게 배척받은 이유는 노무현 대통령에 대한 국회 탄핵 때문이었다. 헌정 사상 초유의 사태인 탄핵 발의는, 2004년 1월 5일, 야당 의원들이 노무현 대통령에게 선거중립의무 위반과 측

근비리 등을 사과하고, 재발 방지에 힘써줄 것을 요구하면서 시작되었다. 노무현 대통령은 사과를 거부했고, 2004년 3월 12일, 한나라당과 새천년민주당, 자주민주연합은 무기명 투표를 결행해서 야당 의원 195명 가운데 193명의 찬성으로 가결시켰다. 이후 대통령 탄핵안은 헌법재판소에 접수되었으나, 헌법재판소는 두 달 뒤인 5월 14일에 기각 결정을 내렸다.

그러나 그 사이 노무현 대통령에 대한 탄핵 사태를 야기한 야당 의원들에 대한 국민적 비난이 쏟아졌다. 전국 각지에서 탄핵 반대 촛불집회가 잇따랐고, 시민단체들과 변호사 모임 등에서도 탄핵철회 촉구 결의문을 채택하는 등 전국이 탄핵사태로 혼란에 빠졌다. 결국 탄핵안 가결에 대한 국민적인 분노는 4월 15일 치러진 제17대 총선에까지 이어졌고, 야당은 참패가 예상되는 상황을 맞이했다.

당시 야당이었던 한나라당은 2003년 하반기, 기업이 제공하는 대선자금을 차로 실어 날랐다는 사건으로 차떼기당이라는 오명에 시달리고 있었다. 내부적으로는 구습에 얽매이며, 외부적으로는 대통령을 탄핵하려는 한나라당에 대해서, 국민들의 감정이 좋을 리가 없었다. 그래서 차떼기당 사건과 대통령 탄핵안 가결 이후, 한나라당의 인기는 땅에 떨어졌고, 4·15 총선에서 50석도 얻지 못할 것이라는 예상을 받는 상황에 이르렀다.

그때 한나라당 대표였던 박근혜 후보는 4·15 총선을 총지휘하며, 개헌 저지선인 121석을 확보했다. 한나라당의 121석 확보는 놀라운 일이었다. 천막당사로 한나라당 당사를 옮기고, 국민들에게 사죄를 한 박근혜 후보의 자세가 민심을 바꾼 것이었다.

4·15 총선의 결과는 의외였다. 열린우리당은 152석을 차지하며

제1당으로 원내에 진출했고, 제1당이던 한나라당은 121석을 얻었다. 제2당이던 새천년민주당은 9석, 자유민주연합은 4석을 얻으며 군소 정당으로 몰락했다. 노무현 대통령에 대한 탄핵 정국이 열린우리당의 압승으로 나타난 것이었다.

그럼에도 불구하고, 한나라당의 선전은 괄목할 만한 일이었다. 한나라당은 완패가 예상되던 총선에서 121석이나 차지했다. 노무현 대통령에 대한 탄핵 정국 이전에, 차떼기당이라는 오명까지 뒤집어쓰고 있던 상황을 감안한다면, 믿기 어려운 결과였다. 선거 유세 기간 한나라당의 득표에 도움이 될 만한 돌발변수가 있었던 것도 아니었다. 굳이 한 가지 변수를 따지자면, 박근혜 후보의 총선 지휘가 있었을 뿐이다.

4 · 15 총선에서 한나라당이 121석을 차지할 수 있었던 것은 순전히 박근혜 후보의 힘이었다. 완패가 예상되던 선거에서, 박근혜 후보가 나서 열린우리당을 견제할 만한 적정 의석 수를 확보한 것이었다. 설마설마 하면서 지켜보던 상황이었는데, 나타난 결과는 박근혜 후보가 선거 전체의 판세를 움직였다는 결론이 나왔다. 사람들은 그때부터 박근혜 후보를 선거의 여왕이라고 부르기 시작했다.

2006년 5월 31일 치러진 제4회 전국 동시 지방선거에서도 박근혜 후보의 지도력은 여전했다. 결론부터 말하자면, 한나라당은 전국 16개 광역자치단체장 가운데, 4곳을 제외하고 전부 승리했다. 한나라당이 승리하지 못한 곳은 제주(무소속), 전라북도(열린우리당), 광주광역시와 전라남도(민주당)뿐이었다. 230곳의 기초단체장 선거에서도 한나라당은 155군데에서 승리를 차지해서, 집권여당인 열린우리당(19곳)과 민주당(20곳), 국민중심당(7곳), 무소속(29곳) 전체를 합친 것보다 수적으로 강세를 보였다.

제4회 전국 동시 지방선거는 한나라당 당 대표 박근혜 후보에게 영광과 상처를 동시에 가져다주었다. 영광은 두말할 것도 없이 다시 한 번 '선거의 여왕'이라고 불릴 만큼 뛰어난 지도력을 보인 것이고, 상처는 말 그대로 테러범에 의해 얼굴에 깊은 상처를 남긴 것이었다. 5월 31일 치러지는 선거를 11일 앞둔 5월 20일, 오세훈 전 서울시장의 선거 유세를 위해 신촌에 마련된 유세장에 도착한 박근혜 후보는 반 한나라당 정서를 지닌 지충호의 문구용 커터로 기습공격을 받고, 왼쪽 귀 아래부터 턱부분까지 깊이 1~3cm, 길이 11cm의 자상을 입었다. 박근혜 후보의 얼굴에 깊이 새겨진 칼자국은 지방선거를 승리로 이끈 '선거의 여왕'의 위력을 보여준 영광의 상처가 되었다

2. 대한민국의 여성 정치인들

대한민국 대통령 선거 사상, 여성 대통령 후보는 유례가 없는 일이다. 사실 여성 대통령 후보는 박근혜 후보가 언젠가 대통령 후보로 나설 것이라고 예측했던 유권자들에게도 낯선 일이다. 여성 대통령 후보에 대한 추측과 현실은 엄연한 차이가 있기 때문이다. 역대 대통령이 남자였고, 대통령 후보들조차 남자였다는 고정관념 때문이다. 박근혜 후보는 이러한 고정관념부터 뛰어넘어야 한다.

박근혜 후보가 대통령 선거에 나서는 첫 번째 여성 후보라고 해서, 한국 정치사에서 여성의원이나, 여성 당수가 처음이라는 것은 아니다. 5선의 박근혜 후보의 국회의원 선수는 이미 박순천 의원이 기록

한 국회의원 당선횟수와 같다. 박순천 의원은 1960년대에 5선 의원으로 민중당 총재를 역임했다. 그렇다고 박순천 의원이 대한민국의 첫 여성 국회의원이었던 것은 아니다. 제2대 국회에서부터 의정활동을 시작한 박순천 의원에 앞서, 제헌의회에는 임영신 의원이 첫 여성의원으로 원내에 진출했다. 박근혜 후보는 정파와 정당은 달랐지만, 대한민국 첫 여성 국회의원 임영선 의원과 첫 여성 당수 박순천 의원이라는 선배 여성 정치인들이 뚫어놓은 통로에서 또다시 여성의원으로서 한발짝 더 진보하는 것이다.

1) 상공부 장관 임영신 의원

승당(承堂) 임영신(任永信, 1899. 11. 20.~1977. 2. 17.)은 대한민국의 첫 여성 국회의원이다. 임영신은 1948년 5월 10일에 치러진 제헌의회 선거를 통과해서 당시 민의원이라고 불린 국회의원이 된 것은 아니었다. 임영신은 1949년 5월 10일에 치러진 보궐 선거를 통해, 제헌의원으로 국회에 입성했다. 당적은 대한여자국민당이었다.

임영신이 출마한 지역은 경상북도 안동이었다. 당시 경상북도 안동의 국회의원은 정현모였으나, 정현모는 경상북도 도지사에 취임을 하게 되었다. 따라서 정현모는 국회의원직을 사퇴했고, 안동지역 국회의원은 공석이 되었다. 그때 임영신은 안동지역 국회의원에 출마해서 당선되었고, 대한민국 첫 여성 국회의원이 되었다.

임영신은 제헌의회 보궐선거에 출마할 당시 여러 가지 면에서 화제를 불러일으켰다. 여성이라는 사실이 무엇보다 가장 주목받는 대목이었다. 구한말에서 일제 강점기를 거치는 동안 여성에 대한 사회적 인식이 많이 개선되었다고는 하지만, 여성의 사회적 참여는 용이하지 않았다. 여성에 대한 편견이나, 차별은 요즘과 비교할 수도 없는 상황이었다. 그러한 상황에 임영신이 국회의원에 출마한다는 사실은 마치 금녀의 벽을 가진 국회에 도전장을 내는 것과 같은 무모한 일처럼 여겨지기도 했다.

게다가 임영신의 상대가 장택상이라는 사실도 세인들의 관심을 불러일으킬 만한 요소였다. 장택상은 당시 외무부 장관직을 역임했던 관료출신이었다. 일제강점기 영국 에든버러 대학에 유학을 떠났다가, 잠시 귀국한 사이에 광복을 맞은 장택상은 그 길로 수도경찰청장, 제1관구 경찰청장으로 재직했다. 장택상은 경찰청장 재직 중에 좌익 세력 축출 등에 혁혁한 공을 세웠고, 광복 이후 혼란한 사회 현실을 조절하는 치안 관리자로 명성이 자자했다. 그리고 대한민국 정부 수립과 함께 외무부 장관에 취임했다가, 국회의원 정현모의 공석으로 보궐선거에 들어간 안동지역 국회의원 선거에 출마한 것이었다.

이러한 장택상을 상대하는 임영신에게 관심이 집중된 이유 가운데 하나는 안동이 임영신과 전혀 연고가 없던 지역이라는 점이었다. 이승만 초대 대통령의 적극적인 지원으로 안동 보궐 선거에 출마한 임영신은 경상북도 칠곡 출신의 장택상과 대결을 펼친 것이다. 안동과 칠곡은 걸어서도 갈 수 있는 지척이므로, 안동은 장택상에게 연고지나 다름이 없는 곳이었다.

따라서 임영신은 거의 무연고나 다름없는 안동에, 동향 출신이나 다름없는 외무부 장관 출신 장택상을 상대하기 위한 여성 정치인이었다. 출마하기 전, 대한여자국민당 당수라는 신분을 가지고 있었지만, 임영신의 당수 직위는 의미가 없었다. 국회의원 신분도 아니고,

당원 가운데 현역 국회의원이 한 명도 없었던 터라, 임영신은 실질적인 의미의 정치인은 아니었다. 오히려 정치에 관심을 둔 교육자 출신의 관료 쪽에 가까웠다.

임영신은 이승만 대통령 당시의 초대 상공부 장관이었다. 1948년 8월에 구성된 내각의 상공부 장관으로 발탁된 이후, 곧바로 국회의원 선거에 출마한 것이었다. 현역 남성 외무부 장관과 현역 여성 상공부 장관의 대결이었다. 광복과 건국, 제헌의회로 이어지는 대한민국 정치사에서 빼놓을 수 없는 남녀 성대결 국회의원 선거였다.

결과는 임영신의 당선이었다. 이승만 대통령의 전폭적인 지원과 임영신의 금권 선거의 영향 때문이었다. 임영신은 이렇게 해서 대한민국 제헌의회의 국회의원으로 입성하게 되었다. 200명 가운데 여성 의원은 임영신이 유일했다. 그렇지만 임영신은 상공부 장관 재직 중 독직 사건으로 인해, 1949년 6월에 상공부 장관에서 물러났다.

임영신은 1950년 5월 30일 치러진 제2대 국회의원 선거에서 당선했다. 재선에 성공한 것이었다. 제헌국회보다 10명이 늘어난 총 210명의 국회의원 가운데, 여성 의원은 2명이었다. 재선에 성공한 임영신과 초선으로 당선한 박순천이 또 다른 한 명의 여성 의원이었다. 재선의원이 된 임영신은 6·25한국전쟁이 한창이던 1950년 말, 프랑스 파리에서 열린 제5차 국제 연합 총회에 한국 대표단의 일원으로 참석했다.

하지만 임영신의 국회의원 재직은 제2대 국회의원까지가 끝이었다. 1952년의 제2대 정부통령 선거가 문제였다. 부통령 선거에서 자유당의 예비후보로 출마했지만, 임영신은 자유당의 공천을 받지 못했다. 그러자 임영신은 단독으로 출마를 단행했고, 낙선했다. 그리고 다시 한 번 1956년 치러진 부통령 후보자로 출마했지만, 또 낙선했다. 그 이후부터는 자유당에서도 멀어졌다. 이기붕 계열이 성장하면서 임영신을 견제해 이승만 정권에서 배척당했던 것이다.

그러나 오히려 그것이 임영신에게는 전화위복의 계기가 되었다. 자신이 설립한 중앙학원을 지킬 수 있었고, 5·16 군사 쿠데타 이후에는 군사 혁명 지지 선언으로 친 공화당 성향을 지닌 정치원로로 대접을 받을 수 있었기 때문이었다. 1963년 2월, 임영신은 윤치영, 정구영, 윤일선 등과 민주공화당에 입당했고, 민주공화당 총재고문에 선임되었다.

임영신이 대한민국의 첫 여성 국회의원이 될 수 있었던 이유는 미국 유학을 경험한 신여성이라는 점 때문이었다. 1919년, 임영신은 스무 살의 나이로 3·1독립운동에 가담한 혐의로 징역 6개월에 집행유예 3년을 선고받고 풀려났다. 그 후 5년간 교사로 활동하다 1924년 일본 히로시마 기독여자전문학교를 거쳐, 1925년 미국 남캘리포니아주립대학교로 유학을 떠나, 1931년에는 남캘리포니아주립대학교 대학원까지 진학해 수료했다. 유학 당시, 미국에서 독립운동을 펼쳤던 이승만 대통령과 관계를 맺게 되어, 이승만 대통령의 귀국 후 측근으로 보필하게 되었다. 정치 일선에서 물러난 임영신은 1963년부터 1971년 사이, 자신이 설립한 중앙대학교 총장을 지내며, 천직인 교직으로 복귀했다.

2) 민중당 대표 최고위원 박순천 의원

본명이 명련(命連)인 박순천(朴順天, 1898. 9. 10.~1983. 1. 9.)은 대한

민국의 두 번째 여자 국회의원이다. 박순천은 1950년 5월 30일에 치러진 제2대 국회의원 선거에서, 대한민국 정치 1번지라고 할 수 있는 종로 갑구에 출마해서 당선되었다. 당시 소속은 대한부인회였다.

제2대 국회의원으로 당선되어 원내로 진출한 박순천은 210명의 국회의원 가운데 제헌국회에 이어 재선에 성공한 임영신과 함께 둘밖에 없는 여성 의원이었다. 박순천의 종로 갑구 출마는 제2대 국회의원 선거가 처음이 아니었다. 박순천은 1948년 5월 10일 치러진 제헌의회 선거에서는 종로 갑구에 출마했다가 고배를 마신 적이 있었다. 박순천의 종로 갑구 당선은 여성 정치인으로, 대한민국 정치 1번지에 도전장을 던져서 당선되었다는 점에 의미가 있다고 할 수 있다.

여성으로 종로 갑구에 출마를 한 용기도 용기지만, 낙선 이후 2년을 기다려 당선되었다는 점은 박순천의 정치적 성향이 남성들 못지않았다는 것을 의미한다. 박순천은 1954년 5월 20일 제3대 국회의원 선거에 무소속으로 출마했으나 낙선했다. 대한민국 헌정 사상 첫 입후보 공천제로 치러진 제3대 국회의원 선거에서, 여성으로 원내에 입성한 의원은 자유당 출신의 초선 박현숙 의원밖에 없었다.

박순천 의원이 다시 원내로 입성한 것은 제3대 국회의원 선거에서 낙선하고 4년 뒤에 치러진 1958년 5월 2일의 제4대 국회의원 선거였다. 제4대 국회의원 선거 역시 헌정 사상이었던 민의원선거법에 따라 치러진 국회의원선거였다. 박순천 의원은 역시 부산 동구 갑에 출마해서 당선했다. 박순천 의원은 이 여세를 몰아, 1960년 7월 29일에 치러진 제5대 국회의원 선거 부산 동구에서도 당선했다. 박순천 의원은 이때 부산 동구에서 개혁연합의 장건상을 물리쳤다.

군사정부의 민정이양방침에 따라 일찍 치러진 1963년 11월 26일의 제6대 국회의원 선거에서도, 박순천은 국회의원으로 당선되었다. 제4대와 제5대 국회의 유일한 여성의원이었던 4선의 박순천은 민주공화당적으로 재선에 성공한 박현숙과 함께 다시 두 명의 여성 국회의원이 되었다.

1963년 12월 16일에 치러진 제6대 국회의원 선거에서, 박순천은 서울 마포로 다시 지역구를 옮겨 신상초를 물리치고 국회의원에 당선됐고, 1967년 6월 8일에 실시된 제7대 국회의원 선거에서는 전국구로 출마해서 당선돼, 5선의 중진 국회의원이 되었다. 이때는 여성의원도 3명으로 늘어났다. 같은 야당 신민당의 김옥선 외에도 공화당의 이매리까지 원내로 진출한 것이다.

200명이 넘는 전체 국회의원들 가운데, 여성의원 숫자가 5명을 넘긴 것은 1972년 12월 27일에 치러진 제9대 국회부터였다. 제8대 국회까지도 여성의원은 5명에 불과했다. 따라서 이러한 정황 전체를 미루어 보면, 여성 정치인으로 박순천이 끼친 영향력이 얼마나 컸는지 짐작할 수 있다.

게다가 박순천은 자유당 정부와 공화당 정부에 계속해서 대항적인 자세를 취했던 야당 소속의원이었다. 여성으로서 야당 정치인을 한다는 것은 감당하기 어려운 부분이 한두 가지가 아니었을 것이다. 그럼에도 불구하고 박순천은 여성 정치인의 한계를 뚫고, 1955년 민주당 창당에 적극적으로 참여했다. 그리고 민주당 중앙위원회 부의장을 거쳐, 1956년에는 민주당 최고위원으로 선출되었고, 이후 네 차례 연임을 했다.

박순천도 대통령 선거에 출마한 적이 있었다. 물론 박순천이 출마한 대통령 선거는 정당의 경선을 거쳐 대통령 후보를 선출한 전국민

대상의 국민투표는 아니었다. 1960년 3월 15일 치러진 4사5입 대통령 선거로 인해 국민적 반대 여론이 일어나고, 곧바로 학생과 시민이 주동이 된 4 · 19혁명으로 이승만 정권이 붕괴된 이후, 1960년 8월 12일 제4대 대통령 선거가 국회에서 치러졌다. 이 당시에는 국회가 민의원과 참의원으로 분리 운영되던 시절이었는데, 제4대 대통령 선거는 민의원과 참의원들을 통해 대통령이 선출되는 방식을 취했다.

제4대 대통령 선거는 1960년 8월 12일 국회에서 치러졌는데, 대통령 당선자는 윤보선이었다. 윤보선은 총 208표를 획득했고, 김창숙이 29표, 백낙준과 변영태가 3표, 김도연과 허정이 2표, 그리고 박순천, 김병로, 김시현, 나용균, 유옥우, 이철승이 각각 1표씩을 득표했다. 윤보선의 압도적인 우세 속에, 대통령 출마 의사가 있는 국회의원들이 출마해서 벌인 선거의 결과였다.

박순천에게 정치적 위기는 1961년 5 · 16 군사쿠데타 이후 발생했다. 권력을 장악한 군부는 정치활동 정화법을 제정했고, 박순천은 국회의원직은 물론 일체의 정치활동을 금지당한 것이다. 박순천은 2년 뒤 1963년 2월 정치활동 정화법으로 풀려나, 정치활동을 재개할 수 있었다. 박순천의 정치활동에 규제가 걸렸던 것은 군사 쿠데타에 대한 강한 비난 때문이었다.

1963년 2월 이후, 정치활동을 재개한 박순천은 민주당 재건위원회를 조직했다. 그리고 윤보선 정부의 총리였던 장면, 오위영, 현석호, 조재천, 김도연 등과 민주당 조직에 박차를 가하다, 장면 대신 민주당 총재로 추대되었다. 민주당이 창당된 뒤에는 정식으로 총재에 피선되었고, 박정희 대통령에 대항하는 야당 대통령 후보로 나설 준비를 했다. 그렇지만 정권 획득을 목적으로 야당 후보 단일화를 추진해서, 윤보선에게 대통령 후보를 양보했다.

대한민국 정치사의 여걸이었던 박순천은 결국 윤보선과 대결한 야당 인사라는 점에서 주목할 필요가 있다. 박순천은 윤보선과 경쟁 관계에 있었을 정도로 유력한 정치적 인사였다. 여성이라는 한계와 약점을 뛰어넘었다는 점에서, 박순천의 위력은 동년배의 남성 정치인들보다 경쟁력이 있었다고 할 수 있다.

박순천이 부산 동구 갑으로 지역구를 옮긴 이유는 윤보선 때문이었다. 1949년 임영신의 독직 사건으로 공석이 된 상공부 장관으로 입각했던 윤보선은 1954년 5월 30일 제3대 국회의원 선거에 박순천의 지역구 종로 갑구에 출마했다. 정치 1번지 쟁탈전에서 윤보선은 박순천을 꺾고 승리했고, 박순천은 낙선해서 원외 인사가 되었다. 그래서 1958년 5월 30일 치러진 제4대 국회의원 선거에서, 박순천은 고향인 부산 동구 갑구로 지역구를 옮긴 것이었다.

박순천이 종로 갑구에서 윤보선을 이겼다면, 대한민국의 첫 여성 대통령은 좀 더 일찍 출현할 수도 있었을 것이다. 윤보선은 이승만 정권과 결별하고 나오긴 했지만, 서울시장, 상공부 장관 등을 역임하며 권력의 중심부에 자리 잡고 있었다. 박순천이 계파 의원들을 구성하지 못한 것은 결국 능력과 관계없이 여성이라는 한계 때문이었다고 할 수 있다. 실제로 5선 의원이며, 민주당 대표를 역임한 박순천에 대한 연구나 자료가 많지 않은 것은 박순천이 대한민국 정치사에 끼친 공로에 대한 평가에 연구자들이 인색했기 때문이라고 할 수 있다.

그렇지만 그럼에도 불구하고 여전히 놀라운 것은 대한민국 정치사에 임영신에 이어, 박순천이 남성 중심의 국회의원들 속에서 정당 대표로까지 부상하며, 대통령 출마 직전의 단계까지 도달했다는 사실이다. 윤보선에게 양보했기 때문에 실행에 옮기지는 못했지만, 박순천은 이미 계파가 없이도 대통령 출마를 고려할 수 있을 정도로 실제적인 영향력을 획득한 상황이었다.

여성 정치인이기 때문에 확실히 부각될 수 있다는 장점을 고려한다고 할지라도, 정치 1번지인 종로와, 고향이라고는 하지만 야당의 당적을 가지고 부산에서 당선된 것, 그리고 다시 종로 못지않게 전략적 요충지인 마포에서 당선되고, 전국구 의원까지 따낼 정도로 영향력을 갖춘 것은 순전히 박순천 개인의 정치적 역량이라고 할 수 있다. 여성 국회의원조차도 흔치 않던 대한민국 초창기 정치사에서, 5선 의원으로 당 대표까지 역임한 박순천은 대통령을 제외하고, 여성 정치인이 도달할 수 있는 한계점까지 다다른 인물이라고 할 수 있다.

3. 세계의 여성 정치인들

유엔에 가입한 193개국 가운데, 국가 지도자로 여성이 선출된 경험을 가진 나라는 지명직을 포함해서 50개국이다. 세계에서 가장 민주적인 국가라는 미국은 물론, 아시아에서 최고로 민주주의가 발전했다고 자부하는 일본에서도 아직까지 선출직 여성 국가 지도자를 배출하지 못했다. 그런 상황이니 민주주의로 이행 중인 러시아나 사회주의 국가 중국은 두말할 나위가 없다.

그럼에도 불구하고, 아시아와 유럽 국가들 중 몇몇에서 여성 지도자를 배출하기 시작했다. 세계에서 가장 먼저 여성 총리를 배출한 나라는 스리랑카였다. 스리랑카의 시리마보 반다라나이케는 1960년에

여성 총리로 당선되었다. 또한 세계에서 제일 먼저 국민투표에 의해
여성 대통령이 출현한 나라는 아이슬란드였는데, 아이슬란드의 비그
디스 핀보가도티르는 1980년 대통령에 취임해서 16년간 재임했다.

1) 세계 최초의 여성 총리 스리랑카의 시리마보 반다라나이케

세계 최초의 선출직 여성 총리는 스리랑카의 시리마보 반다라나이
케(Sirimavo Ratwatte Dias Bandaranaike, 1916. 4. 17.~2000. 10. 10.)이다.
1960년 7월 20일에 총리에 취임한 이후 2000년 8월 10일 세 번째 총
리직에서 물러날 때까지 총 18년을 총리로 재임했다. 극심한 정치적
혼란기 가운데 1960년 7월 21일부터 1965년 3월 27일까지 4년 8개월,
1970년 5월 29일부터 1972년 5월 22일까지 실론의 총리였고, 실론이
스리랑카로 국명을 바꾼 1972년 5월 22일에도 계속 총리직을 수행해
서 1977년 7월 23일까지 5년 2개월간, 그리고 1994년 11월 14일 다시
총리에 취임해서, 2000년 8월 10일까지 5년 9개월간 스리랑카의 총리
로 재임했다.

남녀 간의 신분 차이가 있는 스리랑카에서 시리마보 반다라나이케
가 총리로 선출될 수 있었던 것은 남편 때문이었다. 스리랑카 자유당
의 초대 총재였던 남편 솔로몬 반다라나이케는 진보 정치가였다.
1956년 스리랑카 총리로 당선되었던 솔로몬 반다라나이케는 집권 중
이던 1959년 9월 25일, 타밀족에 대해 적대적 자세를 지닌 불교 승려
에 의해 암살당했다.

스리랑카는 불교를 믿는 신할리족 70%와 인도에서 귀화한 힌두교
도 타밀족 30%로 구성되어 있는데, 종교 갈등이 정치 분쟁으로 비화

한 것이었다. 갑작스럽게 남편을 잃은 시리마보 반다라나이케는 남편이 만든 자유당 지도부에 의해 총재로 추대되었고, 정권 획득을 위한 총선에 참여하게 되었다. 시리마보 반다라나이케는 개인적 비운을 정권 유지를 위한 발판으로 만들어, 1960년 7월 치러진 총선에서 승리했다. 그리고 남편 솔로몬 반다라나이케의 뒤를 이어 스리랑카 총리로 취임했다.

내성적인 성격의 시리마보 반다라나이케가 정치인으로 변신하게 된 것은 순전히 남편 때문이었고, 선거에서 승리할 수 있었던 것도 역시 남편의 후광 때문이었다. 영국의 오랜 식민지였던 스리랑카에서, 계급과 명예가 중시되는 문화적 전통을 뛰어넘을 수 있는 정치적 구심점은 솔로몬 반다라나이케 사후에 출현하지 못했다. 영국 옥스퍼드 대학을 졸업한 수재였던 솔로몬 반다라나이케는 스리랑카를 개혁하려는 의지를 가진 정치인이었다. 스리랑카 자유당은 솔로몬 반다라나이케를 대신할 상징적인 인물로 아내였던 시리마보 반다라나이케를 지지했던 것이다.

결국 1960년 5월, 스리랑카 자유당 지도부의 견해를 받아들인 시리마보 반다라나이케는 남편 대신 자유당 총재로 취임했다. 그리고 유산계급 타파, 계급과 명예의 전통 제거를 기치로 내걸고, 보수 우파 통일 국민당과 선거 유세 대결에 들어갔다. 정치와 선거에 대해 문외한이었던 시리마보 반다라나이케는 눈물의 호소밖에 할 것이 없었는데, 남편을 잃은 미망인의 절규가 스리랑카 국민의 마음을 흔들었다. 시리마보 반다라나이케는 결국 유산계급을 보호하고, 계급과 명예의 전통을 유지하려는 통일 국민당과 대결해서 승리했다.

시리마보 반다라나이케는 이렇게 해서, 1960년 7월 21일에 세계 최초의 여성 총리로 취임했다. 하지만 시리마보 반다라나이케의 첫 번째 총리 임기는 성공적이지 못했다. 남편의 후광으로 선거에서 승리를 거둘 수는 있었지만, 행정 능력은 후광으로 해결할 수 있는 것이 아니었다. 신할리족과 타밀족의 분쟁 조정 실패와 재정 문제를 극복하지 못한 점들이 시리마보 반다라나이케를 흔들었다. 시리마보 반다라나이케는 결국 5년 만에 하야했다.

그러나 총리직을 경험한 시리마보 반다라나이케는 정치에 눈을 떴다. 5년 뒤인 1970년 치러진 총선에서, 시리마보 반다라나이케는 사회주의 정당연합체와 통일전선을 결성하고, 승리했다. 이때부터 시리마보 반다라나이케는 유능한 정치인으로 변신해서, 스리랑카의 쇄신정책을 전개해 나갔다. 1972년에는 실론에서 스리랑카 공화국으로 국명을 바꾸며, 스리랑카의 미래 방향으로 제3세계의 길로 선택했다. 이스라엘과 국교를 단절하고, 북한과 베트남 등의 공산권 국가들과 수교를 했다.

두 번째 총리 재임기간에 시리마보 반다라나이케는 첫 번째 총리 재임기간보다는 성숙한 정치력을 발휘했지만, 문제점도 노출했다. 200여 명의 친인척을 주요 보직에 등용하면서, 개혁을 바라는 스리랑카 국민들에게 극도의 실망감을 안겨준 것이다. 또한 사회주의 정책으로 정국을 운영하면서, 기업에 과도한 국유 정책을 펼친 것도 문제였다. 신할리족과 타밀족의 갈등을 효과적으로 수습하지 못했고, 급기야 연정에 참여했던 극좌파 세력들까지 반발하고 나섰다. 결국 1977년 두 번째 총리 임기를 마치고 물러난 뒤, 정권을 획득한 통일국민당으로부터 1980년부터 6년간 정치적 권리를 박탈당했다.

정계에서 완전히 물러날 것 같았던 시리마보 반다라나이케가 세 번째 총리가 된 것은 1994년 둘째 딸 찬드리카 쿠마라퉁가(Chandrika Bandaranaike Kumaratunga, 1945. 6. 29.~)가 스리랑카 최초의 여성대통령으로 당선된 결과였다. 찬드리카 쿠마라퉁가는 총리로 자신의 어머니를 임명했고, 시리마보 반다라나이케는 2000년까지 6년간 세 번째 총리직을 수행했다. 시라마보 반다라나이케는 건강상의 이유로 총리직에서 자진해서 물러난 뒤 2달 만에 사망했다.

2) 세계 최초의 여성 대통령 아이슬란드의 비그디스 핀보가도티르

세계 최초의 선출직 여성 대통령은 아이슬란드의 비그디스 핀보가도티르(1930. 4. 15.~)이다. 비그디스 핀보가도티르는 1980년 8월 1일 직접 선거를 통해 대통령에 당선되었고, 이후 3차례 더 역임하여 1996년 8월 1일까지 총 16년간 아이슬란드 대통령으로 재임했다.

아이슬란드는 북유럽 서북부 북대서양에 위치한 대한민국 면적보다 조금 더 큰 면적의 섬나라이다. 30만 명의 인구를 가진 조그만 나라이지만, 관광업과 어업이 발달해서 의료, 교육, 연금 등의 사회보장제도가 잘되어 있다. 고유언어인 아이슬란드어를 가지고 있고, 인구의 95%가 루터교 신자이며, 11세기에는 노르웨이, 14세기에는 덴마크의 지배를 받았다가, 1944년 6월 17일 덴마크로부터 독립했다. 2007년까지 국민소득이 6만 4천 달러를 상회했지만, 2008년 금융위기로 4만 달러대로 떨어졌다가 회복 중이다.

작고, 좁은 사회이지만, 아이슬란드는 정치적으로 다양성을 지닌 나라이다. 4년 임기의 단원제 의회를 가지고 있는데, 정당은 독립당, 진보당, 자유당, 좌파녹색당, 좌파연합(국민연합, 사민당, 여성당)으로 다양하다. 아이슬란드의 정체는 공화제의 의원내각제이다. 대통령은 외교권을 가지고 있고, 내정은 총리가 담당한다.

세계 최초의 여성 대통령은 아르헨티나의 이사벨 마르티네즈 드 페론(Isabel Martínez de Perón, 1931. 2. 4.~)이다. 1973년, 후안 페론후안 도밍고 페론(Juan Domingo Perón, 1895. 10. 8.~1974. 7. 1.)의 대통령 선거 운동 때 러닝메이트로 참가해서 부통령이 되었던 이사벨 페론은 1974년에 남편 후안 페론이 갑작스럽게 사망하자, 대통령직을 승계했다. 따라서 이사벨 페론은 선거에 의한 대통령 취임이라고는 할 수 없다. 따라서 세계 최초의 여성 대통령은 국민 투표를 통해 정식으로 제4대 아이슬란드 대통령에 선출된 비그디스 핀보가도티르라고 말할 수 있다.

비그디스 핀보가도티르는 아이슬란드의 수도 레이캬비크에서 태어났다. 비그디스 핀보가도티르의 아버지는 아이슬란드 대학 공과대학 교수였고, 어머니는 아이슬란드 간호사 연합회장이었다. 비그디스 핀보가도티르는 아이슬란드 대학교로 진학하지 않고, 프랑스로 유학을 떠났다. 프랑스 그르노블 대학교와 소르본 대학교에서 불문학을 전공하고, 덴마크 코펜하겐 대학교에서 연극학을 전공했다. 그리고 다시 아이슬란드 대학교 대학원에서 교육학 석사학위를 취득했다.

비그디스 핀보가도티르는 1954년부터 1957년까지 3년간, 1961년부터 1964년까지 다시 3년간 레이캬비크 시립극장 무대 연출로 활약했다. 그리고 1962년부터 1972년까지 학교에서 프랑스 어문학을 가르치기도 했다. 비그디스 핀보가도티르는 1972년부터 1980년까지 레이캬비크 시립극장의 예술 감독으로 활약하며, 1976년부터 1980년까지 노르딕 국가 문화 담당 고문으로 재직했다.

비그디스 핀보가도티르는 1960년대부터 1970년대까지 계속된 아이슬란드 미군 주둔 반대 시위에 참가했다. 당시 아이슬란드에서는 매년 아이슬란드 주둔 미군의 철군을 요구하는 아이슬란드 국민들의 걷기 시위가 계속되었다. 아이슬란드 국민들은 정치적으로 중립국이나 다름없는 아이슬란드가 나토에 은신처를 제공하며, 소련과 대치하는 미국의 군사 기지로 변모해서 국가적 불안이 존재한다며 미군 철군을 강력히 요구했다. 비그디스 핀보가도티르는 참가자들이 모여 50킬로미터를 이어 걷는 이 시위에 참가하며, 아이슬란드의 정체성에 대한 고민을 하기 시작했다.

이때는 또한 아이슬란드의 최고의 생산물인 수산물 대구로 인해 아이슬란드가 세 차례나 영국과 대구 전쟁을 벌인 때이기도 했다. 영국, 프랑스, 독일 등 외국 어선들이 아이슬란드 근해까지 접근해서 대구를 남획하자, 아이슬란드 경제에 절대적인 영향력을 끼치던 수산업이 치명적인 위기에 빠졌다. 아이슬란드는 1958년 이들 나라와 국운을 건 전면전을 펼쳐 12해리 영해를 사수했고, 다시 1972년 영국과 대결해서 50해리, 1975년에 다시 영국으로부터 200해리의 영해를 사수해냈다. 비그디스 핀보가도티르는 미군 문제와 대구 전쟁을 통해, 국가를 지키는 일에 대한 사명감을 갖기 시작했다.

1980년에 치러진 아이슬란드 대통령 선거에 출마한 비그디스 핀보가도티르는 3명의 남자 후보와 대결을 벌여, 33.3%의 지지표를 획득해서 가까스로 당선됐다. 그렇지만 세계가 주목하는 최초의 여성 대통령 당선이었다. 이후 3차례 연속해서 당선한 비그디스 핀보가도티르는 1984년과 1992년 선거에서는 무투표 당선, 1988년에는 95%의 압도적인 찬성으로 대통령직을 유지했다. 비그디스 핀보가도티르는

1996년 대통령직에서 물러난 뒤, 유네스코 언어 친선대사와 자크 시
라크 전 프랑스 대통령 기금의 집행위원으로 활약하고 있다.

4. 박근혜의 여성 대통령

1) 대한민국 최초의 여성 대통령

2012년 9월 현재, 박근혜 후보는 새누리당의 제18대 대통령의 후보
이다. 말도 많고 탈도 많았던 새누리당 대통령 후보 경선을 어렵게
통과하며, 마침내 새누리당의 대통령 후보가 된 것이다. 한나라당의
대통령 후보로 거의 당선될 뻔했던 제17대 대통령 선거 후보 경선에
서 아쉽게 탈락한 뒤에, 대권 재수로 얻어낸 대통령 후보 선출이기에
감회도 큰 것 같다.

당내 경선보다 경선 전에 고비가 찾아왔었다. 비박계 후보들이 새
누리당 대통령 후보 경선에 비당원의 모바일 투표 참여를 요구하며,
박근혜 후보를 압박했던 것이다. 박근혜 후보는 "많이 생각하고 있
다"는 발언 외에는 비박계 후보들의 도전에 특별한 반응을 보이지 않
으며, 뚝심으로 이겨냈다. 새누리당 대통령 후보로 당선되기 위해 박
근혜 후보가 넘어야 했던 최고의 고비였다.

2012년 6월, 새누리당 내 비박계 후보들이 대통령 후보 선출에 개
방형 경선제, 즉 오픈 프라이머리를 주장했던 이유는 한 가지 때문이
다. 박근혜 후보의 지지를 실감하지 못하겠다는 뜻이다. 비박계 후보
들은, 당원과 비당원이 함께 새누리당의 대통령 후보를 선출하면, 진

정한 새누리당의 대통령 후보가 뽑힐 것이라고 주장했다. 하지만 속내를 뒤집어 보면, 여자 대통령이 출현하는 것에 대해서 부담감을 가지고 있었던 것 같기도 하다. 야권이 박근혜 후보를 이기기 위해 내놓는 반대 이유와 달리, 새누리당 내의 반대는 박근혜 위원장이 여성이라는 점 때문일 가능성이 확실히 높다.

비박계 대통령 후보들의 처사는 박근혜 후보의 입장에서는 언어도단이었다. 비박계 후보들은 패배가 확실시되던 4·11 총선에서 새누리당을 구해낸 박근혜 후보의 공로는 감추고, 새누리당을 다시 한 번 위기로 빠뜨릴 기세였다. 4·11 총선에서 당명까지 바꾼 새누리당의 총선을 책임지는 비상대책위원장으로 활약한 박근혜 후보로서는 사실 기가 막힐 노릇이었다.

하지만 그것이 바로 정치이고, 대통령이 되는 과정이다. 박근혜 후보는 이러한 당내 고비를 어쨌든 슬기롭게 이겨냈다. 이제 문제는 야당 후보들과의 본선이다. 전 세계 어느 나라의 대통령 선거에서도 상대 후보와의 경쟁이 없는 선거는 없다. 추대가 아닌 이상, 선거는 항상 한쪽이 "옳다"고 주장하고, 반대쪽에서는 "틀렸다"고 주장하기 마련이다. 박근혜 후보는 앞으로 무수하게 "틀렸다"는 소리를 들어야 한다.

박근혜 후보는 제18대 대통령 선거를 3개월 앞둔 2012년 9월 현재, 집권 여당인 새누리당의 대통령 후보이다. 이 말에는 박근혜 후보가 야권 후보를 향해 공격에 나서는 횟수보다, 야권 후보들이 박근혜 후보에게 들이대는 공격의 횟수가 더 많으리라는 의미가 담겨 있다. 야권의 대통령 후보는 틀림없이 한 명 이상이다. 박근혜 후보는 거의 일방적으로 공격을 당해야 하는 입장이 될 수도 있다.

어쨌든 새누리당의 대통령 후보로 선출된 이상, 박근혜 후보는 새누리당 내부에서 제기되었던 여성 대통령 후보로서의 역할과 의미에 대해서도 생각해 봐야 한다. 전 세계에서 여성 대통령을 선출한 나라들의 공통점은 국가적 위기 상황을 맞았다는 것과 여성 대통령이 남성 대통령들보다 더 강력한 리더십으로 국란을 극복했다는 사실이다. 사실 남성 중심 사회에서 여성이 국가 지도자가 된다는 것 자체가 남성 중심 사회의 위기상황일 수 있다.

남성 중심 사회에서 여성 지도자가 출현한 것은 여성 지도자 개인의 출중한 능력 때문이다. 어제의 동지가 오늘의 적이 되고, 태도와 입장에 따라서 이합집산이 수시로 이뤄지는 정치의 세계에서, 여성이 지도자의 후보로 선출된다는 것은 확실히 개인적인 능력이라고밖에 설명할 수 없다. 박근혜 후보가 제18대 대통령 선거의 새누리당 후보로 선출될 수 있었던 이유는 두 번의 국회의원 선거에서 보인 지도력 때문이었다.

위기가 발생한 한나라당과 새누리당을 구해낸 박근혜 후보에게는 지역의 유권자들을 움직일 수 있는 힘이 있었다. 박근혜 후보나, 대통령 선거에서 맞부딪칠 야권 후보들이나 모두, 박근혜 후보의 유권자를 움직이는 힘에 주목해야 한다. 화가 난 유권자들에게 나서서 손을 내미는 박근혜 후보는 유권자들을 움직일 수 있는데, 왜 다른 남성 정치인들은 그런 손을 내밀 수 없었던 것일까? 박근혜 후보에게는 마음을 열 수 있는 그 무엇인가가 있다면, 그것은 사랑일 수 있다. 국민들은 박근혜 후보가 대한민국을 진심으로 사랑한다고 믿고 있다.

'차떼기 정당'으로 전락한 한나라당을 4 · 15 총선에서 완패로부터 구해낸 것은 박근혜 후보가 그 돈을 나눠 쓰지 않았을 것이라는 믿음 때문이었다. 현 정부의 실정으로 인해 국민감정이 이반되었던 새누리당을 4 · 11 총선에서 승리로 이끈 것은 박근혜 후보가 권력 남용의 현실에 개입하지 않았다는 신뢰 때문이었다. 정치인이 국민들에게 인정받을 수 있는 힘은 계속되는 정치 여정 속에서 보여준 진정성이다. 국가를 사랑하는 정치 지도자에 대해서, 국민들은 애정을 가질 수밖에 없다. 애국심이 국민에 대한 사랑으로 나타난 것은 자명한 일이다.

박근혜 후보에게 가장 필요한 것은 솔로몬 식의 지혜이다. 말 못하는 아이 하나를 데리고 와서 누구의 아이인지 밝혀달라는 두 여인에게, 솔로몬은 나눠서 가지라는 절묘한 대답으로 말문을 막았다. 박근혜 후보도 자신에게 쏟아질 무수한 "틀렸다"는 공격에 대해서, 상대방을 압도할 수 있는 지혜를 발휘해야 한다. 새누리당 내의 반대여론을 뚝심으로 극복했던 것처럼, 박근혜 후보는 국민들에게 대통령으로서 위기관리 능력을 보여주어야 한다. 선거전에서의 위기관리 능력은 국민들이 모든 후보에게 대통령으로서 지녀야 할 자질을 검증하는 자리이다.

2) 영국의 여성 총리 마거릿 대처

국가주의 리더십을 나타낼 것으로 기대되는 박근혜 후보가 제18대 대통령에 당선된다면, 마거릿 대처와 같은 통치 방식을 나타낼 가능성이 많다.

마거릿 대처(Margaret Hilda Thatcher, 1925. 10. 13.~)는 국가주의적 리더십을 발휘한 지도자였다. 아르헨티나와 전쟁을 치르며 영국병을 고쳤고, 무력을 불사하는 강력한 통치력으로 영국 연방의 결속력을 극대화했다. 53명의 총리를 배출한 영국 역사에 유일한 여성 총리였던 마거릿 대처는 강력한 영국 연방을 구축하기 위해서, 재임기간 11년 동안 철의 여인이라고 불리는 것도 마다하지 않았다.

영국을 이야기하면 잉글랜드만 뜻하지만, 영국 연방(British Common-wealth)은 잉글랜드, 스코틀랜드, 웨일스, 북아일랜드의 종교와 민족, 언어까지 다른 이질 문화의 결합체를 뜻한다. 또한 영국이 영국 연방 국가(Commonwealth of Nations)로 의미가 발전되면, 영국 본국과 구(舊)대영제국 내의 식민지에서 독립한 나라로 구성된 연방체 국가 전체를 의미하게 된다. 2012년 현재, 영국 연방 국가에는 오스트레일리아, 뉴질랜드, 캐나다, 몰타, 말레이시아, 싱가포르, 방글라데시, 인도, 스리랑카, 키프로스, 나이지리아, 가나 등 총 53개국이 가입해 있다. 마거릿 대처는 영국과 영국 연방, 그리고 영국 연방 국가들과의 결속력 강화를 통해, 영국의 국력을 신장시키는 일에 총력을 기울인 여성 총리였다.

영국은 독립 국가인 영국 연방 국가들과 특수 관계를 맺고 있다. 이들 국가는 경우에 따라, 오스트레일리아, 뉴질랜드, 캐나다와 같이 영국 국왕을 같은 국왕으로 인정하는 군주제 형태를 취하기도 하고, 독립 국가로 다른 내정 체제를 유지하면서도 국제 문제에서 의견과 이익을 공유하는 국제정치 연합제 형태를 취하기도 한다. 유엔 안보리 5대 상임이사국 중 하나인 영국은 미국과 혈맹 관계를 맺고 있으며, 유엔 193개 회원국의 3분의 1에 직·간접적 영향력을 행사할 수 있는 전통 강대국이다. 따라서 1979년부터 1990년까지 11년간 영국의 총리로 재임한 마거릿 대처는 재임기간에 영국의 수상일 뿐만 아니라, 영국 연방 국가의 지도자였으며, 자유세계를 대변하는 유엔의 중심축이었다.

런던의 상업 가정 출신으로 옥스퍼드 대학 화학과를 졸업한 마거릿 대처 총리는 1954년 29세의 나이로 변호사 시험에 합격했다. 마거릿 대처 총리는 5년 뒤인 1959년 34세에 의회에 입성했고, 45세이던 1970년 에드워드 히드(Edward Heath) 총리에 의해 교육부장관이 됐다. 마거릿 대처 총리는 1975년, 영국 역사상 처음으로 보수당(Conservative Party) 여성 당수가 되었고, 4년 뒤에 치른 1979년 영국 총선거에서는 제임스 캘러헌(Leonard James Callaghan, 1912. 3. 27.~2005. 3. 26.) 총리가 이끄는 노동당(Labour Party)을 물리치고, 첫 여성 총리가 되었다. 이후 마거릿 대처 총리는 3선 연임을 하며, 영국 역사상 최다선 임기의 총리로 재임했다. 마거릿 대처 총리는 엘리자베스(Elizabeth Alexandra Mary, 1926. 4. 26.~)로부터 비세습 남작 장위를 받았다.

마거릿 대처는 국익 중시의 강경 내정과 외교노선을 중시했고, 그 결과로 1982년 아르헨티나와의 포클랜드 전쟁에서 비난 여론에도 불구하고 강공 일변도로 밀어붙여 승리를 쟁취했다. 또한 1984년 투숙 중이던 브라이튼(Brighton) 호텔에 대한 IRA의 암살 기도 폭탄 테러 사건에도 굴복하지 않고, 테러리즘에 대한 강력한 대응 태도를 유지하며 영국 연방 유지에 총력을 기울였다. 마거릿 대처의 목표는 대영제국의 전통을 계승한 '강한 영국'의 완성이었고, 이로 인해 '철의 여인'이라는 별명이 붙게 되었다.

마거릿 대처 총리가 '철의 여인'의 이미지를 강화한 것은 포클랜드 전쟁을 통해 자신감을 확보하고, '영국병'이라는 만성적 경기 침체를 과감한 방식으로 치료했기 때문이다. 제2차 세계대전 이후, 요람에서 무덤까지(from the cradle to the grave)를 내건 노동당의 사회보장제도는 도를 넘어서, 영국 사회의 여러 가지 사회문제를 야기했다. 노조는 막강한 영향력을 행사해서 지속적인 임금상승을 요구했고, 반면 노동자들의 태만으로 생산성은 극도로 저하되어 경제가 침체에 빠졌다. 고복지, 고비용, 저효율의 2고1저는 영국 만성병의 특징으로 자리 잡았고, 영국은 1976년에 IMF 구제 금융을 지원받는 처지로까지 내몰렸다.

마거릿 대처는 권력화한 노동자 집단과 대결을 펼쳐, 복지 축소, 저비용, 고효율 정책을 추진했다. 또한 시장 경제 원리에 충실한 자본주의 경제정책을 강화시켜, 정부의 시장개입을 축소, 각종 규제를 완화, 기업 간의 경쟁 촉진을 유도했다. 또한 공기업을 민영화하며, 재정 지출을 삭감하고, 공공부분 개혁을 단행했다. 이 기간에 영국의 공무원은 17%가 줄었으며, 공기업 50여 개가 민영화됐고, 금융기관의 빅뱅이 이뤄졌다.

마거릿 대처의 정계 은퇴는 유럽 통합에 강력히 반대했기 때문이었다. 미국과의 특수성과 유럽 통합으로 영국의 영향력 축소를 염려한 마거릿 대처는 영국의 유럽 통합에 반대 입장을 고수했는데, 이것은 보수당 지도부의 반발을 불러왔다. 마거릿 대처는 1990년 11월 28일, 총리 취임 11년 6개월 24일 만에 자진 사퇴를 하고, 이듬해 1991년 5월 정계 은퇴를 했다. 만성적인 '영국병'을 치유하고, 세계 속에서 영국의 위상을 부각시킨 마거릿 대처의 유일한 주장은 강한 영국이었다. 마거릿 대처의 영국이 주장한 유럽 통합 반대는 20년 뒤인 2012년 9월, 유럽 연합의 금융 위기 여파에서 영국을 다시 한 번 구해내는 선견지명이었다.

3) "꿈꿨으며 이뤄라!"

2012년 9월 현재, 아직도 제18대 대통령 선거의 향방은 알 수 없다. 그렇지만 이제 점점 제18대 대통령 선거는 선거 분위기를 갖추고 있다. 여당 새누리당은 박근혜 후보가 제18대 대통령 선거의 후보로 결정되었고, 야권 후보들도 속속 출마 태세를 갖추고 있다.

우선 민주통합당은 지역 경선 12연승을 거둔 문재인 후보가 유효 득표의 56.62%를 획득하고, 제18대 대통령 후보로 선출되었다. 2차 투표에 들어갈 경우, 나머지 후보들이 연대해서 2위 득표자를 밀어주겠다는 주장도 제기되었지만, 결국 유효득표의 50%를 넘기고 문재인 후보가 당선되었다. 문재인 후보를 민주통합당의 후보로 받아들이지 못하겠다는 의도였는지, 침체된 선거 분위기를 반전시켜 끝까지 흥행을 시켜보겠다는 뜻이었는지 알 수는 없지만, 어쨌든 문재인 후보의 당선으로 민주통합당의 대통령 후보 경선은 일단락되었다.

문재인 후보의 결정에 이어, 9월 19일 안철수 서울대학교 교수도 출마를 선언했다. 이미 지난 9월 14일, 광주의 5·18 국립묘지를 참배할 당시, 출마 의사를 절반 이상 표현한 것이나 다름이 없었다. 그렇지만 안철수 교수는 민주당의 대통령 후보가 결정되기 전까지 출마 의사를 피력하지 않았다. 사실 대통령 선거에 나설 의지가 없었다면, 굳이 교수 개인의 신분으로 5·18 국립묘지를 참배할 이유가 없는 일이었다. 5월 18일도 아닌데, 일개 서울대학교 교수 개인으로, 언론의 주목을 받으면서 5·18 국립묘지를 참배할 특별한 이유가 없었기 때문이다.

정치학자들의 주장처럼, 미국 대통령 선거 결과보다 예측하기 어렵다는 것이 바로 대한민국 대통령 선거이다. 대통령 선거 3개월 전이 되어서야 야권의 대통령 후보가 결정된 것이나, 무소속의 유력한 대통령 후보가 출마여부를 결정한 것 등은 대한민국 정치의 지형이 얼마나 역동적인지를 실증하는 사례라고 할 수 있다. 그러나 이러한 예측 불능의 대한민국 정치 상황이 아직 완전히 끝난 것이 아니다.

여당 새누리당의 박근혜 후보 쪽은 변화가 없겠지만, 야권의 대선 전략은 세 가지 방법 가운데 한 가지를 선택할 수 있는 상황이다. 문재인 후보와 안철수 후보가 단일화에 실패해서 각각 독자출마를 할 수 있거나, 문재인 후보 쪽으로나, 안철수 후보 쪽으로 단일화가 이루어지는 상황이 펼쳐질 수 있기 때문이다. 정치공학적 계산을 넘어서, 역술가까지 등장해야 하는 상황이 벌어지는 것은 바로 이러한 예측 불가능한 정치 현실의 결과이다.

이러한 대한민국 정치 환경의 특수성을 감안할 때 오히려 부각되는 것이 바로 박근혜 후보의 입장이다. 박근혜 후보는 이번 대통령 선거에 나선 유일한 정치적 인물이다. 민주통합당의 문재인 후보나, 무소속의 안철수 후보는 모두 2011년까지 비정치적인 인물이었다. 1년 전까지 정치인으로 불리지 않던 인물들이 야권의 대통령 후보로 주목받고 있다는 말은 야권이 대통령 후보를 효율적으로 육성하지 못했다는 말도 되지만, 다른 한편으로는 그만큼 정권 교체의 의지가 강해서 기성 정치인이 아닌 비정치적인 인물로 정권을 교체하겠다고 나설 만큼 절박한 정치적 의지도 담고 있는 것이다.

물론 정권 교체 의지가 강렬해서 비정치적인 인물들이 대통령 후보가 된 사실도 야권 쪽으로는 문제가 되는 말이다. 정권 교체의 대상자인 집권 여당 못지않게, 비정치인 대통령 후보를 선택해야 하는 야당의 상황을 고려하면, 야권 전체도 심각한 위기를 맞은 것만은 분명한 일이다. 여권의 실정을 비판해야 할 야당이 스스로 대통령 후보를 내지 못할 정도라면, 대한민국 60년 전통 야당의 명분은 찾을 수가 없기 때문이다. 어쨌든 제18대 대통령 선거를 목전에 둔 2012년 대한민국의 정치 현실은 여권이든, 야권이든 분명히 한쪽의 전면적인 개편을 필요로 한다.

여당인 새누리당의 박근혜 후보가 대통령에 당선될 경우, 야권은 단일화를 하건, 대통령 후보들이 각각 출마를 하건, 전면적인 정치 개혁이 일어날 것이다. 또 야권에서 대통령 후보가 당선되면, 여당인 새누리당 쪽에서 전면적인 정치개혁이 일어날 것이다. 물론 그러한 상황은 국민들이 선택하는 일이고, 정치 판도의 변화 역시 국민들의 결정에 정치인들이 자연스럽게 따라가는 형태가 될 것이다.

야권의 비정치인 출신 대통령 후보들을 상대하는 여당 새누리당의 박근혜 후보는 제18대 대통령 선거의 유일한 정치적인 인물이다. 정치인 박근혜 후보 쪽에서 보면 그나마 다행스러운 것은 이명박 대통령의 통치 기간 동안 비주류였다는 사실이다. 소위 친박연대라는 계파까지 등장할 정도로 철저하게 소외를 받았던 것이 박근혜 후보가 정권 심판론으로 나서는 야권 후보들에 대해 가질 수 있는 경쟁력이다. 정치적인 인물 박근혜 후보가 비정치적인 대통령 후보에 대해서 보여주어야 하는 것이 바로 정치력이고, 그러한 상황에 필요한 것이 바로 솔로몬식 지혜이다.

제18대 대통령 선거에서, 박근혜 후보는 정치인 출신의 대통령 후보라는 사실 못지않게, 여성이라는 특수성도 지니고 있다. 50여 개 국가에서 선거를 통해 등장한 역대 여성 지도자들의 공통점은 국가 위기적 상황에 출현했다는 공통점이 있다. 여성 지도자가 출현할 수밖에 없었던 특별한 상황은 크게 두 가지로 나눌 수 있다.

우선, 여성 지도자들과 가족관계에 있었던 남성 지도자들의 비극적 상황으로 인해, 가족 구성원 가운데 비정치적인 여성이 선거에 출마해서 집권한 경우이다. 세계 최초의 총리였던 스리랑카의 시리마보 반다라나이케는 총리였던 남편 솔로몬 반다라나이케 총리가 종교 문제로 암살당하자 출마했고, 파키스탄의 베나지르 부토 총리는 아버지 줄피카르 알리 부토 총리가 쿠데타 세력에 의해 사형을 당하자 정치일선에 등장했다. 필리핀의 코라손 아키노 대통령은 야권 지도자였던 남편 베니그노 아키노가 반대 세력에 저격당하자 남편 대신 대통령 출마를 선언했고, 방글라데시의 베굼 칼레다 지아 총리는 남편 지아우르 라흐만 대통령이 정치문제로 죽음을 맞자 출마해서 당선됐다. 이러한 사례들은 개인적으로 고통스러운 상황을 국가적인 위기와 함께 극복한 여성 정치인들의 경우이다.

또 다른 경우는, 여성 정치인이 장기간 정치적인 경력을 쌓아가며 기회를 노리다, 남성 정치인들이 해결하지 못하는 국가적 위기 상황에 등장한 경우이다. 영국의 마거릿 대처 총리는 영국병 치유를 통해 경제를 재건했고, 스위스의 루트 드라이푸스 대통령은 정통 비동맹 노선에 반대하며 유럽연합과 국제연합 가입으로 스위스를 세계화하는 데 기여했다. 이스라엘의 골다 메이어는 전쟁이 아닌 외교 문제로 중동문제를 해결하는 데 노력했고, 독일의 앙겔라 메르켈 현 총리는 유럽 금융 위기로 인해 해체 직전인 유럽연합을 구해냈다. 이러한 인물들은 남성 정치인과 똑같은 정치 이력을 통해 당수가 되거나, 당권을 획득했고, 선거에 의해 정권을 획득한 여성 정치인들이다.

1997년 보궐선거를 통해 제15대 국회의원으로 정치에 입문한 박근혜 의원은 5선의 정치 경력을 가진 새누리당 내 중진의원이다. 그리고 두 번의 국회의원 선거에서 자신이 속한 한나라당과 새누리당을 위기에서 구해냈다. 두 차례 당 대표를 역임했고, 지난 제17대 대통령 선거를 위한 당내 경선에 출마해서 낙선, 이번 제18대 대통령 선거에 각각 후보로 출마해서 압도적인 지지를 받으며 당선된 직업 정치인이다. 박근혜 후보가 제18대 대통령에 당선된다면, 장기간 정치적 경력을 쌓은 여성 직업 정치인으로서 남성 정치인들이 해결하지 못한 국가적 위기를 감당할 가능성이 높다.

　2012년은 북한 핵 문제를 둘러싼 6자 회담 당사국 전체가 정권 교체를 하는 중요한 시점이다. 정권 교체를 하고 있을 뿐만 아니라, 국가적인 위기 상황을 맞고 있기도 하다. 한반도를 중심으로 자리한 주변국들은 최근에는 국지전까지 야기할 수 있는 일촉즉발의 긴장 분위기이다. 1945년 8월 15일, 제2차 세계대전 종전 이후, 극동지역은 그 어느 때보다 국가들 간의 갈등과 경쟁이 치열하다고 말할 수 있다.

　우선, 이미 자본주의를 진행하고, 민주주의로까지 정체를 변모한 러시아는 2012년 3월 블라디미르 푸틴 대통령의 세 번째 취임으로 체제 안정화 작업을 진행 중이다. 압도적인 지지로 당선이 되었지만, 장기 집권으로 인해 러시아 내부의 반발 세력도 증가하고 있다. 따라서 블라디미르 푸틴 러시아 대통령은 미러 관계의 갈등으로 북한 문제에 온전하게 힘을 쏟을 겨를이 없다. 블라디미르 푸틴 러시아 대통령과 버락 오바마 미국 대통령은 지난 5월 G8 정상회의와 9월 초 APEC 정상회의에 각각 참석하지 않으며, 불편한 심기를 노골적으로 드러냈다. 정권 교체 과정에서, 미국과의 경쟁력을 강화하고 있는 러시아는 북한에 대한 관심을 쏟을 겨를이 아니다.

중국도 사정은 마찬가지이다. 중국은 2012년 11월 전국 인민 대표자 대회를 통해 새로운 지도자를 선출할 예정이다. 현재까지는 시진핑 중앙 군사위 부주석이 유력한 상황이지만, 최근 2주간 언론에 등장하지 않으면서 정권 교체를 둘러싼 다양한 루머들이 흘러나오고 있다. 중국이 북한에 대한 관심과 지원이 예전과 같을 수 없는 상황이다. 이러한 사실을 실증하는 사례가 바로 북한의 차관 요구 거절이다. 북한 정권이 교체된 뒤인 지난 8월, 장성택 북한 노동당 행정부장이 중국을 방문해서, 10억 달러 수준의 차관을 요구했다. 그렇지만 중국은 북한의 요구를 거절하며, 개방에 대한 압력을 오히려 주문한 것으로 알려져 있다. 북한의 혈맹 중국도 북한 문제에 대해서 개입하기 어려운 국내 정치 상황과 북한 개방화에 대한 국제적 여론을 무시하지 못하는 상황이다.

일본도 상황은 마찬가지이다. 2012년 하반기에서 2013년 상반기 중에 중의원 해산과 총선거가 실시될 가능성이 높다. 동일본 대지진의 여파가 지속되는 가운데, 국민 총생산의 두 배를 넘는 국가 채무의 증가, 기업들의 국제 경쟁력 상실에 이어, 센가쿠 열도의 영유권을 둘러싸고 중국과 갈등이 벌어지는 국내 상황이므로, 일본은 북한의 지원이나, 대화를 여유 있게 할 수 있는 형편이 아니다. 게다가 정권 교체기이므로, 북한 문제를 책임지고 나설 인물이 없다. 일본은 센가쿠 열도에 해상 수비대를 강화했고, 중국은 1,000척이 넘는 어선을 몰고 가서 조업을 하며 자극을 하고 있다. 일본 정부는 현재 원론적 상황에서 북일 관계를 취급하는 형편이다.

11월 7일 대통령 선거를 앞둔 미국은 북한 문제에 대해서 관심을 둘 겨를이 없다. 9·11 테러 11주년인 지난 9월 11일, 리비아 주재 미국 영사관에 대한 폭탄 테러로 인해, 리비아 대사 크리스토퍼 스티븐슨 등 4명의 외교관이 사망한 미국은 중동에 대해서 준전시 상태이다. 9·11 리비아 미국 대사관 테러 이후, 중동 국가들 사이에는 갑작스럽게 반미 정서가 형성되었고, 반 서방 정서로까지 발전하고 있다. 미국은 대통령 선거 직전에 터져버린 중동의 반미, 반 서방 정서가 대통령 선거는 물론, 향후 미국의 중동 전략에 영향을 끼치지 않을지에만 골몰하고 있다. 대통령 선거를 앞두고, 러시아와 중국과의 힘겨루기, 그리고 중동의 반미, 반 서방 정서에 촉각이 곤두서 있는 미국으로서는 북한 문제에 관심을 둘 처지가 아니다.

하지만 북한은 이미 체제 위기의 상태로 접어들고 있다. 김정일의 갑작스러운 죽음으로 정권을 인계받은 김정은은 연일 체제 안정화 작업을 과시하는 전시성 사진들을 송출하고 있다. 하지만 정말로 정권 획득이 성공적으로 이루어졌는지는 아직 알 수 없는 일이다. 가장 근본적인 문제가 기본적인 의식주를 해결하지 못할 정도로 몰락한 북한 경제 현실이고, 두 번째는 개혁 의지조차 상실해버린 시대착오적인 북한의 정치 상황이다.

현재 북한은 몇 년간 계속된 자연재해로 인해 식량 공급에 문제가 생겼고, 경제 정책 실패와 화폐 개혁의 문제점이 노출되어 민심이 이반된 상태라고 알려져 있다. 게다가 정권 교체 이후, 지도부가 변화되면서, 북한 내부의 분위기는 긴장 일변도로 경직된 상태라고 한다. 최근 대한민국 정부 차원의 수해물품 지원을 요청했다 거절한 북한의 상황으로 미루어 볼 때, 북한 경제는 더 이상 방치하기 어려운 상황임이 분명해졌다. 그렇지만 경제 문제 돌파를 위한 해법을 놓고도, 북한 지도부조차 갈등이 야기되는 상황인 것으로 추측되고 있다. 세계로부터 경제적인 도움을 받지 못한다면, 북한은 체제 안정 자체를 확신할 수 없는 상황에 다다랐다. 그래서 한반도를 둘러싼 국제 관계를 고려할 때, 북한 문제는 앞으로의 상황을 전혀 예측하지 못할 수 없는 뜨거운 감자가 되고 있다.

제18대 대통령 선거를 위한 새누리당의 후보로 선출된 박근혜 후보는 "내 꿈이 이뤄지는 나라"를 선거 캠페인의 슬로건으로 내세웠다. 박근혜 후보의 이 슬로건은 중의적인 의미를 가진다. "내 꿈이 이뤄지는 나라"는 언뜻 들으면 내 꿈을 이뤄주는 나라처럼 들릴 수 있지만, 본질은 '내가 노력하면 내 꿈을 이룰 수 있는 나라'라는 뜻이다. 모두의 꿈을 국가가 이뤄주는 것이 아니라, 모두가 각자의 꿈을 이룰 수 있는 환경을 지닌 나라를 만들겠다는 의미이다.

"내 꿈이 이뤄지는 나라"라는 슬로건이 성취되기 위해서는, 북한 문제와 관계없이 대한민국을 지켜낼 정도의 부국강병을 유지할 수 있어야 한다. 동서고금을 막론하고, 부국강병을 이루지 않고 국가의 독립과 발전을 이룩한 나라는 없다. 향후 5년에서 10년 동안의 대한민국의 국가 경쟁력은 예기치 않게 붕괴될 수 있는 북한 체제를 흡수해야 하는 국제정치력과 경제력, 국방력을 포함해야 될지도 모른다.

대한민국 최초의 여성 대통령이 될 수 있는 박근혜 후보는 여성 대통령이 출현했던 세계 각국의 사례를 통해, 여성 대통령이 출현할 수밖에 없는 역사적 당위성을 국민들에게 설득해야 한다. 대한민국의 정치 현실에서 비주류로 분류되는 여성 정치인이 왜 남성 정치인들을 제치고 제18대 대통령 후보로 선출밖에 될 수 없는지를 설득하는 것이 박근혜 후보로서는 이번 대통령 선거의 최대 고비가 될 수 있다.

그것을 설득할 수 있어야, 박근혜 후보는 국민들에게 이렇게 이야기
할 수 있다.

"꿈꿨으면 이뤄라!"

2장

경제: 이건희의 "2등은 없다!"

1. 이건희의 삼성전자

1) 세계 1등 『삼성전자』

『삼성전자』는 전자업계 세계 1등 기업이다. 『삼성전자』는 2009년 부터 매출 100조 원, 영업이익 10조 원으로 세계 최대의 전자업체로 부상했다. 그리고 2년이 뒤인 지난해 2011년, 『삼성전자』는 매출 165조 원, 영업이익 16조 2,500억 원을 기록하면서, 명실상부한 세계 최대의 전자업체의 자리를 수성했다.

대한민국 정부의 2012년 국가예산이 약 326조 원(2011년 국가예산은 약 306조 원)이라는 사실을 감안하면, 『삼성전자』의 규모가 얼마만큼 대단한지 실감할 수 있다. 2012년 9월 현재, 『삼성전자』의 주가는 130만 원을 기록하고 있고, 우선주를 포함한 시가총액은 200조 원을 상회한다. 『삼성전자』의 시가총액은 코스피에 상장된 939개 기업의 시가총액 1,100조 원의 약 5분의 1에 해당하는 액수이다.

세계 1위는 아니지만, 현대차의 시가총액도 50조 원을 기록하고 있고, 포스코의 시가총액도 33조 원이나 된다. 삼성과 함께, 대한민국 전자 업계의 양대 산맥이라고 할 수 있는 LG전자의 시가총액도 13조 원이나 되지만, 『삼성전자』와 비교할 상태는 아니다. 그만큼 『삼성전자』의 재정규모는 대한민국의 어떤 기업과도 비교할 수 없는 수준이다.

『삼성전자』가 이렇게 세계적인 기업이 될 것이라고 생각한 사람들은 많지 않다. 1969년 1월 『삼성전자』의 모체라고 할 수 있는 『삼성전자공업』이 설립되었을 당시만 해도, 삼성의 전자시장 진출은 터무니없는 전쟁을 시작하는 일이라고 생각하는 분위기였다. 미국과 일본의 전자업계는 비교할 수도 없이 앞서 있었고, 『삼성전자』가 어설프게 가전제품이나, AV 기기를 생산하겠다는 의욕이 애국심에 의지하는 열정으로만 비쳤기 때문이었다. 그러한 『삼성전자』에 대한 시선은 1974년 대한민국반도체, 1980년 대한민국전자통신을 인수해서 반도체 사업에 진출하겠다는 포부를 밝힐 때도 변함이 없었다. 많은 사람들은 삼성이 무모한 전쟁을 치르다 무너질지도 모른다는 염려까지 했었다.

『삼성전자』에 대한 우려의 시각이 가장 높았던 때는 1983년 반도체 사업 결정 때였다. 이미 미국과 일본의 전자업체들이 선점한 반도체 시장은 유럽 국가들도 진출을 주저하던 분야였다. 그런 사업에 뛰어들겠다는 『삼성전자』의 도전은 한마디로 기름을 지고 불에 뛰어들겠다는 만용으로 보이는 일이었다.

하지만 『삼성전자』는 1983년 반도체 산업에 진출 선언을 하자마자, 곧바로 세계 3번째 64K D램 개발에 성공했다. 미국의 마이크론 테크놀로지로부터 D램 설계 기술을 제공받은 지 6개월 만에 대규모직접

회로(VLSI)인 64K D램을 개발한 것이었다. 일본 업체들도 개발에 5년 이상 걸렸던 64K D램을 『삼성전자』가 개발한 것은 기적이라고밖에 표현할 수 없는 일이었다. 미국과 일본이 이어 세 번째 나라로, 기업 순으로는 10번째로 64K D램을 개발한 것이다.

그러나 그때까지도 『삼성전자』에 대한 우려의 시선은 여전했다. 그것은 64K D램 하나만으로 반도체 사업의 성패가 결정되는 것은 아니기 때문이었다. 개발에 성공했다고는 하지만, 『삼성전자』는 세계 11번째 64K D램 제공업체에 불과할 뿐이었다. 『삼성전자』의 성취는 대단했지만, 선두주자 10개 기업의 도약은 비약적이었다.

『삼성전자』는 1992년 64M D램을 최초로 개발하면서, 선두기업들을 추월하기 시작했다. 이때부터 『삼성전자』는 세계 최고의 기술력이라고 통칭되기 시작했다. 1년 뒤인 1993년 『삼성전자』는 메모리 반도체 세계 1위로 도약했고, 이듬해인 1994년에는 256M, 1996년에는 1G D램을 세계 최초로 개발해서 세계를 놀라게 했다. 결국 『삼성전자』는 2002년 낸드플래시 세계 1위에 부상했으며, 2006년부터는 세계 최초로 50나노 D램과 2007년 30나노 낸드 등을 출시하면서 메모리업계 점유율 30%를 넘어섰다. 『삼성전자』는 반도체 산업 진출 선언 25년 만에 세계 최고의 기업이 되었다.

『삼성전자』는 반도체뿐만 아니라, 휴대전화에서도 세계 1위 기업이 되었다. 『삼성전자』는 2012년 1분기 현재, 9,000만 대 휴대 전화를 공급하면서, 지금까지 1위 업체로 군림해 왔던 핀란드의 다국적 기업 노키아의 8,300만 대를 700만 대 차이로 따돌리며 세계 1위로 올라섰고, 스마트폰 판매량에서도 4,200만 대를 기록하며 미국의 애플을 제치고 세계 1위를 차지했다. 삼성이 노키아를 제친 것은 휴대전화 판매대수가 많다는 점보다, 노키아가 5분기 연속 적자에 빠졌다는 사실이다. 뿐만 아니라, 삼성은 스마트 폰의 경쟁사인 애플의 최신 제품들에 핵심부품들을 제공하면서, 애플의 추격을 따돌리고 있다.

『삼성전자』는 LCD와 LED TV 분야에서도 독보적인 세계 1위 자리를 유지하고 있다. 2006년 소니를 처음으로 제친 이후 세계 TV업계의 1위 기업이 된 『삼성전자』의 매출이익은 일본 전체 전자업체의 매출이익을 합친 것보다도 많다. 삼성의 부상으로 최근 3년간 일본 전자업체는 엄청난 구조조정 여파에 시달렸는데, 산요는 파산했고, 샤프는 대만 업체에 인수됐으며, 파나소닉은 몰락했고, 소니는 해체 직전 사활을 건 마지막 구조조정 단계를 밟고 있다. 『삼성전자』는 가히 전자업계 전체의 독보적인 세계 1등 기업이 되었다.

2) 삼성의 2가지 혁명

- '프랑크푸르트 신경영 선언'

『삼성전자』의 이건희 회장이 세간에 주목을 받은 사건이 2개 있다. 첫 번째는 "마누라와 자식 빼고 다 바꾸라"는 1993년 6월의 '프랑크푸르트 신경영 선언'이었고, 두 번째는 "기업은 2류, 행정은 3류, 정치는 4류"라고 한 1995년 4월 13일의 '베이징 발언'이었다. 이 두 사건은 이건희 회장의 직접 발언에 근거한 것들로, 사원들에게 충격을 주려는 대기업 회장의 한마디 정도나, 긴장관계를 유지하던 정부에 대해 내뱉은 쓴소리 정도로 여겨서는 안 될 중요한 내용을 담고 있다. 『삼성전자』가 전자업계 전체의 독보적인 세계 1등 기업이 되는 데 핵심적인 역할을 한 사건들이라고 할 수 있는 것이다.

이 두 사건을 논하기에 앞서, 이건희 회장이 2000년 말에 계열사 최고경영자(CEO)들에게 한 발언을 상기할 필요가 있다. 이건희 회장은 "5년, 10년 후 대한민국 경제를 생각하면 등골이 오싹해지고 잠이 안 온다"는 '불면증 호소'를 했었다. 그리고 "미래의 대한민국이 무엇을 해 먹고살 것인지"에 대해 항상 연구를 지시하고, 미래의 주력 상품 개발을 독려한다고 했다. 그때 사람들은 잘나가는 『삼성전자』의 이건희 회장이 왜 갑자기 그런 이야기를 했을지 주목하면서, 계열사 최고경영자들을 독려하기 위한 과시성 발언으로 치부했었다.

하지만 이 발언은 1993년 6월의 '신경영 선언'과 1995년 4월 13일의 '베이징 발언'의 연장선상에 있는 내용이다. 『삼성전자』는 그때 세계 전자업계의 선두로 진출하느냐 마느냐 하는 고비에 서 있었다. 이건희 회장은 잠이 안 올 정도가 아니라, 밥도 못 먹을 정도로 극심한 심적 고통을 겪고 있었던 것이다. 국운을 건 전쟁을 앞두고 한산섬 달 밝은 밤에 깊이 시름하던 충무공 이순신 장군이나 하는 그런 경험은 해 보지 않은 사람은 상상도 할 수 없는 일이다.

『삼성전자』는 이건희 회장의 '불면증 호소' 이후 5년도 안 되어 2004년 순이익 100억 달러, 즉 순이익 10조 원을 돌파한 '100억 달러 클럽'의 세계 9번째 멤버가 되었다. 『삼성전자』는 2003년에 순이익 103억 3,000만 달러를 기록하며 2004년에 처음으로 '100억 달러 클럽'에 들어간 것인데, 『삼성전자』의 2003년 연간 순이익은 소니와 히타치, 후지쓰 등 일본의 10대 전기전자 회사들 전체 순이익의 2배에 해당하는 액수였다. 이건희 회장은 과시성 불면증 의증을 앓고 있었던 것이 아니라, 실제로 경험하고 있는 사실을 고백했던 것이다.

"마누라와 자식 빼고 다 바꾸라"는 1993년 6월의 '신경영 선언'은 불교의 간화선적 접근법이라고 말할 수 있다. 간화선이란 화두(話頭)를 근거로 수행하는 참선법을 말한다. 간화선의 본질은 낡은 생각을 버리는 것이다. 한계에 부딪친 인간이 마지막으로 사용할 수 있는 철저히 인간적인 방법이다.

'신경영 선언'을 발표할 즈음, 이건희 회장은 벽에 부딪쳤다.『삼성전자』는 1992년 64M D램을 최초로 개발하면서, 세계 최고의 기술력이라고 인정받기 시작했다. 그리고 1993년 메모리 반도체 세계 1위, 1994년에는 256M, 1996년에는 1G D램을 세계 최초로 개발하며 명실상부한 세계 1위를 차지하기 시작했다. '신경영 선언'을 발표하기 직전, 이건희 회장의 벽은 한 번도 해 보지 않은 세계 1위를 어떻게 할 수 있고, 어떻게 유지해야 하느냐 하는 문제로 골머리를 앓고 있었다.

1993년 전까지,『삼성전자』는 선두기업들의 기술을 전수받는 방식으로 사세를 성장시키고 있었다. 그러나 1992년 64M D램을 최초로 개발하면서부터,『삼성전자』는 더 이상 전수받을 기술이 없었다.『삼성전자』는 반도체 분야에서 스스로 신기술을 만들어 내지 않으면 안 되는 한계에 봉착한 것이었다. 후발 주자였던『삼성전자』는 주로 일본 업체들의 모방을 통해 기술을 습득해 왔지만, 한계에 부딪쳐 정체되어 있던 일본 기업들은 혁신과 창의성을 상실해 버렸다.

'신경영 선언' 이후,『삼성전자』는 새로운 세계로 접어들었다. 그것은 이건희 회장이 계열사 사장들을 미국으로 불러 3류 취급을 받는 현실을 지적하며 1류 인식을 스스로 심자고 주장한 것일 수도 있고, 수십 개의 계열사와 복잡한 사업구조를 '하나의 삼성'으로 통일하는 리뉴얼 작업일 수도 있다. 또한『삼성전자』 윤종용 전 부회장이 이야기하는 것처럼 아날로그에서 디지털 사고로의 전환일 수도 있고,『삼

성전자』의 디자인 고문이었던 후쿠다 다미오가 말한 디자인 혁명일
수도 있다. 무엇이든 좋고, 모든 것이 오늘의 『삼성전자』를 있게 했
다. 그러나 한 가지 분명한 것은 그 모든 것의 시작이 바로 이건희 회
장이 1993년 6월 독일에서 시작한 "마누라와 자식 빼고 다 바꾸라"는
'신경영 선언'에서 비롯되었다는 사실이다.

- '베이징 발언'

이건희 회장이 "기업은 2류, 행정은 3류, 정치는 4류"라고 말했던
1995년 4월 13일의 '베이징 발언'은 이건희 회장이 기업관의 변화를
드러내는 일이었다. 이건희 회장은 '베이징 발언' 전후로 기업관에 변
화를 가지기 시작했다. '베이징 발언' 이전까지는 정치와 행정이라는
국가적 테두리 안에 기업이 있다고 생각했었다면, '베이징 발언' 이후
부터는 정치와 행정은 기업을 지원하기 위해 존재하는 것이라고 간
주하기 시작한 것이다.

세계적인 기업을 경영하면서, 이건희 회장이 오만방자한 생각을
갖게 된 것이 결코 아니다. 세계적인 기업을 보유한 국가가 기업의
발전을 위해 기여하지 못한다면, 기업은 더 이상 성장할 수 없다는
뜻이었다. '베이징 발언'은 '신경영 선언'의 연장선상에 있는 내용이
었다. "마누라와 자식 빼고 다 바꾸라"는 '신경영 선언'의 결과가 바
로 이건희 회장의 '베이징 발언'이었던 것이다. 이건희 회장은 국가
우위의 사고에서 기업 우선의 사고로 기업관을 변화한 것이다.

'신경영 선언'으로 삼성의 변화를 촉구했던 이건희 회장은 스스로
도 기업이 더 이상 정부의 지시를 받는 하부조직이 아니라는 사실을
깨달은 것이다. 이건희 회장은 무한경쟁의 시대에 국민을 먹여 살리

는 일은 정부가 아니라 기업이 한다는 사실을 인식한 것이다. 국경 안에서 내수 중심으로 돌아가는 근대국가 수준에서의 기업은 정부의 보호와 통제 속에서 성장하거나 쇠퇴할 수 있다. 그렇지만 국경 없는 경제전쟁을 벌이는 현대사회에서 다국적기업들 간의 무한경쟁에 국가의 의미는 배제된다. 이것은 결코 매국적 사고나, 대한민국의 통치 시스템을 무시하는 태도가 아니다.

이건희 회장은 이런 변화를 이미 실감하고 있었다. 『삼성전자』의 직원들은 대한민국인들 이외에도 여러 나라에서 입사해 온 외국인 직원들로 채워지고 있었다. 직원 채용뿐만이 아니었다. 삼성은 전 세계를 대상으로 생산 제품을 판매하고 있었다. 대한민국에서 제품을 생산하지만, 판매는 미국이나 유럽뿐만 아니라 남미와 아프리카, 아시아에서도 하고 있었다. 모든 판매처에 대한민국인 직원을 파견할 수는 없는 일이었다. 『삼성전자』에 국경이 없어진 것은 이미 오래전의 일이었다. 세상이 바뀌는데, 정부는 바뀌지 않고 있었다.

이건희 회장은 '베이징 발언'에 앞서 중국 방문에 동행한 취재기자들에게, "반도체 공장을 설립하는 데 도장이 1천 개나 필요하다"는 말을 했었다. 그것은 당시 『삼성전자』가 처한 현실을 사실대로 말한 것이었다. 그 이상의 의미는 내포하지 않는 것이었다. 이건희 회장이 이미 그때 세계적인 기업의 CEO가 되었다고 하지만, 대한민국의 행정과 정치를 싸잡아서 정치인 수준으로 비판하는 의협심을 발휘할 상황은 아니었다. 정치권과는 '불가원 불가근' 원칙을 유지하는 것이 삼성 고유의 경영철학이었고, 이건희 회장 스스로도 발언보다는 '경청'을 삶의 모토로 삼아 왔기 때문이다.

이건희 회장의 '베이징 발언'의 핵심은 세상이 바뀌듯 대한민국 정부와 정치인들도 변화해 달라는 것이었다. 이러한 이건희 회장의 혁명은 다국적 기업의 CEO이기 때문에 할 수 있는 생각이 아니라, 세계 일류 기업으로 도약하기 원하는 CEO이기 때문에 할 수 있는 생각이었다. 기업가가 하루 종일 하는 일은 기업의 발전에 대해 생각하는 것뿐이다. 이건희 회장은『삼성전자』의 도약 외에 다른 일은 생각할 겨를이 없다. 다른 무엇인가를 생각하고 있다고 해도, 그것은『삼성전자』의 미래와 연관 지어 생각된다.

정치인들의 관심과 경제인들의 관심 모두 한결같다. 살아남는 것이다. 문제는 정치인들은 여전히 국내 정치인들끼리만 경쟁하지만, 경제인들은 이미 국경을 초월한 전투를 치르고 있었다는 점이었다. 우리나라 대통령이 미국 대통령과 투표로 경쟁을 하는 일은 없어도,『삼성전자』와 소니,『삼성전자』와 애플은 벌써 목숨을 건 싸움을 하느라, 세계 수십 개 국가에서 수백, 수천 개의 소송을 벌이고 있다. 이건희 회장은 이러한 혁명적 현실 인식을 정부와 정치인들도 해 줬으면 좋겠다는 생각을 하고 있었다.

이건희 회장은 "마누라와 자식 빼고 다 바꾸라"는 '신경영 선언'을 통해 "행정과 정치는 기업의 성장을 돕는 도구"라는 사고를 갖고, 그러한 사실을 정부를 향해 선포한 것이었다. 이것은 국가의 통치행위가 시민의 인권을 억압해서는 안 된다는 근대 시민혁명의 이념을 쟁취해 낸 것과 마찬가지로, 국가라는 테두리 안에서 행정과 정치의 통제를 받아 오던 기업이 국가를 향해 혁명을 일으킨 것과 마찬가지 상황이었다. 행정과 정치가 기업의 성장 발전을 위해 봉사해 달라는 사고는 기업에 대한 전 사회적 의식개혁, 즉 기업혁명인 셈이었다.

'베이징 발언'의 핵심은 기업혁명이었고, 기업혁명의 중심에는 이건희 회장이 있었다. 이건희 회장에 대해서, 부모 잘 만나 잘나가는 기업 물려받아서 하는 일도 없이 월급을 받는다고 하는 사람들도 있을 수 있다. 그렇지만 그것은 정말로 웃기는 소리이다. 『삼성전자』를 우습게 여기다 도태된 미국의 주요 메이저 전기전자 업체들과 일본의 10대 전기전자 기업들은 이건희 회장이 '신경영 선언'과 '베이징 발언'을 할 때, 더 좋은 조건에서 더 우수한 인재들을 거느리고 자신들의 승리에 자부하고 있었다.

그 기업들의 CEO들도 잘나가는 기업의 총수가 되어 아무 하는 일 없이 월급이나 받고 있었던 것일까? 그들도 이건희 회장 못지않은 피를 말리는 혁명을 추구했지만, 실패했던 것이다. CEO의 방향 설정과 결단은 그래서 중요하다. 이건희 회장은 아무 일도 안 하고 있는 것이 아니라, 『삼성전자』의 방향 설정과 결단을 위해 아무 일도 못 하고 있는 것이다. 그리고 그러한 결과가 기업혁명으로 이어졌고, 오늘의 『삼성전자』를 만들었다. 이러한 기업혁명은 "5년, 10년 후 대한민국 경제를 생각하면 등골이 오싹해지고 잠이 안 온다"는 병적 불안감을 가진 승부사들만 일으킬 수 있는 획기적 사건이다.

2. 이병철의 『삼성』

세계 1등 기업 『삼성전자』는 기왕의 세계 1등 기업들과 비교하기보다, 오늘의 『삼성전자』를 만든 이병철 회장의 『삼성』과 비교해야 한다. 이병철 회장은 일제 강점기 근대적 산업이 전무한 한반도에 『삼성』을 설립하고, 6·25한국전쟁을 거치면서 『삼성』의 토대를 완성했다.

이병철 회장의 『삼성』은 2012년 현재 명실상부한 세계 1등 기업 『삼성전자』와 비교할 수 없는 역량을 가졌지만, 무에서 유를 창조했다는 면에서 높게 평가되어야 한다.

『삼성』은 창업 초기에 일본계 기업이 아니냐고 오해를 살 만큼 철저한 일본 방식 도입을 전개했다. 일제 강점기를 통해 반일 감정을 가지고 있는 국민정서에 비춰 보면, 위험천만한 일이었다. 그렇지만 근대화에 뒤진 후진국가가 선진국을 따라잡는 방법은 모방밖에 없었고, 이러한 『삼성』의 일본 모방은 일본 극복의 근간이 되었다. 이병철 회장의 『삼성』이 일본 모방 단계였다면, 이건희 회장의 『삼성전자』는 일본 극복의 수준으로 발전한 것이다.

1) 이병철

호암(湖巖) 이병철(李秉喆, 1910. 2. 12.~1987. 11. 19.)이 자본금 3만 원으로 삼성그룹의 모체인 삼성상회를 설립한 것은 1938년 3월이었다. 이병철은 한국전쟁 중인 1951년 부산에서 다시 삼성물산을 세우고 무역업으로 삼성의 간판을 내걸었다. 대한민국 전쟁이 끝날 무렵인 1953년부터 1954년 사이, 이병철은 제일제당과 제일모직을 설립했고, 제조업에서 크게 성공을 거두기 시작했다. 이병철은 제조업이 전무한 전후 대한민국 사회에서는 무엇을 해도 성공할 것이라는 사실을 알고 있었다.

이병철은 삼성물산을 설립한 뒤 비약적인 성공을 거듭한다. 1958년에는 삼성화재의 모태가 된 안국화재를 인수했고, 1963년에는 신세계백화점과 삼성생명의 뿌리인 동방생명을 인수했다. 그리고 1964년에는 삼성정밀화학이 된 한국비료공업을 설립했다. 그래서 1964년에는 TBC로 약칭된 동양 라디오와 텔레비전 방송을 설립할 정도로 탄탄한 자본구조를 갖추었다. 이병철은 여기에 만족하지 않고, 1965년 '중앙일보'를 창설하여 언론사 경영에 본격적으로 참여했다.

대한민국 전쟁 뒤의 혼란기는 이병철의 창의성을 활용할 수 있는 좋은 무대였다. 이병철은 중공업 위주로 기업을 성장시킬 생각을 했다. 1969년 『삼성전자』를 설립했고, 1974년에는 삼성석유화학과 삼성중공업을 차례로 설립했으며, 용인 자연농원과 삼성정밀 등도 계속해서 개업했다. 이러한 다양한 기업들은 삼성그룹을 세우는 근간이 되었고, 이병철은 삼성그룹을 더욱 성장시켜 타계 직전 대한민국의 가장 강력한 기업집단으로 육성했다.

그러나 대한민국 전쟁 직후 개업한 모든 기업이 전부 성공한 것은 아니었다. 살아남을 기업만 살아남은 것이다. 이병철에게는 망한 기업들이 갖지 못한 특별한 모토가 있었다. 바로 제일제당과 제일모직 등 이병철이 설립한 제조업체들의 상호에 나타난 제일주의(第一主義)이다. 삼성의 제일주의는 설립자 이병철이 평생 추구한 기업 목표였다.

이병철의 제일주의는 1등으로 검증된 일본의 성공 모델을 대한민국으로 이식시키는 것에서 출발했다. 이러한 이병철의 친일본적 성향은 일제 강점기에 일본 와세다 대학 유학 생활을 경험하면서 생겨난 것이었다. 이병철은 일본의 근대화 과정 중에서 두 차례 산업을 육성시키는 것을 목도했다. 일제 강점기에 서구 산업 모델을 받아들여 일본화하던 것과 제2차 세계대전 패전 후에 폐허 속에서 산업을 재건하는 것은 이병철에게 모방의 중요성을 깨우쳐 준 것이다.

일본이 처음 근대화를 시도했던 메이지 유신부터 일제 강점기까지는 말 그대로 서구의 산업 모델을 고스란히 흉내 내는 수준이었다. 일본이 산업화를 먼저 시작하고 제국주의의 길로 나갈 수 있었던 것은 개국이 빨랐기 때문이라는 것을 이병철은 잘 알고 있었다. 이병철의 일본 유학 시절은 일본 제국주의가 세력을 확장하기 위해 군수산업을 위한 중화학 공업을 확장하던 시기였다. 이병철은 경공업은 누구나 시작할 수 있고, 빠른 성장을 할 수 있지만, 많은 경쟁자들이 있을 수 있고, 도산의 우려도 있다는 사실을 깨달았다. 반면 중공업은 시작과 성장이 힘들지만, 경쟁도 적고 기간산업으로 발전할 수 있어 정부의 도움을 받을 수도 있다는 사실을 알아챈 것이다.

일본의 패전이 이병철의 성공에 도움이 되었다. 일본은 폐허 속에서 기업을 재편하고 있었고, 그러한 상황은 대한민국 전쟁으로 폐허가 된 한반도의 상황도 마찬가지였다. 일본과 대한민국의 간극이 크지 않았기에 대한민국에 대한 일본의 기술 이전이 가능했다. 일본이 제2차 세계대전에서 패전하지 않았더라면, 대한민국은 독립도 못 했겠지만, 설령 독립을 했다고 해도 기술 차가 커서 기술 이전 자체가 불가능해졌을 수도 있었다.

이병철은 일본 제품의 해외 소비처를 자임하면서, 일본 기술의 이식에 전념한다. 초창기 삼성이 경공업 중심으로 사업을 시작할 때는 일본 기업의 사촌이라고 오해받을 정도였다. 그렇지만 이병철은 일본식 산업 모델을 채택하는 일에 주저하지 않았다. 이병철은 산업화를 먼저 치른 일본이 서구를 모방했던 것처럼, 대한민국도 일본을 모방하는 것이 최선이라고 생각했던 것이다.

이병철이 친일주의라고 생각하는 사람들도 많겠지만, 이병철은 철저한 반일주의자였다. 이병철의 일생의 목표는 일본 극복이었다. 이병철은 일본을 극복하는 방법으로 일본이 이룩한 성공을 흉내 내서라도 일본에 근접할 생각을 했던 것이다. 이병철은 자신의 당대에 일본 극복이 어려울 수도 있다는 생각을 했다. 그래서 자신의 3남인 이건희를 유년시절 일본에 유학 보냈다.

이병철은 초등학교 5학년이었던 아들 이건희를 일본으로 유학 보냈고 중학교를 졸업할 때까지 약 5년간 일본에서 성장시켰다. 이병철 자신이 실현하지 못하면, 아들인 이건희가 일본을 극복해 주기를 바란 것이다. 이건희가 일본을 극복하기 위해서 필요한 것은 일제 강점기와 일본 유학생활을 통해 이병철 자신이 그랬던 것처럼 일본인들의 의식을 완전히 이해하는 것이었다. 이건희를 대한민국에서 고등학교 생활을 마치게 했던 이병철은 다시 일본으로 보내, 자신이 다녔던 와세다 대학에서 상학을 전공하게 했다.

이러한 이병철의 일본 극복 집념은 아들 이건희를 넘어, 손자 이재용에게까지 전달됐다. 이재용은 서울대학교에서 동양사학을 전공한 이후, 일본 게이오 대학에서 유학했다. 아버지 이건희처럼 유년시절에 혈혈단신 유학을 했던 것은 아니지만, 할아버지와 아버지처럼 일본에 살면서 일본을 배웠다. 이병철의 생애 목표는 일본 극복이었고, 그러한 목표는 대를 이어 전해졌다.

2) 『삼성전자』

이병철 생전의 삼성그룹은 안 만드는 것이 없고, 못 파는 것이 없는 기업이라는 비난을 들었다. 삼성은 생활가전 제품에서부터 중공업 제품까지 생산할 뿐만 아니라, 백화점, 병원, 대학 등 모든 분야에 진출했기 때문이다. 신세계, 한솔, 새한, CJ 등으로 분리되기 전인 이병철 생전의 삼성은 대한민국 산업의 모든 분야에 진출해 있었다고 해도 과언이 아니었다.

그런 삼성을 두고 온갖 비난들이 쏟아졌었지만, 삼성은 멈추지 않았다. 대기업이 쩨쩨하게 별것을 다 만든다는 이야기도 했었고, 눈 뜨고 일어나서 눈 감고 잠자리에 들 때까지 삼성 제품만 사용하다가 잠자리에 들 수 있을 정도라는 푸념도 나왔다. 그렇지만 삼성은 일본 제품을 대한민국화하는 일을 중단하지 않았다. 이병철의 물욕이 산업 전 분야 전 제품 생산으로 이어진 것이 아니었다. 이병철은 숟가락부터 비행기까지 모든 것을 만들어 보고, 팔아 봐야 일본을 극복할 수 있다고 생각했던 것이다.

그래서 삼성제품은 허술하지 않았다. 삼성에 대한 비난이 삼성제품에 대한 불매운동으로까지 이어지지 않은 것은 월등한 품질 때문이었다. 비난 여론이 높아질수록 삼성은 우수한 제품을 선보였다. 소비자는 시민운동가가 아니라, 말 그대로 물품을 사용하는 사람이었다. 삼성의 기업윤리가 '어린애들 코 묻은 돈까지'일 리도 없었지만, 삼성 반대론자들의 주장이 삼성 소비자들에게 전달되기에는 삼성의 제품이 너무 좋았다.

1970년대 중반부터, 삼성은 국내에서 외국 기업들과 경쟁하고 있었다. 웨스팅하우스의 냉장고와 소니 텔레비전과 씨름하는 삼성에 시민운동가들의 시비는 문제가 아니었다. 기업은 살아남지 않으면 도태되는 길밖에 없다는 것을 이병철은 알고 있었다. 삼성의 경영 방식이 비윤리적이었다는 말이 아니라, 기업 간의 경쟁에 기업 윤리가 적용되고 있을 뿐이었다. 19세기 중후반, 서구의 제국주의가 팽창할 때 생물학에서 수용되었던 '적자생존'과 '약육강식'의 정치이론은 국경 없는 무역 전쟁이 이루어지는 20세기에도 여전히 살아남아 선진국 경제가 후진국 지배를 합리화하는 경제이론으로 자연스럽게 계승되고 있는 상황이었다.

삼성 독점이 지속된 것은 '1등주의' 때문이었고, '1등주의'는 이병철이 지속적으로 추구하는 경영이념이었다. 하지만 이병철 생전에 삼성은 국내 1등에 불과한 대기업 가운데 하나에 불과했다. 이병철의 지향점은 1등이었지만, 삼성은 1등을 하기에 취약한 구조였다. 모방의 한계점 때문이었다.

이제 삼성그룹의 독점에 대한 비난 여론은 잠잠하다. 삼성그룹은 자녀들에 의해 기업 분리가 이루어졌고, 더 이상 전 제품을 독점 생산하고 있지 않기 때문이다. 그 대신 이병철 생전에 듣던 삼성 독점의 비난은 이제 『삼성전자』가 들어야 할 상황이다. 『삼성전자』는 예전의 삼성이 그랬듯 모든 전자제품에 관한 모든 것을 생산하고 있다.

『삼성전자』는 스마트 TV와 3D TV, LCD와 LED 패널, 휴대전화와 스마트 폰, 반도체와 컴퓨터, 노트북, 생활가전 등 생산하지 않는 전자제품이 없다. 계열사 분리로 이제 전혀 다른 기업이 된 신세계, 한솔, 새한, CJ 등과 삼성의 다른 기업들까지 전부 합해도, 『삼성전자』의 매출액과 영업이익을 따라잡을 수 없다. 이병철은 삼성의 무수한 기업들 가운데 『삼성전자』가 삼성을 대표하는 핵심기업이 될 것이라고 생각했고, 그러한 생각은 적중했다.

이병철의 업적은 크게 두 가지로 요약할 수 있다. 삼성 창업과 후계자 이건희 선택이었다. 장남 이맹희와 차남 이창희가 능력 면에서 더 우수할 수도 있었지만, 이병철은 이건희를 선택했다. 어쩌면 이건희는 처음부터 이병철이 삼성 후계자로 육성한 재목이었는지 모른다. 소년 시절 일본에 유학시켰을 때부터, 이병철은 자신의 극일 정신을 계승할 자식은 이건희라고 생각했을 수도 있다.

이병철에게 삼성 창업보다 더 중요한 것은 창업자의 정신을 승계해서 발전시킬 삼성의 후계자를 선택하는 일이었다. 결과적으로 이병철의 선택은 옳았다. 이건희는 삼성의 후계자가 되어, 『삼성전자』를 세계 1등 기업으로 육성했다. 그런 의미에서 보면, 이병철의 역할은 이건희라는 경영자가 효과적으로 능력을 발휘할 수 있는 삼성이라는 토대를 구축한 것이었다.

그러고 보면, 결과적으로 이병철이 이 땅에 남긴 유산은 삼성이나, 삼성의 후계자 이건희가 아니라, '1등주의'라는 구체적인 목표의식이었다. 이병철의 유산인 '1등주의'는 1등을 실현할 수 있는 삼성이라는 회사와 삼성이라는 회사를 경영할 수 있는 CEO를 만들어 낸 것이다. 기업의 사회적 책임을 따지는 외부인들은 기업의 자녀 세습을 문제 삼으며, 전문경영인 체제를 주장할 수도 있다. 외부인들의 시선으로 볼 때, 기업은 사회적 정의를 실현하는 이념 실현장으로 비칠 수 있지만, 기업 내부자들에게 기업은 사원과 가족이 생계를 유지하는 처절한 생업현장이다. 오늘 도산한 기업은 내일 급여를 제공하지 못한다. 이병철은 1등이 아니면, 언젠가 흔적도 없이 사라진다는 현실을 직시하고 있었다.

그래서 삼성의 창업자 이병철의 목표는 '1등주의'의 실현 여부였다. 이병철의 관심은 창업자의 창업목표인 '1등주의'를 실현할 수 있는 사람이 삼성의 CEO가 되는 것이었다. 이병철은 '1등주의'의 실현을 위해, 장남과 차남을 포기하는 결단도 했다. 기업의 사회적 책임이란 치열한 생존경쟁에서 살아남기 위해 인륜과 인정까지 포기하는 것을 의미한다. 그것은 국왕이 국운을 맡기기에 적합한 왕재를 찾기 위해 세자까지 폐위하는 결단을 단행하는 것과도 같은 일이다. 이병철의 '1등주의'는 후계자 이건희의 목숨을 거는 승부를 통해 계승 25년 만에 『삼성전자』에서 실현되었다.

3. 마쓰시타 고노스케의 『파나소닉』

『삼성전자』가 세계 1등을 차지하기 전까지, 세계 1등은 마쓰시타 고노스케의 『파나소닉』이었다. 마쓰시타 고노스케는 '일본 경영의 신'이라고 불릴 만큼 일본 경제사에서 빼놓을 수 없는 인물이다. 마쓰시타 고노스케는 전기제품을 생산하는 중소기업을 50년 만에 세계 최고의 전기전자 업체로 발전시켰다. 일본 최초로, 기업에 경영의 개념을 도입하기도 했고, 종업원들의 복리후생을 기업 발전의 중요한 원동력으로 상정하기도 했다. 『삼성』을 비롯한 대한민국 대부분의 기업들에 마쓰시타 고노스케의 『파나소닉』은 기업경영의 교과서였다.

그런데 이러한 『파나소닉』은 최근 몇 년 사이에 구조조정을 할 만큼 위기를 맞았고, 이제는 오히려 『파나소닉』이 『삼성전자』를 배우겠다고 나서는 상황이 되었다. 변화하는 전기전자기술의 혁명에 부응하지 못한 까닭이다. 심지어 기업 경영의 교과서라고 불렸던 『파나소닉』의 경영방식에 대해서까지 문제가 제기되고 있는 상황이다. 『파나소닉』의 성쇠는 『삼성전자』의 향후 발전 과정에 좋은 지침이 될 수 있다.

1) 마쓰시타 고노스케

『파나소닉』의 창업자 마쓰시타 고노스케는 일본에서 '경영의 신'으로 불린다. 마쓰시타 고노스케가 '경영의 신'으로 불리는 이유는 『파나소닉』을 수십 년 동안 일본에서 최고의 매출액과 영업이익에서 기록한 회사를 만들었기 때문이 아니다. 인간경영을 실시했기 때문이다. 마쓰시타 고노스케의 이 인간경영은 『파나소닉』을 일본 최고의 기업으로 만들었고, 일본의 다른 기업들의 기업문화도 바꿔 버렸다.

마쓰시타 고노스케는 기업의 생존을 위해 사원이 기여하는 경영방식이 아니라, 사원의 복리를 위해 기업이 봉사해야 한다고 생각했다. 기업가로서 기업보다 사원을 먼저 생각한다는 것은 경영 혁명이었다. 마쓰시타 고노스케는 기업을 경영하기보다, 인간을 경영하고 싶어 했다. 선진화한 서구의 기업들이 효율성과 경제성을 추구할 때, 마쓰시타 고노스케는 인간과 창의성을 생각했다.

마쓰시타 고노스케가 추구하는 경영은 조정이나, 통제의 개념이 내포된 조정이 아니라, 배려와 관심이 담긴 운영을 의미한다. 사원들이 기업의 '번영을 통해 평화와 행복을(Peace and Happiness through Prosperity)'을 누리는 것이 마쓰시타 고노스케가 추구한 최고의 목표였다. 마쓰시타 고노스케의 경영 혁명은 사원이 기업의 주체라는 인본주의적 가치를 실현하는 일이었다. 경제 대국 일본의 무수한 기업가들 중에서 유독 마쓰시타 고노스케에 일본인들의 존경과 찬사가 이어지는 것은 이러한 이유 때문이다.

마쓰시타 고노스케는 이러한 인간 경영의 원칙을 자기 자신에게서 찾았다. 가난하고, 병약했고, 배움이 없었던 마쓰시타 고노스케는 22

세에 사업을 시작했다. 사원이었던 마쓰시타 고노스케의 관심은 해고 염려 없이 죽을 때까지 다닐 수 있는 직장이었다. 그러한 소망은 마쓰시타 고노스케뿐 아니라, 직장에 다니는 모든 사원들이 전부 가지고 있는 것이었다.

마쓰시타 고노스케는 자신이 겪었던 고통을 『파나소닉』의 사원들이 겪지 않기를 바랐다. 마쓰시타 고노스케는 자기가 사원으로 다니고 싶은 회사를 만드는 일에 일생을 바쳤다. 그래서 마쓰시타 고노스케는 연공서열과 경력 중심의 인사제도, 종신고용제, 회사의 번영으로 사원이 행복과 평화를 누리는 PHP 제도, 주5일 근무제 실시 등을 도입하며, 『파나소닉』을 '다니고 싶은 회사'로 만들어 나갔다.

이러한 마쓰시타 고노스케의 경영 방식들은 1950, 60년대 상황에 비춰 볼 때 파격적인 것들이었다. 주5일 근무제가 대한민국에 정착된 것이 반세기 뒤인 2000년대 중반이라는 사실을 감안하면, 마쓰시타 고노스케가 얼마나 파격적인 경영혁명을 이룩한 것인지 실감할 수 있다. 처음 마쓰시타 고노스케가 경영혁명을 시작했을 때, 일본 기업들은 물론 『파나소닉』 내부에서조차 놀라워했다. 그렇지만 마쓰시타 고노스케는 이러한 자신의 경영방식들을 실현해 나갔고, 다른 일본 기업들에도 영향을 끼쳤다.

마쓰시타 고노스케의 경영방식들이 공식적으로 인정받은 것은 1952년 네덜란드의 필립스와 기술제휴를 맺었을 때였다. 필립스가 기술제휴를 제공하며 로열티를 요구하자, 마쓰시타 고노스케는 필립스로부터 경영지도료를 요구했다. 필립스도 『파나소닉』의 마쓰시타 고노스케의 경영 능력은 인정했다. 마쓰시타 고노스케는 필립스로부터 경영지도료를 받음으로써, 기술 못지않게 경영도 중요한 기업 자산이라는 것을 오히려 네덜란드의 첨단기업 필립스에 알려 준 셈이다.

마쓰시타 고노스케는 1973년 80세의 나이로 현역에서 은퇴하고, 상담역으로 물러났다. 마쓰시타 고노스케는 이때부터 일본 사회의 의식 개혁 운동을 전개했다. 마쓰시타 고노스케는 일본의 인재들을 양성해서, 변화하는 국제사회 속에서 일본의 지도자로 내세울 생각을 했다. 그렇게 해서 설립된 것이 마쓰시타 정경숙이다. 마쓰시타 정경숙은 마쓰시타 고노스케가 1979년 사재 70억 원을 들여 설립한 재단법인으로, 사설 정치지도자 양성학교이다.

마쓰시타 정경숙에서는 25세에서 35세 사이의 젊은이들을 독특한 심사과정을 거쳐 선발해, 무료로 3년간 가르치고 있다. 초기에는 교육기간이 5년이었다. 입소자에게 매달 대기업 사원 수준의 급여를 제공하며, 오전 7시부터 오후 7시까지 인간관과 국가관, 역사관, 일본 전통정신, 정치이념, 경영이념 등을 가르친다. 최근에는 대한민국, 중국, 대만의 지원자들까지 받아들여 교육을 하고 있는데, 경쟁률은 수백 대 일을 상회한다. 일본의 현 총리인 노다 요시히코(野田佳彦)를 비롯해서, 마에하라 세이지(前原誠司), 하라구치 가즈히로(原口一博) 등의 일본 민주당과 자민당 의원 30명 이상이 마쓰시타 정경숙 출신이다. 마쓰시타 고노스케의 인간경영은 기업경영을 넘어, 일본 경영으로 이어진 것이다.

1989년 5월, 미국의 부시 대통령(George Herbert Walker Bush)은 마쓰시타 고노스케의 뒤를 이어 『파나소닉』 회장에 취임한 사위 마쓰시타 마사하루(松下正治)에게 조전을 보낸다. 미국과 일본의 경제마찰이 심해져서 첨예한 대립이 진행되고 있는 시기에, 미국의 대통령이 일본 기업의 회장에게 전 회장이었던 마쓰시타 고노스케의 타계를 아쉬워하는 심정을 적어 보낸 것이다. 부시 대통령은 마쓰시타 고노스케에 대해서 "성공한 사람이 완수해야 할 더욱 큰 사명과 책임을 확고히 인식하고 있었다"고 마쓰시타 고노스케의 업적을 기렸다.

2) 『파나소닉』

'파나소닉'은 마쓰시타 고노스케가 설립한 전기전자 회사의 이름이다. 『파나소닉』은 『삼성전자』가 세계 1위로 부상하기 전까지, 일본은 물론 세계 제일의 전자회사였다. 그러나 우연처럼 창업자 마쓰시타 고노스케가 타계한 이후, 『파나소닉』은 급격한 경영 위기에 빠졌다. 그리고 2018년 창업 100주년을 앞두고, 기업의 급격한 경쟁력 감소를 염려하는 위치에까지 몰리고 있다.

2011년 『파나소닉』은 『삼성전자』와 LG전자의 LCD 공세에 밀려 PDP 철수를 선언하며 TV 시장에서 발을 뺐다. 2012년 4년 연속 적자에 이어, 창사 이래 최대적자를 기록하고 대대적인 구조조정 절차를 밟은 소니의 위기와 함께, 『파나소닉』의 TV 시장 철수는 일본 사회 전체에 충격을 주고 있다. 1980년대 일본 전자업계의 세계 제패를 주도했던 『파나소닉』과 소니의 퇴조를 일본 사회는 쉽게 받아들이지 못하고 있는 것이다.

『파나소닉』이 기업 존폐의 위기에까지 내몰린 이유는 유연하지 못한 현실 적응력 때문이었다. 급격한 변화가 이루어진 정보통신(IT) 업계에서, 시대 흐름을 제대로 파악하지 못해 경쟁력을 완전히 상실하고 떨어져 나간 것이다. 『파나소닉』과 소니의 급격한 침체는 일본 경제의 침체를 의미하고, 일본의 국가 경쟁력의 쇠퇴로 직결되기에 일본인들은 안타까워하고 있다.

하지만 1990년대 중반까지 『파나소닉』은 일본은 물론, 세계의 절대 강자였다. 1918년 마쓰시타 고노스케가 오사카에서 창업한 이래, 『마쓰시타 전기기구제작소』는 전자업계의 신화를 창조하는 기업이었다. 앞이 안 보이는 황무지에 『마쓰시타 전기기구제작소』가 길을 내면, 후발 기업들이 쫓아가는 식이었다.

창업 100년을 바라보는 『마쓰시타 전기기구제작소』가 개명해 온 회사의 이름만 봐도 일본 역사를 읽어 볼 수 있을 정도이다. 1918년 개업한 『마쓰시타 전기기구제작소』는 소박한 이름에서 알 수 있듯이 소켓과 플러그 등을 생산하는 중소기업이었다. 그러나 사세는 확장되었고, 제2차 세계대전 중에는 군수품을 생산하는 군수산업체가 될 정도였다. 1943년 8월에는 『마쓰시타 항공공업 주식회사』로 개칭하며, 항공기 생산에까지 참여했다. 그러다가 일본이 패망한 1945년에 11월에는 다시 『마쓰시타 전공주식회사』로 사명을 변경했다. 전기기구가 아니라 전기공업으로 사업의 영역이 확장되었고, 회사의 형태도 일본을 대표하는 주식회사로 발전되었다. 이 당시 『마쓰시타 전공주식회사』의 제품 브랜드는 「내셔널」이었다.

1955년부터 『마쓰시타 전공주식회사』는 미국과, 캐나다, 멕시코에 오디오 장비를 수출하게 되었는데, 이때부터 해외 수출 상표는 「파나소닉」을 사용했다. 파나소닉은 최고라는 뜻의 그리스어 '판'과 소리를 의미하는 영어 '소닉'을 합한 조어였다. 『마쓰시타 전공주식회사』은 일본 내수용 제품에는 '내셔널'을, 수출용 제품에는 '파나소닉'을 각각 사용하다, 2008년 10월 1일 아예 회사 이름을 『파나소닉』으로 바꿨고, '내셔널'이라는 내수용 제품 브랜드에도 2010년부터는 「파나소닉」을 붙여 사용하고 있다.

2011년『파나소닉』의 당기 순손실은 7,800억 엔(약 11조 원)을 기록했다. 2011년 상반기 일본 근무 직원 38만 명 가운데 4만 명의 인력을 감축하고 맞이한 적자라서『파나소닉』의 충격은 더 큰 것 같다. 하지만 1980년대 일본 경제 부흥기를 이끌었던 선도 기업이었던『파나소닉』의 진정한 위기는 차세대 성장 동력을 만들어 내지 못하고 있다는 점이다.『파나소닉』은 스마트 폰과 TV, LCD TV 사업, 컴퓨터 기술 등에 대한 기술력을 갖고 있지 못하다. 부가가치가 높은 기술력 확보에 실패한 것이『파나소닉』이 맞이한 가장 큰 문제점이다.

그럼에도 불구하고,『파나소닉』은 여전히 오디오 분야에서는 세계 최정상급 기술력을 보유하고 있다.『파나소닉』의 북미지역 자회사인「파나소닉 아비오닉스사」는 세계적인 항공기 기내 엔터테인먼트와 통신 시스템의 제조, 공급사이며, 보잉, 에어버스, 에미레이트, 싱가포르에어라인, 버진애틀랜틱 등의 항공사에 하드웨어와 소프트웨어를 제공하고 있다. 이외에도『파나소닉』은 텔레비전, 냉장고 등의 생활가전과 디지털 카메라와 캠코더 등의 영상기기, 발마사지기, 안마의자, 혈압계 등의 의료기기, 프로젝터, CCTV, 스캐너 등의 방송 관련 장비 등을 생산하고 있다.

세계 전자업계의 절대 강자『파나소닉』은 단순히『파나소닉』의 몰락을 의미하는 것만은 아니다. 일본의 전자업계 전체의 붕괴와 직결된다. 일본 전자업계의 고민은『파나소닉』이 다시 경쟁력을 회복하고, 세계 전자업계에서 예전처럼 영향력을 발휘할 수 있느냐이다. 그렇지만『파나소닉』은 물론이고, 일본 전자기업들은 변화하는 기술 환경 속에 적응할 새로운 제품 생산이 쉽지 않을 것으로 여겨진다. 전기전자 기술이 워낙 예측 불가능한 상황으로 전개되고, 한번 주도권을 놓친 기업이 새로운 기술을 따라잡는 것은 거의 불가능한 현실이 기 때문이다.

이러한 상황이 초래된 이유는 우선 설립자 마쓰시다 고노스케의 공적으로 여겨졌던 근대적 경영방식이 현대사회에 부합하지 못하는 경영 원리라는 것이 지배적이다. 연공서열과 경력 중심의 인사제도, 종신고용제 등은 전통적 사회인 일본에 이상적인 경영방식이었다. 그렇지만 초고령사회로 변화하는 현대 사회에서 기술력이 떨어지는 고령직원은 회사에겐 부담일 수밖에 없다. 또한 종신 고용은 고비용 저효율로 인해 산업생산성이 떨어질 뿐만 아니라, 무수한 결제라인으로 인해 변화에 대한 적응력에 허점을 가지고 있다. 새로운 사고나 제도를 받아들이는 일에 주저하거나 반발하기 쉽기 때문에 모험적인 도전을 주저한다. 결국 이러한 현실은 기업의 보수성과 직결됐고, 신기술 도입에까지 영향을 끼쳤다.

『파나소닉』이 LCD로 변화하는 TV 시장에서 PDP를 고집할 수밖에 없었던 이유로는 과다하게 투입된 설비비용과 기술력 확보의 어려움을 들 수 있다. 종신고용을 보장하는 회사에서 기술력이 떨어지는 사원들을 해고하거나, 재교육하는 일보다, 기존의 기술력을 극대화하는 편이 나을 것이라는 안이한 판단을 경영층이 내린 것이다. 최근 10년 사이에 급변한 전기전자(IT) 기술은 『파나소닉』이 예측한 것과는 전혀 다른 방향으로 진행되었다. 『삼성전자』와 LG전자와 같은 파격적 사고를 가진 기업들이 출현해서, 시장을 독점해 버린 것이다. 예측 가능한 현상에 익숙해 있던 일본의 아날로그 방식은 비약과 초월로 도약하는 대한민국의 디지털 방식에 완전히 압도되어 버렸다.

『파나소닉』의 몰락이 일본 전기전자(IT) 기업 전체의 붕괴로 이어지는 것은 일본 전기전자 업체들의 타성에 젖은 관행도 한몫을 했다. 반도체 업계의 시장 변화는 1년 앞을 내다보기 어려운 상황이었는데, 일본 전기전자 기업들은 수급조절을 하며 스스로 경쟁력을 약화시켰다. 『파나소닉』의 몰락은 『마쓰시타 전공주식회사』라는 회사명을 『파나소닉』이라는 이름으로 바꾸면서 이미 시작된 것인지도 모른다. 마쓰시타 고노스케라는 인간경영을 목표로 한 경영자의 이름을 회사명에서 빼내고, '오디오 분야 세계 최고'라는 제한된 영역으로 기업의 목표를 한정한 것은 변화하는 전기전자(IT) 분야에서 한 발 빼겠다는 의미로밖에 해석되지 않기 때문이다. 물론 마쓰시타 고노스케가 상징하는 인간경영도 21세기 기업환경에는 이미 부합하지 않는 경영방식이었긴 하지만 말이다.

4. 이건희의 국민기업

1) 이건희의 전략

『삼성전자』는 2012년 6월 7일 신임 미래전략실장에 최지성 삼성전자 부회장을 선임했다. 이 소식은 언론을 통해 실시간으로 보도되었다. 『삼성전자』의 인사에 대해서 거국적 관심이 쏟아지는 것은 당연한 일이다. 『삼성전자』의 2011년 매출(165조 원)과 영업이익(16.25조 원)을 감안하면, 2012년 국가예산이 326조 원인 대한민국이 『삼성전자』의 변화에 관심을 갖지 않는 것이 오히려 이상하다.

최지성 부사장 발탁에 대해, 『삼성전자』는 "'제2의 신경영'에 준할 만큼 혁신적 변화를 충실히 이행할 최적임자"라고 자평하고 있다. 『삼성전자』가 최지성 부사장에 대해서, "글로벌 경영 감각을 갖춘 '실전형 CEO'"라는 평가를 내리는 이유는 그동안 보여 준 최지성 부사장의 역량을 바탕으로 하고 있다. 최지성 부사장은 빠른 의사 결정력과 공격적인 경영으로 TV와 휴대전화 사업을 세계 1위로 끌어올린 전력을 가지고 있다.

최지성 부사장 발탁은 물론 『삼성전자』 이건희 회장의 결단에 의한 것이다. 이건희 회장은 '프랑크푸르트 신경영 선언'이 있었던 지난 1993년부터 20년 동안 끊임없이 혁신을 강조해 왔다. 이건희 회장의 이러한 혁신에 대한 노력으로 『삼성전자』는 기어이 세계 1위 자리에 올라섰다.

이건희 회장이 최지성 부회장을 선임한 것은 '프랑크푸르트 신경영 선언'과 같은 맥락의 『삼성전자』 변신 시도로 보아야 한다. 일류가 되기 위한 『삼성전자』의 혁신과 일류가 된 『삼성전자』의 혁신이 같을 수는 없다. 이건희 회장은 『삼성전자』를 일류로 끌어올린 역할을 자신이 감당한 것처럼, 일류가 된 『삼성전자』가 새롭게 도약할 수 있는 혁신을 최지성 부사장이 해 주기 바라는 것이다.

만 71세의 고령이라는 점 외에도, 이건희 회장은 이미 자기 자신을 낡은 틀로 생각하고 있는 것 같다. 하루가 다르게 변화하는 기업 전쟁의 상황에 어울리는 지휘관은 변화에 능동적으로 적응할 수 있는 인물이어야 한다고 줄곧 주장해 왔다. 최지성 부회장이 전개할 제2의 신경영이 어떤 방식이 될지는 모르지만, 한 가지 분명한 사실은 최지성 부회장 역시 이건희 회장 못지않은 고통의 시간을 보내게 될 것이라는 점이다.

미국의 높은 실업률, '대공항'에 버금가는 유럽 위기, 중국의 성장 둔화, 일본의 경제 하강 등의 글로벌 경제 환경에 적응하기 위한 『삼성전자』의 노력은 피를 말리는 수준이 될 것이다. 태양전지와 자동차용 배터리, LED, 바이오 제약, 의료기기 등 5대 분야에 대한 과감한 투자로, 2020년까지 버텨 낼 그룹 동력을 찾겠다던 2010년의 미래 청사진까지 포기한 것인지 알 수는 없지만, 현재 『삼성전자』는 반도체, TV, 휴대폰 이후 그룹을 이끌고 나갈 뚜렷한 주력 신성장 엔진을 발견하지 못한 상황이다.

최지성 부사장은 이건희 회장의 주문대로 삼성전자의 혁신을 주도해 나갈 것으로 보인다. 지금까지의 삼성전자의 혁신이 세계 1등이 되기 위한 혁신이었다면, 앞으로의 혁신은 세계 1등을 지켜나가기 위한 혁신이 될 것이다. 어느 누구도 경험해보지 못한 세계 1등이라는 낯선 현실은 보는 이에게는 즐거운 일이지만, 이루는 이에게는 피를 말리는 고난의 작업이다.

세상에서 가장 쉬운 일이 회사경영처럼 보이지만, 회사를 경영하는 당사자의 입장에서는 그것보다 고통스러운 일이 없을 것이다. 기업 총수는 아무 일도 하지 않고 아랫사람이 가져오는 문서에 결재나 하는 사람으로 여겨진다. 그렇지만 실상은 그렇지 않다. 주식시장에서 매일 매 순간 변동하는 자사주의 가치에 가장 과민한 사람이 바로 기업 총수이다. 단지 주식을 통해 수익을 얻으려는 주주들의 거래행위 때문에 주가가 결정된 것이라고 생각할 수 있지만, 가장 현실적인 기업가치 판단이 주가 결정과정이다.

자리가 사람을 만든다고 말한다. 그러나 아무나 자리에 앉혀 놓는다고 적자를 흑자로 바꿔놓을 수 있는 것은 절대 아니다. 노키아

(Nokia)의 올리 페카 칼라스부오(Olli-Pekka-Kallasvuo)는 실적에 대한 강박감에 무너진 대표적인 CEO이다. 2006년, 삼성전자의 경쟁사였던 핀란드 그룹 노키아는 변호사 출신의 법률고문 올리 페카 칼라스부오를 새로운 CEO로 선임했다. 1992년 CEO로 취임해서 노키아를 세계 최고의 기업으로 만든 노키이아의 살아 있는 전설 요르마 올릴라(JormaJaakko Ollila, 1950. 8. 15.~)의 후임이었다.

노키아 경영진은 세계 1위로 올라선 노키아가 경영 안정을 기해야 할 때라 생각했다. 노키아의 세계 1위 수성이 계속되자, 누가 CEO를 맡아도 노키아가 건재할 것이라고 믿었던 것이다. 세계 1위 상태에서도 끊임없는 구조조정과 변화를 추구하는 요르마 올릴라의 경영 방식에 대해서도, 혁신이 필요하다고 생각한 결과였다.

노키아의 CEO가 된 올리 페카 칼라스부오는 안정적인 조직 장악과 영향력 행사를 위해서, 기업의 혁신 대신 구조조정과 원가절감에 주력했다. 성장위주의 정책을 지속한 요르마 올릴라에 대한 올리 페카 칼라스부오의 경쟁심은 이동통신 시장 변화의 핵심을 짚지 못하고, 조직의 안정을 위한 잘못된 판단들을 계속해 냈다. 그 결과, 150년 전통의 세계 최고 이동통신 제조회사 노키아는 6년 만에 애플(Apple)과 『삼성전자』에 밀려났고, 주가는 3분의 1로 떨어졌다. 전문가들은 노키아가 이동통신 시장에서 다시 1등으로 올라서는 일은 없을 것이라고 전망한다.

노키아가 세계 1등 기업에서 물러나는 데 필요한 시간은 6년이었다. 핀란드 국민 총생산의 4분의 1을 차지하던 노키아의 몰락은 핀란드의 국가 경쟁력 하락으로 이어지고 있다. 2006년 세계 국가 경쟁력 순위에서 1위를 차지했던 핀란드는 2011년 15위로 밀려났다. 기업의 성쇠가 국가의 흥망과 결부되는 대표적인 사례이다.

이제 노키아를 물리치고 세계 1등 기업으로 올라선『삼성전자』의 차례이다. 신경영을 주도한 이건희 회장이었지만, 계속해서 삼성전자의 혁신을 혼자 주도할 수는 없는 일이다. 현재로서는 혁신을 위한 새로운 지휘관으로 최지성 부회장이 등장했지만, 최지성 부회장 체제가 언제까지 지속될 수 있을지는 아무도 모른다. 최지성 부회장의 경영권 행사 기간은 주식 시장에 나타난 주가가 결정할 일이다.

2) 이순신의『명량대첩』

『삼성전자』를 세계 1등 기업으로 발전시킨 이건희 회장과 최근 삼성전자를 중심으로 벌어지는 사태들을 보며 떠오르는 역사적 사건은 이순신 장군의『명량대첩』이다.

명량해전은 이순신에게뿐 아니라, 조선 수군, 나아가 조선 전체의 국운을 건 중요한 전투였다. 전 국토가 초토화된 임진왜란의 상흔을 회복하지도 못한 상태에서 다시 맞은 정유재란으로, 조선의 운명은 명재지각의 상태였다. 왜군이 1597년부터 1598년까지 2년간 일으킨 정유재란이 야기된 원인은 화의 결렬이었다. 물론 이것은 전쟁을 일으킬 구실에 불과했다.

임진왜란 직후, 이순신은 삭탈관직을 당했다. 이순신을 시기한 무리들의 상소 때문이었다. 1592년 2월 이순신에 대해 조선 조정은 냉담했다. 선조가 피신을 갈 정도로 치욕스러운 전쟁에서 나라를 구한 이순신에 대해서, 선조와 조정의 대신들은 시기심을 가지고 있었다. 백의종군은 그렇게 시작되었다.

이순신이 권율 아래 백의종군을 할 때, 조선 수군은 원균(元均)이

삼도수군통제사를 제수해서 지휘했다. 원균은 부산 가덕도와 칠천량(漆川梁)에서 왜군 600여 척의 공격을 받았고, 이렇다 할 공격도 못 해보고 대패했다. 칠천량 전투에서 조선 수군은 함선 160여 척을 상실했다. 이순신이 임진왜란의 어려움 속에서 구축해 놓은 조선 수군이 궤멸되면서, 정유재란은 왜군의 승리가 예상되는 일방적 전쟁으로 변모했다.

왜군이 한양으로 진격하자, 이순신은 다시 삼도수군통제사로 임명되었다. 그때 이순신에게 남겨져 있던 조선 수군의 함선은 13척이 전부였다. 조정에서는 전멸하다시피 한 조선의 수군을 폐지하고, 이순신에게 육군에 편입할 것을 명했다. 이에 이순신은 전선이 비록 적다고 할지라도, 자신이 죽지 않은 이상 왜적들이 감히 우리를 업신여기지는 못할 것이라는 장계를 올린다.

삼도수군통제사가 된 이순신이 치른 정유재란의 첫 번째 전투가 명량해전(鳴梁大捷)이다. 명량은 전라남도 진도와 육지 사이의 해협으로 수로가 좁고, 조류가 급한 지역이었다. 현재 지명으로는 전라남도 해남군 문내면 학동리와 진도군 군내면 녹진리 사이로, 이곳에는 길이 484m의 진도대교가 놓여 있다.

울돌목이라고 불리는 명량은 현재도 초속 6m의 거센 조류가 흐르고 있고, 조류의 변화가 극심한 곳이다. 또한 협소한 수로는 일정 간격을 유지해야 하는 대형 수군 병력이 통과하기에는 적절하지 않은 곳이었다. 이순신이 이곳을 전장으로 선택한 것은 절대 부족한 함선 숫자 때문이었다.

이순신은 명량 바다에서 13척의 함선을 일자로 늘어놓고, 왜군을 맞았다. 왜군의 적선은 구루시마 미치후사(來島道總)와 도도 다카토라

(藤堂高虎)가 지휘하고 있었고, 모두 133척이었다. 왜군들도 원균이 이끌던 조선 수군을 격파하며, 이순신이 이끄는 함선이 많지 않음을 알고 있었다.

그렇지만 명량해전은 왜군들이 예상했던 것과 양상이 달랐다. 조선 수군의 일방적인 분위기였다. 대양에서 활동하던 왜군의 적선들은 협수로 전투에 익숙하지 않았고, 전투가 본격화될 무렵 조류는 방향을 바꿔 흐르기 시작했다. 명량의 조수 변화에 익숙한 이순신이 처음부터 시간을 맞춰 각오하고 전투에 나선 것을 왜군들이 준비 없이 응전한 결과였다.

이순신은 불규칙한 조류 변화에 진형과 대오가 흐트러진 왜군 장수 구루지마 미치후사(來島通總)를 찾아내 목을 베었고, 현자총통(玄字銃筒)과 각종 화전(火箭)으로 맹렬하게 공격했다. 장수를 잃은 왜군은 혼란에 빠졌고, 31척의 배를 잃고 도주했다. 이순신은 10배가 넘는 왜군을 맞아 조선 수군의 함선은 한 척의 손실도 잃지 않는 대승을 거두며, 왜군이 주도하던 정유재란의 흐름을 바꾸기 시작했다.

명량해전을 승리로 이끈 이순신 장군은 결국 조선을 구했다. 이순신 장군이 구국의 영웅으로 칭송받는 이유는 이길 수 없는 전쟁에서 나라를 구했기 때문이다. 이순신 장군의 승리는 왜군 장수들조차 감탄할 만큼 위대한 승리였다. 나라를 구하는 지도력은 항상 국가 위기 상황에만 출현되는 특성을 가지고 있다.

그런데 그런 구국의 지도력은 또한 집단적인 토론의 결과물이 아니라, 지도자 한 사람의 선택과 결단, 그리고 실행으로 발휘된다. 그래서 지도자는 외로울 수밖에 없고, 냉정할 수밖에 없는 것이다. 지도자는 만인을 위해 자기를 죽이는 사람만이 될 수 있다.

3) 2등은 없다!

2012년 9월 현재, 삼성전자는 미국의 전자회사 애플을 상대로 세계 각국에서 특허 소송을 치르고 있다. 정확하게 표현하자면, 애플로부터 제소당한 것이다. 애플이 삼성전자를 세계 각국의 법원에 고소한 이유는 오로지 한 가지이다. 삼성전자의 갤럭시가 애플의 아이폰의 특허기술을 무단으로 침해해서 사용했다는 것이다.

세계 1등 전자업체로 부상했다고 자부했던 삼성전자는 애플이라는 복병을 만난 셈이다. 어떻게 보면, 세계 1등 자리를 두고, 삼성과 애플이 벌이는 법정 투쟁일 수도 있다. 애플이 법정 투쟁까지 벌이면서 삼성과 대결하는 이유는 삼성전자의 경쟁력 때문이다. 갤럭시는 현재 아이폰의 가장 강력한 경쟁 상대로 부상했다. 애플은 이번 소송으로 삼성전자를 꺾어, 경쟁력을 확보하고 독점 판매에 나서겠다는 생각이다.

'삼성전자'는 최지성 부회장을 선임해 글로벌 경영환경 변화에 대응하며 애플과의 법정 소송을 벌여가는 상황에, '삼성전자'의 경쟁사인 핀란드의 노키아는 올해 들어서만 두 번째 감원계획과 구조조정 안을 발표했다. 심각한 영업적자를 만회하기 위해 내년 연말까지 전 세계 직원의 20% 가까이 되는 1만 명을 감원하고, 유럽 지역에 있는 연구소 및 제조시설을 폐쇄하고, 동남아 지역으로 제조시설을 옮기겠다는 계획이다. 한때 세계 휴대폰 시장의 60% 이상을 점유하는 1위 기업이었던 노키아는 스마트폰으로 빠르게 변화하는 시장에 대응하지 못한 결과로 앞으로 더 큰 감원계획과 구조조정 안을 준비해야 할지도 모를 위협을 받고 있다.

이기는 쪽이 있으면 지는 쪽이 있기 마련이고, 이긴 사람이 웃을 때 진 사람은 피눈물을 흘리는 것이 비정한 국경 없는 기업 경쟁의 현실이다. 이제 세계는 기업을 통한 국가 경쟁을 하고 있고, 국민총생산의 중요한 일부를 차지하는 '삼성전자'와 노키아와 같은 기업의 흥망은 대한민국과 핀란드의 국운을 결정하는 일로 직결되는 상황에 이르렀다. 노키아의 고강도 구조조정과 사업축소는 노키아만의 문제가 아니다. 애플과의 소송에서 완전히 패소하거나, 새로운 모델 개발에서 실패하거나, 향후 몇 년간은 세계적인 트렌드를 좇아가다가도 순식간에 도태되면, 강 건너 불구경하듯 지켜보는 노키아의 문제가 삼성전자의 현실이 될 수도 있다.

그런데 최근 이렇게 애플과의 세계적인 법정 소송을 벌이는 삼성전자에 대해 놀라운 변화가 한 가지 일어나고 있다. 그것은 삼성전자 내부의 변화가 아니라, 삼성전자를 바라보는 외부 시선의 변화이다. 언젠가부터 삼성전자에 대한 국민정서가 우호적으로 바뀌고 있는 것이다. 국내에서 독점적 기업 이미지를 가져 왔던 삼성전자에 대해서, 국민들이 세계 시장에서는 삼성전자도 독점 기업으로부터 견제를 당하는 억울함을 가진 회사라는 인식을 갖게 된 것이다. 심지어 애플의 아이폰의 부품 하청업체인 삼성전자가 애플로부터 외면당하지 않기 위해 적극적으로 소송에 임하지 못한다는 사실까지 알려지면, 그야말로 동정 여론까지 생기는 상황이다.

이제야 비로소 국민들은 삼성전자가 그동안 펼쳐 왔던 국제 경쟁의 실체를 확인하게 된 것이다. 스마트폰 시장뿐 아니라, 컴퓨터와 텔레비전, 카메라와 가전제품 등 전 분야에서, 삼성전자가 일본을 비롯한 전 세계의 전자 회사들과 사활을 펼쳐왔다는 사실을 짐작하게 된 것이다. 삼성전자로 보면, 예기치 않았던 효과를 얻은 것이다. 기업의

이미지 개선은 수백억 원, 수천억 원으로도 쉽게 개선되기 힘든 부분
이다.

그런데 이번에 세계 각국에서 벌어진 애플과의 법정 소송을 통해
서, 삼성전자는 대한민국 국민들로부터 우호적인 시선과 동정적인 여
론까지 얻어낸 것이다. 대한민국 국가 경쟁력 강화를 위해 경제 분야
에서 일익을 담당해 왔다는 인식을 국민들로부터 뒤늦게 받기 시작
한 것이다. 삼성전자는 애플과의 법정 소송에서 막대한 벌금을 부과
받을 수 있겠지만, 금전가치로 환산할 수 없는 국민호감을 이끌어 내
게 되었다.

이러한 사정은 미국은 물론 다른 나라들에서도 다르지 않다. 애플
이 제기한 삼성과의 특허 침해 소송에 대해서, 세계 각국의 여론은
애플의 독점적 처사에 대한 반발을 갖고 있고, 이러한 반발감은 삼성
전자에 대한 우호적인 태도로 이어지고 있다. 여론이 우호적이라는
말은 소비심리와 직결된다. 애플이 법정에서는 승자가 될 수 있을지
몰라도, 시장에서는 패자로 전락할 수 있는 것이다. 애플이 제기한 특
허 소송의 본질은 독점을 목표로 하는 것이고, 독점은 소비자들의 비
용 증가로 이어질 것이 불을 보듯이 빤한 일이기 때문이다.

이러한 상황을 뒤늦게 인식한 것인지, 고 스티브 잡스와 함께 애플
을 공동으로 설립한 스티브 워즈니악은 삼성과 애플의 특허 소송 결
과에 동의하지 않는다고 밝혔다. 스티브 워즈니악은 "나는 모두가 특
허를 교환하는 데 동의해 서로 다른 회사의 기술을 활용해서 최고의
제품을 만들기를 원한다"고 말했다. 물론 눈 가리고 아옹 하는 말이다.
정말로 그렇게 하길 원한다면, 특허 소송을 취하하면 되기 때문이다.

스티브 워즈니악의 발언은 한국이든, 미국이든, 독점 기업에 대한

소비자들의 불만이 크다는 것을 나타내는 증거이다. 삼성전자를 상대로 소송을 제기한 애플은 법정에서 얻은 것보다, 시장에서 잃을 것이 많다는 것을 뒤늦게 인식했다. 그리고 또 한 가지를 증명했다. 애플의 경쟁자는 이제 삼성전자밖에 없다는 사실이다. 애플이 제기한 삼성전자와의 특허 소송은 애플과 함께 삼성전자가 세계 1위의 전기전자 회사임을 증명했다.

'삼성전자'가 치르는 경제 전쟁은 주변국을 복속시키며 세계 점령에 나섰던 근대국가들의 제국주의를 떠올리게 만든다. 전쟁은 알렉산더 대왕 때나, 칭기즈칸 시절이나, 승자에게는 더할 나위 없이 즐겁고 흐뭇한 일이지만, 패자에게는 몰락과 죽음으로 직결되는 일이다. 일본 제국주의에 의해 35년의 강점기를 겪은 대한민국은 패전국의 심정을 누구보다 잘 알고 있다.

아무나 세계 1위를 할 수 있는 것도 아니지만, 또 쉽게 세계 1위 자리를 지켜낼 수 있는 것도 아니다. 애플과의 특허 소송을 통해, 삼성전자는 우호와 동정 여론을 국민들로부터 얻기 시작했다. 삼성전자가 대한민국 경제에 기여한 공로를 감안한다면, 이제 삼성전자는 가까운 장래에 국민기업으로 성장해서 발전할 수 있는 여지를 마련하게 된 것이다.

국민기업이란 단순히 국가의 경제적 성장과 발전에 기여하는 제품 생산 회사만을 의미하는 것은 아니다. 국민들이 기업이 전개하는 경영 방식을 통해 자부심과 긍지를 느낄 수 있는 회사를 의미한다. 헨리 포드가 창업한 포드 자동차나, 마쓰시타 고노스케가 설립한 파나소닉은 각각 미국과 일본을 대표하는 국민기업이었다. 미국과 일본의 국민들은 세계 1등 기업으로 성장하면서 경역의 혁신을 이룬 포드자동차와 파나소닉을 통해 국민적 자부심을 느꼈다. 핀란드의 국민기업 노키아도 세계 1위 기업으로 손색이 없었지만, 시대착오적인 경영 발상으로 세계 1위 자리를 내주고 물러났다. 노키아의 기업 경쟁력이 떨어지면서 핀란드 국민들의 국민소득뿐 아니라, 국민적 자부심도 하락했다.

'삼성전자'의 미래는 바로 대한민국의 미래이다. 삼성전자의 발전이 삼성전자와 관련이 없는 국민 개개인과는 전혀 관련이 없는 일이라고 비판하는 사람들도 있다. 그렇지만 삼성전자가 국제 경쟁에서 도태되면, 국민총생산은 물론, 국가 신인도도 하락하고, 국가 경쟁력도 떨어지게 된다. 결국 개인의 수익과 연결되는 상황을 초래하게 되는 것이다.

명량해전은 이순신 장군이 수군 몇 백 명과 벌인 일개 해전처럼 보이지만, 조선이라는 나라와 백성 전체의 운명을 결정짓는 전쟁이었다. 애플과의 특허 소송은 삼성전자만의 기업 소송으로 보이지만, 실제로는 대한민국 경제와 국가 경쟁력의 향방을 결정하는 경제전쟁이다. 삼성전자는 세계 경제전쟁에서 살아남아, 부디 경영과 기업 윤리 측면에서도 세계 1등이 되어 대한민국을 대표하는 국민기업이 되어주었으면 한다.

세계 국민 기업 가운데 "2등은 없다!"

3장

사회: 문재인의 "불의하면 항거하라!"

1. 문재인의 『3법(法)』

2012년 9월 16일, 문재인 의원은 제18대 대통령 선거의 민주통합당 후보로 선출되었다. 13번째 경선지역이었던 서울에서도 1위를 차지하며, 누적득표 50%를 지켰기 때문에, 2차 경선을 치르지 않고 1차 경선만으로 당선이 확정되었다. 경선 초반부터 1위 자리를 빼앗긴 적이 없었지만, 중반에 누적 투표가 50%를 넘지 못해 2차 경선을 치러야 할지 모른다는 예상이 나오기도 했다.

하지만 결과적으로 그러한 염려가 문재인 후보 지지자들에게 결속하는 힘으로 작용했다. 문재인 후보는 56% 이상의 득표를 차지했다. 경선에 참여했던 후보들은 곧바로 문재인 후보의 당선을 인정했다. 경선 과정에는 여러 가지 문제점들도 제기되었지만, 그런 것들은 선거를 치를 때 나타나는 자연스러운 일이었다.

"존경하는 국민 여러분, 당원 동지 여러분, 감사합니다. 여러분은 대한민국의 변화를 선택하셨습니다. 정권교체를 선택하셨습니다. 민주통합당의 승리를 선택하셨습니다. 그리고 저 문재인을 선택하셨습니다. 여러분의 간절한 소망을 이루어내는 주역이 되라는 막중한 책임을 맡기셨습니다. 저는 두렵지만 무거운 소명의식으로 민주통합당의 후보직을 수락합니다. 그리고 저에게 부여된 막중한 책임을 반드시 이루어낼 것임을 약속합니다."

문재인 후보는 수락연설을 이렇게 시작했다. 그러나 중요한 말은 그다음에 이어진 말이었다.

"여러분의 지지와 성원에 보답하겠습니다. 12월 대통령 선거에서 반드시 승리하겠습니다. 1년 전만 해도 저는 현실정치로부터 멀리 있었습니다. 그런 제가 민주통합당의 대통령 후보가 되었습니다."

사실이었다. 1년 전까지만 해도, 문재인 후보는 자신이 2012년에 치러질 제18대 대통령 선거의 민주당 후보로 선출될 것이라는 생각을 하지 못했을 것이다. 그렇지만 그것이 바로 운명이다. 인간 스스로 피해갈 수 없는 하늘이 내린 운명일 수도 있고, 스스로 걸어오면서 쌓아나간 운명일 수도 있다.

1년 전까지만 해도 현실정치로부터 멀리 있었던 문재인 후보가 1년 뒤인 현재 현실정치의 중심에 있게 된 것은 문재인 후보가 살아온 인생 여정과 관계 있는 일이다. 올해 만 59세인 문재인 후보는 민주통합당의 대통령 후보가 될 수밖에 없는 인생을 살아왔다. 그 길은 모두 민주통합당 대통령 후보가 된 문재인 후보가 선택한 길이었고, 모두 헌법과 관련된 일이었다.

1) 입법(立法) - 대한민국 입법기관 국회 진출

제19대 국회의원을 선출하는 2012년 4월 11일 총선, 변호사 문재인은 부산 사상구에서 민주통합당 후보로 출마해서 당선됐다. 새누리당 손수조 후보를 제치고 당선된 것이다. 문재인 당선자의 득표율은 54.7%, 손수조 후보의 득표율은 44.3%였다.

처음부터 문재인의 당선이 유력하던 선거였다. 문재인은 계속되는 여론조사는 물론, 선거 당일 출구 예측 조사에서도 줄곧 1위였다. 노무현 정부 시절 청와대 민정수석과 시민사회수석, 비서실장을 역임하고, 『사람 사는 세상 노무현 재단』의 이사장으로 활동하고 있는 문재인이 당선되지 않으면 오히려 이상한 상황이었다. 전국적인 인물 문재인과 공천 한 달 전까지 누구인지도 몰랐던 후보 손수조의 대결은 당연히 문재인이 승리해야 하는 대결이었다. 하지만 선거 과정은 순탄치 않았다. 결과도 마찬가지였다. 문재인의 압승이 예상되었지만, 결과는 그렇지 않았다. 우세 속의 당선이었다. 새누리당의 박근혜 대표가 여러 차례 부산 사상구를 방문하면서, 현격한 차이가 있었던 여론조사 결과가 선거가 가까울수록 점점 좁혀진 까닭이었다. 부산 사상구의 선거는 처음부터 문재인과 손수조의 대결이 아니라, 손수조를 앞세운 문재인과 박근혜의 대결이었다.

이화여자대학교를 졸업한 평범한 직장인 출신의 만 27세 여성 손수조. 이런 손수조를 야권의 차기 대권 주자 문재인의 대항마로 내세운 것은 새누리당의 '자객(刺客) 전술'이었다. 손수조를 일본의 현역 중의원 후쿠다 에리코(福田衣里子 · 32)처럼 사용하겠다는 의도였다. 후쿠다 에리코(당시 29세)는 2009년 8월 30일 일본 중의원 선거 때,

제1 야당이던 민주당 공천을 받아 출마해 규마 후미오(久間章生, 당시 68세)를 물리쳤다.

히로시마 슈도대학을 중퇴하고, 시민운동과 빵집 아르바이트가 사회적 경력의 전부였던 후쿠다 에리코는 도쿄대학교 법학부를 졸업한 자민당 총무회장을 역임한 규마 후미오라는 9선 의원을 선거에서 격파한 것이다. 선거 전 113석에서 선거 후 308석으로 의석을 늘린 민주당은 196석에서 119석으로 의석수가 줄어든 자민당을 제치고 54년 만에 정권을 교체한 2009년 일본 중의원 선거. 이 선거에서 가장 주목받는 당선자가 바로 후쿠다 에리코였다.

야권의 압승이 예승되는 선거에서, 100석도 못 건질 것 같은 분위기의 새누리당은 손수조를 한국의 후쿠다 에리코가 되어 주길 바라며 공천했다. 노무현 전 대통령의 평생동지이자, 친구였던 문재인의 상대로는 다선의 중진의원을 내세우지 않겠다는 것이 새누리당의 입장이었다. 새누리당은 야당의 유력한 차기 대권주자인 문재인에게는 이겨도 이긴 것 같지 않은 경쟁상대를 내세워, 싸워도 싸운 것 같지 않은 선거를 치르게 하겠다는 전략을 앞세웠다. 그렇게 해서 공천을 받은 손수조는 새누리당과 박근혜 대표의 전폭적인 지원을 받고, 문재인을 잡기 위한 자객으로 등장했다.

하지만 새누리당의 기대와 달리, 손수조는 문재인을 꺾지 못했다. 여론 조사 결과에서 예상했던 것처럼, 문재인은 낙승했다. 후쿠다 에리코의 기적이 한국에서는 일어나지 않았다. 문재인은 규마 후미오가 아니었고, 손수조 역시 후쿠다 에리코가 아니었기 때문이다. 게다가 4 · 11총선은 자민련의 무능을 심판하는 2009년 8월의 일본 중의원 선거가 아니었다. 심판을 받는 쪽은 집권여당인 새누리당이었고, 심판을 하겠다고 나선 쪽이 민주통합당이었다.

그럼에도 불구하고 굳이 새누리당 쪽에서 위안을 찾자면, 두 배 차이가 나던 지지율 격차가 박근혜 효과로 10%대로 줄어들었다는 점이었다. 새누리당의 박근혜 대표는 공천 전 한 번을 포함해 모두 5차례나 부산을 방문하며, 손수조 후보의 선거운동을 지원했다. 박근혜 대표가 손수조를 도운 것은 올해 12월에 있을 18대 대통령 선거에서 문재인의 출마가 유력시됐기 때문이다. 국회의원 선거에서 패배한다면, 문재인의 대선 후보 가능성은 희박해지거나, 설득력을 잃을 가능성이 높았다.

하지만 문재인을 완전히 격파하기에 손수조는 한계가 있었다. 손주조가 아니라, 새누리당의 정치 거물이 공천되었어도 결과는 마찬가지였을 것이다. 새누리당에는 문재인의 대항마로 내세울 카드가 없었다. 카드가 있었다면, 처음부터 손수조 대신 그 카드를 활용했을 것이었다.

2012년 4·11총선의 결과는 여대야소. 새누리당은 개표 직후 152석을 획득했고, 야당인 민주통합당은 부산 사상구의 문재인 당선자를 포함해서 127석, 같은 야당인 통합진보당은 13석을 차지했다. 참패가 예상됐던 새누리당의 압승이었다. 비록 개원 전 2명의 당선자가 탈당을 하기는 했지만, 선거 자체는 새누리당이 승리했고, 여전히 국회의석 300석 가운데 150석을 유지하고 있다.

선거 개표 후, 오히려 위기에 몰린 야권은 연말에 있을 대통령 선거에서 반전할 결의를 다지고 있다. 그리고 야당의 대선후보인 문재인에게 시선이 집중되고 있다. 그렇지만 대선은 3개월 뒤의 일이고, 대선 경선과정에서 어떤 상황이 벌어질지 아무도 모를 일이다. 지금 한 가지 분명한 것은 변호사 문재인이 대한민국 입법기관인 국회에 입성해서 야당의 대통령 후보로 당선됐다는 사실이다.

2) 사법(司法) - 사법시험 합격

문재인은 1980년 치러진 제22회 사법시험에 합격해서 변호사 자격을 취득했다. 당시 사법시험 합격자 수는 141명이었다. 법고시의 인원이 대폭 확대된 것은 23회부터였다. 그러므로 문재인은 사법고시 합격자가 100명대를 오르내리던 마지막 시험을 통과한 합격자이다. 로스쿨과 사법고시를 통해서 수천 명씩 변호사 자격을 허가하는 요즘과 비교하면 격세지감의 일이다.

141명의 합격자를 배출한 제22회 사법시험에서 주류는 서울대학교가 차지했다. 사법시험 합격자 중에서 서울대학교 졸업자는 77명이었다. 그리고 그 뒤를 이어, 고려대학교가 13명, 성균관대학교와 한양대 11명으로 10명 이상의 합격자를 배출했다. 경북대학교 6명, 단국대학교 5명, 그리고 연세, 부산, 동아대학교는 3명이었다. 경희대학교 졸업생은 문재인을 포함해서 2명이었다. 사법시험에 1명이라도 합격자를 배출한 대학은 모두 합쳐서 16개 대학이었다.

1953년생인 문재인이 사법시험에 합격한 것은 28살 때였다. 문재인은 그때 군 복무를 마친 경희대학교 법과대학 복학생 신분이었다. 문재인의 복학은 다른 학생들과 다른 형태의 복학이었다. 정확하게 말하자면, 군복무를 위해 휴학을 했던 것이 아니라, 시위 주동에 의한 제적 상태에서 복적이 이루어진 것이었다. 1975년 제적되었던 문재인은 군복무를 마치고 5년 만인 1980년 복학을 했다.

문재인이 사법시험을 본격적으로 준비하기 시작한 것은 1978년 2

월부터였다. 31개월의 군복무를 마친 문재인은 학교로 돌아갈 수 없는 처지였다. 경희대학교 제적생 신분이었기 때문이었다. 문재인은 처음부터 사법시험을 준비할 생각이었다. 전공도 법학이었고, 사법시험은 대학 졸업 학력을 필요로 하지 않았다.

2년 남짓의 준비기간을 거쳐, 문재인은 사법시험에 합격했다. 입대 전에 법학을 전공했다고는 하지만, 31개월의 군복무 기간을 고려하면 길지 않은 시간이었다. 1972년 대학에 입학을 해서, 1975년 제적을 당할 때까지 약 3년 반에 가까운 기간 동안 법학을 공부했던 까닭, 법학에 대한 전반적인 이해가 있었던 것이 큰 도움이 되었다.

문재인은 1980년 1월, 사법시험을 준비하는 과정에 경희대학교에 복학을 했다. 1979년 1차 시험에 합격하고, 2차 필기시험을 합격을 위해 박차를 가하던 시기였다. 그런데 오랜만에 돌아온 대학이었지만, 학내 사정은 좋지 않았다. 학내 사정뿐 아니라, 정국 자체가 불안했다. 1979년 10·26사건으로 박정희 대통령이 시해를 당한 이후, 1980년 신군부는 학생들의 민주화투쟁과 노동자들의 생존권투쟁을 진압하기 시작했다. 소위 '서울의 봄'에 대학에 복학한 문재인은 이렇게 복잡한 상황 속에서 2차 시험을 치렀다.

문재인이 사법시험을 끝마쳤을 때, 정국은 상상하지도 못할 정도로 어지러워졌다. 박정희 대통령 유고를 빌미로 국정을 장악한 신군부는 집권 음모를 드러냈다. 김대중, 김종필, 이후락 등의 정치 인사들을 체포했고, 지역 계엄을 전국 계엄으로 확대했다. 결국 1980년 5월 15일, 전국에서 모인 20만 명의 대학생들은 서울역 앞에서 신군부의 집권 장악 음모를 반대하고, 계엄 해제를 요구하는 대규모 집회를 벌였다. 문재인은 이 집회의 경희대학교 측 주도인물로 지목되었고,

체포되었다.

문재인은 구속 20여 일 만에, 경찰서 유치장에서 사법시험 합격 소식을 들었다. 문재인은 육사 1기 출신인 경희대학교 김점곤 대학원장의 보증으로 재판 없이 풀려났고, 조영식 경희대학교 총장의 신원보장으로 사법시험 3차 면접에 응시할 수 있었다. 3차 면접시험 전에, 문재인은 안기부 직원으로부터 학생운동에 대한 반성 여부를 질문받는다. 하지만 문재인은 달라지지 않았다는 결연한 의지를 표현하고, 사법시험에 최종합격했다.

1980년 사법시험에 합격한 문재인은 1981년 사법연수원 12기로 입소했다. 사법연수원에서 문재인은 차석 졸업을 하며, 수료할 때에 법무부 장관상을 수상했다. 그러나 학생운동으로 인해 집시법 위반 전력이 있는 문재인은 판사 임용을 받지 못했다. 그 대신 문재인은 대한민국 제16대 대통령이 된 노무현 변호사와 함께 법무법인 부산을 열고, 변호사 생활을 시작했다.

문재인이 노무현과 만난 것은 문재인의 사법연수원 동기 박정규 때문이었다. 부산에서 개업을 하고 있던 노무현은 박정규와 사법시험을 함께 준비한 사이였다. 노무현은 1975년 제17회 사법시험에 합격한 뒤 짧은 판사 생활을 마치고, 1978년부터 부산에서 개업을 하고 있었다. 문재인의 사법연수원 동기인 박정규와 합동법률 사무실을 운영할 생각이었던 노무현은 검사로 임용된 박정규의 추천을 받아 문재인과 함께 법무법인 부산을 개소했다.

노무현은 정치인으로 변신했고, 청문회 스타가 되었다. 문재인은 부산변협 인권위원장을 지내면서 인권변호사로 활동했다. 문재인은 부산미국문화원 방화사건, 동의대 방화사건 등의 시국 사건의 대표

변호사였다. 대한민국 민주화 운동의 선봉에 섰던 문재인은 사법시험을 통과해서 변호사 자격을 취득했고, 자격을 갖추고 있으면서도 판사 임용에서 배제되는 불이익을 경험하며 인권 변호사가 되었다.

3) 반법(反法) - 유신 헌법 반대 학생운동 참여

1972년 3월, 문재인은 경희대학교 법과대학에 입학했다. 1971년 2월 경남고등학교를 졸업한 뒤, 1년의 재수생활을 거친 다음이었다. 문재인의 목표는 서울대학교 사회계열이었다. 문재인은 서울대학교 사회계열에서 법학과로 진학할 생각을 했었다. 하지만 재수 뒤에도 문재인은 서울대학교에 진학하지 못했다.

서울대학교 진학에 실패한 문재인은 곧바로 후기 대학입학시험을 치렀다. 경희대학교는 문재인에게 4년 장학생의 조건으로 입학을 허가했다. 4년 장학생은 가정 형편이 어려운 문재인을 설득할 만한 좋은 조건이었다. 문재인은 기꺼이 경희대학교에 진학했고, 법학과 장학생으로서 대학생활을 시작했다. 경희대학교 법학과 장학생이 되면서, 문재인은 자연스럽게 현실 인식을 하게 되었다.

문재인이 대학교에 진학한 1972년은 유신헌법이 단행된 해였다. 1972년 10월 17일, 박정희 대통령은 '우리 민족의 지상과제인 조국의 평화적 통일'을 뒷받침하기 위해 '우리의 정치체제를 개혁한다'고 선언했다. 법학도였던 문재인은 유신헌법의 법리상 문제점을 인식했고, 저항할 생각을 갖게 되었다.

문재인은 경희대학교 총학생회 총무부장으로 1975년 유신반대 시위를 하다 제적되었다. 4년 장학생 신분으로 대학생활을 하고 있었지만, 학생회활동을 하면서 주도적인 학창생활을 했던 문재인은 1975년 유신헌법에 반대하는 경희대학교 총학생회 시위를 주도했다. 문재인은 바로 구속되었고, 징역 2년에 집행유예 10월을 선고받았다. 대학 제적과 강제 입대가 뒤를 이었고, 문재인은 전두환이 여단장이었던 1 공수여단에서 31개월간 군복무를 했다.

문재인은 3년간의 군복무를 마치고 1978년 사회에 복귀했다. 대학 제적생 신분이었던 문재인은 사법시험을 준비하다, 1980년 봄에 경희 대학교 법학과 4학년 2학기로 복학을 했다. 그리고 이번에는 박정희와 마찬가지로 '12·12군사반란'을 일으켜 집권음모를 획책한 전두환에게 항거하는 시위를 주도한 혐의로 다시 한번 경찰에 체포됐다. 사법시험을 준비하던 문재인은 헌법을 유린하는 권력의 불의에 대해서는 항상 저항했다.

2. 한국 헌법의 정신

대한민국 헌법 정신을 중시하는 문재인 후보는 국민주의적 리더십을 발휘하는 지도자의 성향을 가지고 있다. 국민주의는 국민이 국가를 합리화하는 유일무이한 근간이며, 개별 국민은 국가를 형성할 권리가 있다는 주장에 근거한다. 일제 강점기와 8·15광복, 6·25한국전쟁, 4·19시민혁명, 유신 반대 투쟁, 서울의 봄, 군사정권 아래에서의 학생시민 운동 등을 거치는 동안, 대한민국은 자유민주주의 국가 이념을 공고히 하며, 대한민국 헌법 정신을 완성한다. 문재인 후보는 대한민국 헌법 정신을 계승하며, 대한민국 헌법 정신이 완성되는 현장을 지켜 왔다.

대한민국에는 세 번의 헌법이 있었다. 대한제국의 『대한국제(大韓
國制)』와 대한민국 임시정부의 『대한민국 임시정부 헌법』, 그리고 광복
후 제헌의회가 마련한 『대한민국 헌법』이다. 이러한 대한민국 헌법의
기본 정신은 불의한 권력에 대한 저항정신이다. 일본 제국주의에 저
항한 3·1운동 정신과 장기집권을 획책하는 독재정권에 저항한 4·19
정신이 바로 대한민국 헌법을 이룩한 근본정신이고, 이것은 절대 권력
에 항거해서 시민의 권리를 획득한 민주주의의 기본 정신과도 일치
한다.

1) 『대한국제(大韓國制)』와 『대한민국 임시정부 헌법』

1948년 8월 15일에 대한민국이 건국하기 전에도, 대한민국은 두 차
례 공식적으로 헌법 선포가 있었다. 대한제국의 『대한국제(大韓國制)』
와 상하이 임시정부의 『대한민국 임시정부 헌법』이다. 『대한국제(大
韓國制)』는 1899년 고종황제가 선포했고, 『대한민국 임시정부 헌법』
은 1919년 대한민국 임시정부가 선포했다. 20년 사이에 국가의 통치
조직과 통치작용의 기본원리, 국민의 기본권을 보장하는 근본 규범인
헌법을 선포한 주체가 바뀐 것이다.

보통 헌법을 선포하는 주체가 바뀌는 과정에는 혁명이나, 쿠데타
같은 내부적 정체 변화 요인이 발생한다. 그러나 대한민국은 외부적
변화 요인에 의해서 정체가 바뀌었다. 서구의 근대화 모델을 일찍 받
아들인 일본 제국주의가 산업화에 실패한 대한제국을 강제 합병하는
역사 초유의 사태를 맞이한 것이다. 그러한 까닭에 헌법 선포의 주체

가 대한제국에서 대한민국 임시정부로 혁명이나, 쿠데타의 과정 없이 옮겨지게 된 것이다.

대한민국 임시정부가 『대한민국 임시정부 헌법』을 선포할 때, 대한제국 황실은 『대한민국 임시정부 헌법』의 실효가치가 없다고 주장하지 않았다. 이때 이미 대한제국은 망국의 책임을 지고, 한반도 경영 능력을 상실했다고 자인한 것으로 봐야 한다. 대한제국의 국권 회복 사명은 대한제국에서 「3·1운동」을 통해 성숙된 시민세력이 형성한 대한민국 임시정부로 자연스럽게 이전된 것으로 보아야 한다.

일반적으로 서구의 근대화 과정 중 민주주의 실현 과정에는 시민혁명이 등장한다. 시민혁명은 절대주의, 혹은 기타 봉건권력을 타도해서 부르주아 및 광범한 일반시민을 해방하고 근대국가를 수립한 급격한 정치변혁이다. 서구의 민주주의 실현단계와 비교할 때, 대한민국에는 시민혁명이 빠진 것처럼 보인다. 전제주의 국가였던 대한제국, 일제 강점기, 대한민국으로 이어진 역사 전개 과정 때문이다. 그래서 일부 학자들은 시민혁명이 생략된 것처럼 보이는 대한민국은 시민혁명을 못 거친 전근대 사회라고 주장하기도 한다.

그러나 이것은 시민혁명의 본질을 오해한 것이다. 시민혁명의 본질은 세 가지로 요약할 수 있다. 절대 권력, 시민세력의 자발적 항거, 그리고 인권의 획득이다. 대한민국의 항일운동은 절대주의나, 봉건권력보다 더 극악한 절대권력 일본 제국주의에 대한 시민세력의 자발적 항거였고, 광복과 함께 국민들이 인권을 획득했다. 대한민국에 대해 여전히 전근대 사회로 주장하고 싶어 하는 사람들은 대한민국 광복이 연합군의 승전의 결과라고 주장하고 싶겠지만, 대한민국 임시정부의 한국광복군은 이미 연합군과 함께 제2차 세계대전에 참전해서 함께 승전의 기쁨을 누렸다.

1943년 카이로 회담에서 대한민국의 독립이 정식으로 승인한 것, 1944년 프랑스, 폴란드, 소련 정부가 주중대사관을 통해 대한민국 임시정부 승인을 통고한 점, 1945년 포츠담선언에서 대한민국의 독립을 재차 확인한 것 등은 대한광복군의 제2차 세계대전 참전을 인정한 공로이고, 대한민국 임시정부의 외교, 군사 활동을 국제사회가 높게 평가한 결과이다. 대한민국의 광복은 일본 제국주의에 자발적으로 항거한 대한민국 시민들의 항일 운동의 결과이다.

이러한 반외세 시민혁명은 1776년 영국으로부터 독립을 획득한 미국의 독립혁명에서 유례를 찾을 수 있다. 정치사적으로 볼 때, 미국 민주주의도 유럽식 시민혁명을 거치지는 않았다. 미국은 영국 식민지 단계에서 독립 전쟁을 통해 민주주의 국가를 실현했다. 미국의 독립 전쟁이 스스로의 힘으로 영국을 몰아낸 것과 비교할 때, 대한민국의 독립전쟁은 연합군의 전공에 의존한 것처럼 보일 수 있다.

그렇지만 일본 제국주의는 이미 독일과 이탈리아와 동맹한 강력한 연합군이었으므로, 대한민국의 대한광복군이 일본 제국주의 자체를 멸망시킬 만큼 강력한 힘을 독보적으로 보유했는지 여부는 중요하지 않다. 중요한 것은 대한민국 광복군의 연합군 참가 여부이다. 대한민국 임시정부는 한국광복군을 창군해서 대일 항전을 펼쳤고, 한국광복군이 참가한 연합군은 일본 제국주의와의 전쟁에서 승리를 거뒀다.

대한민국 임시정부 수립의 근간이 된 「3·1운동」은 세계사에 유례가 드문 일종의 반외세 시민혁명이다. 「3·1운동」은 전근대사회에서 근대사회로 발전하는 서구 사회에서도 모델을 찾을 수 없는 민족자결 정치혁명이다. 「3·1운동」이 1948년 7월 17일에 공표된 『대한민국 헌법』의 기초이념으로 계승된 것은 대한민국이 대한민국 임시정부 수립의 근간이 된 반외세 시민혁명을 민주주의 국가 건설의 핵심인 시민혁명으로 인정한 결과이다.

이러한 「3·1운동」은 『대한민국 헌법』의 전문 첫 머리에, "유구한 역사와 전통에 빛나는 우리 대한국민은 「3·1운동」으로 건립된 대한민국임시정부의 법통과"라고 명문화되었다. 『대한민국 헌법』의 출발이 『대한민국 임시정부 헌법』이며, 『대한민국 임시정부 헌법』의 태동은 「3·1운동」의 촉발에서 이루어졌다는 것을 천명하는 말이다. 「3·1운동」은 대한민국을 출범시킨 반외세 시민혁명이다.

2) 『대한민국 헌법』과 「4·19 정신」

"3·1운동으로 건립된 대한민국임시정부의 법통"에 이어서, 『대한민국 헌법』 전문에 소개된 것이 바로 "불의에 항거한 4·19민주이념" 이다. 『대한민국 헌법』은 유구한 역사와 전통에 빛나는 우리 대한민국이 계승할 것이 「3·1운동」과 「4·19 정신」이라고 설명한다. 「3·1운동」이 우리 대한민국의 건국이념이라면, 「4·19 정신」은 민주주의 수호 정신이기 때문이다.

1919년 「3·1운동」에 이어, 「4·19 정신」을 『대한민국 헌법』의 기본 정신으로 천명한 것은 국민적 합의에서 비롯된 것이다. 1948년 8월 15일, 국제사회에 공식적으로 국가를 선포한 대한민국은 반외세 시민혁명으로 국가를 건설했고, 민주공화국으로 운용되는 과정 중에 헌법 정신에 위배되는 대통령의 장기집권 추진 상황을 맞이했다. 이때 분연히 일어난 것이 바로 학생 세력이었고, 뒤이어 시민들도 동참해서 4·19혁명을 일으켰다.

그런데 이 4·19시민혁명에 대한 오해가 그동안 우리 대한민국을 혼란에 빠뜨렸다. 4·19혁명은 민주주의 체제 아래에서 장기집권을 추진했던 정권 지도부에 항거했던 것이지, 전근대 사회 체제 아래에서 정권 지도부에 항거했던 것이 아니었다. 1945년 8월 15일, 한국광복군이 포함된 연합군에 의해 제2차 세계 대전에서 패망한 일본으로부터 광복한 우리나라는 1945년 8월 15일 대한민국이라는 민주공화국을 건설했다. 1960년 4월 19일에 시민혁명이 일어났을 때에도 대한민국은 민주공화국이었다. 대한민국은 건국 이래 줄곧 민주공화국이었던 것이다.

이승만은 1948년부터 1960년 사임할 때까지 4차례 대통령 선거에서 승리했는데, 대통령 재선이 어려워질 듯하자 무리한 방법을 사용하며 불법행위를 자행하기 시작했다. 이승만은 헌법을 개정하고, 계엄령을 선포하며, 반대파 국회의원을 감금했다. 또한 사사오입과 같은 무리한 논리로 헌법 정신을 유린하기도 했다. 그럼에도 불구하고 대한민국은 민주공화국이었다. 이승만의 종신 대통령 추진 의지를 주권을 가지고 있는 국민들이 동의하지 않았기 때문이었다.

이승만은 종신 대통령 시도는 대한민국을 전근대로 되돌리려는 시도였고, 이것은 건국 헌법의 제정 정신을 위반한 것이었다. 건국 헌법은 대한민국의 "주권이 국민에게 있고, 권력은 국민에게 나온다"고 분명히 천명하고 있기 때문이었다. 「3·1운동」을 통해 반외세 시민혁명으로 광복을 쟁취한 대한민국 국민들로서는 받아들일 수 없는 처사였다.

이승만이 종신 대통령제를 시도하며 4차례나 대통령 선거에서 승리했다고는 하지만, 대한민국은 전근대 사회로 회귀한 것은 아니었다. 이승만이 민주공화국의 정체성을 유린한 것은 분명한 사실이지만, 대한민국 국민들은 「4·19 정신」으로 절대 권력화하려는 이승만을 격퇴했다. 이승만의 망명은 「4·19 정신」의 결과였다. 「4·19 정신」이 『대한민국 헌법』에서 「3·1운동」에 이어 대한민국의 민주주의 수호 정신으로 선포된 것은 당연한 일이다.

「4·19 정신」의 실현으로, 대한민국 민주주의는 「3·1운동」은 반외세 시민혁명에 이어, 민족 내부의 절대 권력화하려는 반민주 세력에 대해서도 항거하는 소중한 시민혁명을 경험하게 되었다. 『대한민국 헌법』은 「4·19 정신」에 대해서, "불의에 항거한 4·19민주이념을 계승하고"라고 선언한다. 불의에 항거한 「4·19 정신」의 핵심은 "주권이 국민에게 있고, 권력은 국민에게 나온다"는 헌법 제1조 제2항의 이념을 수호하는 것이었다.

「4·19 정신」은 결코 실패한 시민혁명이 아니다. 서구의 시민혁명이 절대 권력에 대한 시민세력의 자발적 항거로 인권을 획득하는 것이라면, 4·19혁명은 절대 권력화하던 이승만 정부에 대해서 시민세력이 자발적으로 항거해서 대한민국의 주권이 국민에게 있고, 권력은 국민으로부터 나온다는 헌법 정신을 확인한 것이기 때문이다. 1948년 건국 이래, 대한민국의 주권은 어떠한 절대 권력에게도 강탈당한 적이 없다. 강탈하려는 시도를 「4·19 정신」으로 저지한 것이다.

5·16군사정변으로 인해 권력을 찬탈한 정치군인들로 인해, 4·19혁명을 실패한 혁명으로 이해하려는 평가도 있다. 이승만을 몰아낸 「4·19 정신」이 민주당의 무능으로 인해 5·16군사정변을 초래했고, 집권에 성공한 정치군인들이 절대 권력화하며 「4·19 정신」을 훼손했다

는 것이다. 이러한 주장을 펼치는 사람들의 논리는 대한민국이 전근대 사회에 머물고 있으며, 근대적 개념의 시민혁명에 성공하지 못했다고 주장한다.

하지만 「4·19 정신」은 실패한 시민혁명 정신이 아니다. 4·19혁명의 목적은 절대 권력화하려는 이승만을 하야시키는 것이었지, 자유당과 민주당의 양당제대 근간을 무너뜨리는 것이 아니었기 때문이다. 4·19혁명에 나선 세력들은 권력을 쟁취하려는 움직임을 보이지 않았다. 대한민국은 건국 이후 줄곧 민주공화국이었고, 4·19혁명 세력들이 저지한 것은 헌법 정신에 위배되는 절대 권력이었다. 「4·19 정신」은 절대 권력화하는 이승만을 하야시킨 것으로 혁명의 목적을 완수했다. 그러므로 반외세 시민혁명을 통해 대한민국을 출범시킨 「3·1 운동」에 이어, 절대 권력화하려는 집권 세력을 저지한 「4·19 정신」은 민주공화국 대한민국을 수호한 민주주의 이념이라는 사실은 지극히 당연한 말이다.

3. 일본 헌법의 정신

끝을 모르고 추락하는 일본 경제의 위기의 원인을 잦은 정권 교체로 지적하지만, 사실은 서구와 다르다는 일본식 정치제도의 한계점 봉착이다. 메이지 유신을 통해 근대화를 이룩했다고 주장하지만, 근대 일본은 서구식 민주주의 완성은 아니었다. 1867년 에도 바쿠후(江戸幕府)가 일왕에게 국가 통치권을 돌려준 다이세이호칸(大政奉還)은 시민참정이 아니라, 바쿠후 통치에서 일왕 통치로 정권이 이양된 것이었다. 다이세이호칸에는 일본 시민세력의 참여가 이뤄지지 않았고, 일본의 근대화는 바쿠후에서 권력을 이양받은 일왕이 서구의 완성된 민주주의를 받아들여 이루어졌다.

1945년 8월 15일, 제2차 세계대전 패전으로 일본은 연합군 통치를 받았다. 일본은 명목상의 일왕제도를 유지하며, 중의원 선거를 통한 총리 발탁이라는 일본식 민주주의 제도를 발전시켰다. 국민의 의사와 상관없이 중의원 계파의 이해관계에 의해 선출되는 일본 총리는 사실 18세기부터 약 260년간 일본을 이끌어 온 에도 바쿠후의 쇼군과 크게 다르지 않은 강력한 통치 지도자이다. 제국주의 시대의『대일본제국 헌법』과 제2차 세계대전 이후의『일본국 헌법』은 모두 일본식 민주주의를 정착시키기 위한 근거였는데, 급속하게 변화하는 국제환경 속에 책임만 늘어난 간선 총리제가 한계에 도달한 것이다.

1)『대일본제국 헌법』

조선보다 먼저 근대화한 일본은 헌법 제정과 선포도 조선보다 10년 앞섰다.『일본제국 헌법』이라고도 불리는 일본 최초의 헌법인『대일본제국 헌법』은 1889년 2월 11일 공포되고, 1890년 11월 29일에 시행되었다.『대일본제국 헌법』은 흔히『메이지 헌법』이라고도 불리는데, 이는 공포 당시 일본 일왕(天皇)의 연호가 메이지였기 때문이다. 현재는『일본국 헌법』과 대비해서『구헌법』이라고 부르기도 한다.

『대일본제국 헌법』에 이렇게 많은 별칭이 있는 것은『대일본제국 헌법』에 대한 일본인들의 자부심 때문이다.『대일본제국 헌법』을 선포함으로써, 일본은 1876년 12월 23일에 오스만제국(터키)가 오스만

제국 헌법을 제정한 이후 13년 만에 동아시아에서 두 번째로 근대적인 헌법을 가진 입헌국가가 되었다. 그래서 헌법 발포의 칙어에 "불멸의 대전"이라고 명시해 놓고, 『대일본제국 헌법』이 완벽한 헌법임을 강조했다. 그리고 제2차 세계대전 패전 이후 『일본 헌법』으로 개정할 때까지 한 차례도 수정이나 개정하지 않았다.

그러나 "불멸의 대전"이라는 칙어와 달리, 『대일본제국 헌법』은 근대적 개념의 헌법으로 보기는 어렵다. 근대 헌법의 특성 가운데 하나인 정치성이 결여되어 있기 때문이다. 헌법의 정치성은 헌법이 대립된 정치세력 사이의 투쟁과 타협의 산물이 아니라는 점을 의미한다. 『대일본제국 헌법』은 일본 스스로 무혈혁명이라고 자부하는 메이지 유신의 결과물일 뿐이다. 『대일본제국 헌법』은 메이지 유신으로 왕권을 회복한 메이지 일왕이 일본보다 먼저 근대화한 서구의 헌법을 모방해서 만든 헌법이다. 『대일본제국 헌법』의 정치성 결여는 일왕이 독일과 프로이센의 헌법을 모방했다는 것이 아니라, 일본이 메이지 유신을 통해 왕정복고를 이룩했다는 사실 때문이다.

일본의 근대를 개창했다는 평가를 받고 있는 메이지(明治) 유신의 핵심은 절대권력 바쿠후의 권력이 명목상의 군주였던 메이지 일왕에게 권력을 반환한 것이다. 이러한 상황이 발생한 것은 바쿠후가 1858년 일왕의 칙허 없이 미국, 영국, 러시아, 네덜란드, 프랑스와 통상조약을 일방적으로 맺었다가, 공박을 당했기 때문이었다. 바쿠후의 기세가 약해진 틈을 타서 "일왕에게 국가 통치권을 돌려주라"고 반바쿠후 세력들이 대립했고, 결국 15대 쇼군 도쿠가와 요시노부(德川慶喜)는 다이세이호칸(大政奉還)을 통해 일왕에게 통치권 반환했다. 그리고 그 결과 명목상의 군주였던 메이지 일왕은 왕정복고를 이룩하고, 친정에 나섰다.

메이지 유신이 일본 근대화의 시발점이 되었다고 주장하는 학자들은 바쿠후의 권력 반환을 높이 평가한다. 그렇지만 바쿠후의 권력 반환은 반바쿠후 세력에 의해 반강압적으로 이뤄진 강제 권력 반환이었고, 권력 반환의 대상도 일본 국민이 아니라 명목상의 군주였던 일왕이었다. "일왕에게 국가 통치권을 돌려주라"는 반바쿠후 세력에 대항해서, 바쿠후가 일본 국민들에게 권력을 이양했다면 서구식 시민혁명이 되었을 가능성이 높다. 바쿠후의 결단에 따라, 국가 통치권은 물론 국민들의 주권이 일본 국민들에게 이양되었을 것이기 때문이다.

그러나 바쿠후는 절대 권력을 일본 국민이 아니라, 반바쿠후 세력들이 요구한 대로 메이지 일왕에게 반환했다. 일본의 절대 권력은 국민이 배제된 채, 바쿠후에서 일왕으로 주체 이전된 것이다. 산업혁명과 시민혁명을 통해 근대화를 이룩한 서구 사회와 달리, 일본은 산업혁명을 추진하기에 앞서 시민혁명이 일어날 수 없도록 권력의 주체 바쿠후가 유명무실한 군주 일왕이 군림할 수 있도록 권력을 제공한 것이다.

근대 민주주의는 주권재민 사상에 근거하고 있고, 근대 헌법은 이러한 주권재민 사상을 선포한다. 주권재민이란, 주권은 국민에게 있고, 권력은 국민으로부터 나온다는 근대 시민혁명이 이룩한 민주주의의 근본이념이다. 이러한 주권재민 사상에 반대되는 개념이 바로 군주주권 사상이다. 『대일본제국 헌법』은 근대 헌법의 형식을 취하고 있지만, 내용적으로는 전근대의 군주주권 사상을 기반으로 하고 있다.

『대일본제국 헌법』은 일본 메이지 천황이 구로다 기요타카(黑田清隆) 총리대신에게 하사한 흠정헌법이었다. 흠정헌법이란 군주가 제정한 헌법으로 군주국가에서 전제군주가 군주의 권력을 유보하고 국민에게 어느 정도의 권리나 자유를 은혜적으로 인정하면서 제정한 헌법을 뜻한다. 흠정헌법은 국민의 의사에 의하여 제정된 민정헌법 이전의 헌법 형태이므로, 통치기구의 민주화나 기본적 인권의 보장 등에 관한 내용이 불충분한 반민주주의적 문제점을 지니고 있다.『대일본제국 헌법』은 시민혁명을 통해 권력을 쟁취한 국민들이 총의를 모아 제정한 헌법이 아니었으므로, 메이지 천황이 허락한 수준의 인권 이상은 획득할 수 없었고, 통치기구의 민주화는 요구할 수도 없었다.

일본의 근대화는 "우리도 문명국가다"라는 사실을 서구에 알리기 위한 몸부림이었다. 일본은 서구 사회가 이룩한 산업혁명과 시민혁명의 과정은 배제한 채, 결과에만 집착했다. 서구의 정치와 경제, 사회와 문화는 산업혁명으로 경제력을 획득한 시민 세력이 주권을 가진 국민으로 발전하기 위한 시민혁명의 과정에서 산출된 결과물이었다.

그러나 근대화를 서두르던 일본은 근대화의 본질인 시민혁명의 본질을 오해하고, 정치적으로 성숙한 단계에 접어든 것처럼 포장하기 위해 독일, 프로이센 헌법을 모방한『대일본제국 헌법』을 제정했다. 일본의 목표는 국민이 주인인 민주주의 국가가 아니라, 근대화를 끝마친 서구 열강들의 제국주의였다.『대일본제국 헌법』을 만든 것은 일본제국이 국민주권의 근대 민주주의 국가가 아니라, 군주주권의 전근대 봉건주의 국가라는 사실을 세계 만방에 선포한 셈이다.

2)『일본국 헌법』

『일본국 헌법』은 제2차 세계대전에서 패전한 일본제국 대신 일본

열도에 들어선 일본국의 헌법이다. 1945년 8월 15일 제2차 세계대전 패전 선언 후, 1945년 9월 2일의 포츠담 선언에 의해 일본제국은 연합군 총사령부(GHQ)에 점령당했다. 연합군 총사령부의 더글러스 맥아더를 사령관은 일본국에 일본제국 헌법의 개정을 요구했고, 약 2년간의 개정작업으로 『일본국 헌법』은 1947년 5월 3일에 시행되었다.

『대일본제국 헌법』은 『일본국 헌법』으로 수정되면서, '대'라는 수식어와 '제국'이라는 정체를 포기했다. '탈아입구'를 선언하며 서구 제국주의를 흉내 냈던 일본은 연합군 총사령부의 점령을 경험하며, 더 이상 아시아의 대국 주장을 할 수 없게 되었다. 그리고 진주만 공습에 나서며 아시아 맹주의 위용을 과시한 제국주의도 표방할 수 없게 되었다. 청일전쟁과 중일전쟁으로 중국을 두 차례, 러일전쟁으로 러시아를 한 차례 무너뜨린 일본은 제국주의 선언 반세기도 못 되어 전쟁과 무력 자체를 영구히 포기하는 『일본국 헌법』으로 『대일본제국 헌법』을 개정한 것이다.

헌법 제9조로 인해, 『일본국 헌법』은 "평화헌법", 혹은 "전후 헌법"이라고 불리기도 한다. 제1항은 "국권의 발동으로서의 전쟁과 무력에 의한 위협 또는 무력의 행사는 국제분쟁을 해결하는 수단으로서는 영구히 포기한다."이고, 제2항은 "전항(前項)의 목적을 달성하기 위해 육·해·공군 그 밖의 전력(戰力)은 불보유, 국가의 교전권(交戰權)은 불인정한다."라는 내용이 명기되어 있다.

그러나 『일본국 헌법』이 주목받아야 하는 것은 제9조에 실린 "전쟁의 포기, 전력의 불보유, 교전권의 부인"의 평화 선언 관련 내용이 아니다. 『일본국 헌법』은 제2차 세계대전 패전과 함께, 군주주권의 전근대 절대주의 국가였던 일본제국이 국민주권의 민주주의 국가로 전환되었다는 점으로 인해 주목받아야 한다. 일본제국이 일본국으로 국호가 바뀐 것이나, 절대군주였던 일왕이 상징군주가 되며 주권이 국민에게 이양된 것은 일본이 자발적으로 선택한 것이 아니었다. 일본을 점령한 연합군 총사령부에서 일본의 반대에도 불구하고 강압적으로 요구해서 이룩한 정체 변경이었다.

일본인들은 군주주권 국가에서 외세에 의해 국민주권 국가로 정체가 전환된 것을 불쾌하게 생각할 수도 있지만, 『일본국 헌법』이 시행되기 전까지 일본국민들은 국민이 아니라, 일왕의 신민이었다. 신민은 군주국에서 관원과 백성을 아울러 이르는 말이다. 일본제국의 신민들이 국가를 구성하는 국민이 되고, 진정한 민주주의 국가가 된 것은 『일본국 헌법』에 의해서이다. 일본은 연합군 총사령부에 의해서 강제적으로 국민주권의 민주주의 국가가 된 것이다. 연합군 총사령부의 일본 정체 강제 변경은 서구 근대의 민주주의를 흉내 낸 메이지 유신의 오류를 수정한 것이다.

그렇지만 그럼에도 불구하고, 『대일본제국 헌법』을 개정한 『일본국 헌법』은 일왕에 대한 미련을 버리지 못하고 있다. 『일본국 헌법』의 제1조에 "일본국의 상징이고, 일본 국민 통합의 상징"이라는 일왕에 대해서, 『일본국 헌법』은 제8조까지 언급하고 있다. 『일본국 헌법』의 제1조 후반부에, "일왕의 그 지위는 주권을 갖는 일본 국민의 총의에 기초한다"는 설명이 있음에도 불구하고, 주권을 갖는 일본 국민에 관한 기술은 제10조부터 제40까지의 제3장 국민의 의무와 권리 부분에서 이루어지고 있다. 『일본국 헌법』이 제국주의 헌법인 『대일본제국 헌법』을 기초로 개정했다고 하지만, 일본에서는 국민보다 "일본국의 상징이고, 일본 국민 통합의 상징"인 일왕이 더 중요한 존재로 여겨지고 있다.

『일본국 헌법』이 제1조부터 제8조까지의 상징천황 제도와 제9조의 평화주의가 강조된 것은 제2차 세계대전의 패전으로 인한 부담감이 반영된 것이다. 제2차 세계대전과 일왕의 상관성으로 인해 상징천황 제도에 대한 기술이 길어진 것이나, 국민의 의무와 권리에 대한 내용 기술 전에 평화주의가 선언된 것은 제2차 세계대전 패전에 대한 일본 국의 책임을 인식한 것이다. 그래서 정작 주권의 출발인 국민에 대한 기술이 뒤로 미루어졌다고 생각할 수 있다.

그러나 일본국의 국민들도 일본 제국주의의 희생자였던 것은 분명 했다. 일본 제국주의의 전쟁 지원을 동원된 일본인들이 수긍한 것은 일본 제국주의가 아니라, 일왕의 지도력이었다. 제2차 세계대전이 끝 난 뒤에도, 일본 국민들은 패전의 책임을 일왕과 도쿄 전범 재판에서 처형된 전시 지도자들에 묻지 않았다. 일본 국민들은 패전의 책임을 인정하고, 연합군 총사령부의 점령을 수용했다.

『일본국 헌법』은 연합군 총사령부에 의해 강압적으로 국민주권의 민주주의가 실현된 결과이다. 일본의 민주주의는 서구식의 시민혁명 을 거치지 않고, 외세에 의해 이룩된 민주주의이다. 일본 민주주의 역사에는 절대주의, 혹은 기타 봉건권력을 타도해서 부르주아 및 광 범한 일반시민을 해방하고 근대국가를 수립한 급격한 정치변혁이 등장하지 않고 있다. 1947년 5월 3일에 연합군 총사령부에 의해 제정 된 『일본국 헌법』은 일본에 자발적 민주주의가 실현될 수 있는 마지 막 기회마저 빼앗아 버렸다.

연합군 총사령부가 일본을 점령하며 국민주권을 실현한 것은 오히 려 아시아의 어느 나라보다 먼저 근대화를 실현했다고 자부했던 일 본 스스로에게 시민혁명의 기회를 두 번 다시 갖지 못하게 만든 올무가 되었다. 『일본국 헌법』은 『대일본제국 헌법』을 개정한 형식상으로는 세계 최고의 성문헌법일 수 있지만, 내용상으로는 시민혁명이라는 민주주의의 절대적 요소가 생략된 이념적 헌법이다.

4. 문재인의 『통일 헌법』

1) 문재인의 『4법(法) - 준법』 - 대한민국 헌법 정신의 수호

제19대 국회의원을 선출하는 2012년 4월 11일 총선에 문재인 후보가 출마한 것은 2011년 상반기까지만 해도 전혀 예상하지 못했던 일이다. 노무현 정부 시절 민정수석, 시민사회수석, 비서실장을 역임하면서도, 끝내 현실 정치에는 발을 담그지 않았던 문재인 후보였다. 노무현 대통령이 하야한 이후, 부산에서 바로 변호사 업무를 개시한 것만 봐도 문재인 후보는 정치에 큰 뜻이 없던 사람이었다.

노무현 대통령의 생전에도 여러 차례 기회가 있었지만, 문재인 후보는 정치적 소양의 부족을 들어 고사했었다. 평생 동지였던 노무현 대통령을 지근거리에서 지켜봐 온 문재인 후보는 누구보다 확실히 현실 정치의 실체를 파악하고 있었다. 잘해야 본전일 수밖에 없는 정치 참여는 문재인 후보에게 고난과 모험을 섞어 놓은 두려움임에 틀림없었다.

그럼에도 불구하고, 문재인 후보는 제19대 총선에 출마했다. 출마 이유는 노무현 대통령과의 특수성 때문이었다. 예상했던 일이었지만, 그래도 국민들은 문재인 후보가 총선에 출마할 것이라는 생각을 하지는 않았다. 총선의 출마는 곧이어 진행될 제18대 대통령 선거에도 후보로 나서는 일과 자동 연계될 상황이었다.

국회의원 출마 선언과 동시에, 문재인 후보는 새누리당의 유력한 대선 후보 박근혜 전 비대위원장과 지지율 경쟁에 들어갔다. 언론은 이미 문재인 후보의 총선 출사표 제출은 야당의 제일 강력한 대선 후보 출현으로 연결 짓고 있었다. 민주통합당 내의 어떤 인물도 제18대 대통령 선거에서 문재인 후보를 압도할 만한 지지도를 갖고 있지 못했다.

평생 변호사로 살아온 문재인 후보는 정치 경력도 없었다. 노무현 대통령이 취임한 이후 5년간 청와대에 별정직 공무원으로 근무한 것이 문재인 후보의 공직 경력의 전부였다. 1980년 사법시험에 합격하고, 1983년부터 20년간 법무법인부산의 대표변호사로 활동한 것이 청와대 입성 전의 경력의 전부였다. 몇몇 모임의 대표를 맡기도 했지만, 주로 변호사 업무와 관련된 명예직이었다.

2008년 2월 노무현 대통령 하야 이후, 문재인 후보는 이렇다 할 정치 경력을 쌓지 않았다. 노무현 대통령의 갑작스러운 서거로 인해 생겨난 '사람 사는 세상 노무현 재단'의 이사장이라는 명예직을 수락한 것이 대외활동의 전부였다. 그 사이 문재인 후보는 누차 현실 정치 참여 가능성을 묻는 언론의 질문에 비정치적 성향을 거론하며 참여 의지가 없음을 나타냈었다.

하지만 국민들은 문재인 후보에 대한 깊은 인상을 가지고 있었다. 청와대 근무 당시 보여 준 상식적인 태도, 권력에 집착하지 않는 중용적 자세는 문재인 후보에 대한 호감을 불러일으키고 있었다. 정권의 최고 실세라고 할 수 있는 대통령 비서실장으로 재직하는 동안,

문재인 후보는 권력의 남용과 관련된 사소한 잡음도 일으키지 않았다. 그것은 문재인 후보의 천성이기도 하며, 강점이기도 하다.

문재인 후보가 국민들에게 심어 준 인상의 정점은 노무현 대통령의 서거 때였다. 담담하게 노무현 대통령의 서거 소식을 알리는 문재인 후보는 평생 동지를 잃은 슬픔을 목소리에 담고 있지 않았다. 국민들은 그것이 문재인 후보가 노무현 대통령과 국민들에게 보여 주는 예의라고 생각했다. 자신이 슬픔에 겨워 있는 모습을 보이면, 국민들이 제대로 노무현 대통령을 떠나보낼 수 없을 것이라는 태도를 문재인 후보는 분명히 보여 준 것이다.

바보 노무현의 친구 바보 문재인 다운 모습이었다. 평생 동지를 잃은 비운을 속으로 삭이지 않고 드러냈다고 하더라도 국민들은 받아 줄 아량이 있었지만, 문재인 후보는 흐트러진 모습을 보이지 않았다. 문재인 후보는 7일간 치러진 노무현 대통령의 국장기간에 상주의 자리를 지키며, 노무현 대통령의 마지막 길을 눈물 없이 지켰다. 노무현 대통령에 대해 반발심을 가졌던 국민들조차, 좋은 친구를 가진 노무현 대통령에 대한 부러움을 느낄 정도였다.

어떠한 권유에도 마음을 흔들리지 않았던 문재인 후보의 정치 참여는 분명 노무현 대통령과 관련이 있다. 그럼에도 불구하고 문재인 후보의 정치 참여는 기성 정치인들의 정치 활동과는 궤를 달리한다고 할 수 있다. 문재인 후보의 정치 활동은 군사 정권의 정권 연장을 위한 반대 시위를 펼친 학생운동, 노동자의 권익을 보호하는 인권 변호사의 시민운동과 연계된 사회 개혁 운동적 성격이 높다. 그래서 문재인 후보의 국회 진출과 대통령 출마도 사회 개혁을 부르짖는 시민 운동적 성향이 강하다.

문제는 재야에 머물던 문재인 후보를 장내로 끌어들인 불의이다. 대한민국 헌법 정신에 이반하던 독재 권력에 분연히 일어나 항거하던 청년 시절처럼, 문재인 후보의 마음 깊은 곳에서는 정치에는 참여하지 않고 싶다는 신념을 움직일 만한 무언가가 솟구친 것이다. 도대체 문재인 후보를 항거하게 만든 불의는 무엇일까?

2) 『통일독일 헌법』의 수호자 빌리 브란트

국민주의 리더십을 나타낼 것으로 기대되는 문재인 후보가 제18대 대통령에 당선된다면, 빌리 브란트와 같은 통치 방식을 기대할 수 있다. 빌리 브란트(Willy Brandt, 1913. 12. 18.~1992. 10. 8.)는 1969년 10월 22일부터 1974년 5월 7일까지 약 4년 5개월간 서독의 제4대 총리를 역임하며, 독일 통일의 기초를 닦았다. 독일 분단의 원인이 제2차 세계대전 야기라는 사실을 잘 알고 있었던 빌리 브란트는 독일의 전쟁광 이미지를 쇄신하는 데 주력했고, 이러한 노력이 독일 통일의 발판이 되었다. 빌리 브란트는 동서독 화합을 위해 노력한 공로를 인정받아, 1971년 노벨 평화상을 수상했다.

사회당 당원으로서 활약했던 빌리 브란트는 제2차 세계대전 발발하자, 나치정권을 피해 노르웨이로 망명했다. 그리고 제2차 세계대전이 끝나자, 스웨덴으로 이주했던 빌리 브란트는 다시 독일로 돌아왔다. 그리고 정치활동을 재개한 빌리 브란트는 1949년 총선거를 통해 서독 제헌 국회의원이 되었다.

빌리 브란트는 독일 분단이라는 충격을 경험하며, 본격적인 국회의원으로서 의정활동을 시작했다. 두 차례의 세계대전을 야기한 책임으로 인해, 4개국에 의해 분할, 점령된 상태였던 독일은 두 나라로 분리, 독립되었다. 미국과 영국, 프랑스의 서쪽 점령 지역은 독일 연방 공화국인 서독이 되었고, 소련의 점령 지역으로 놓인 동쪽 지역은 독일 민주 공화국인 동독이 된 것이다. 독일 국민들의 의사는 중요하지 않았다.

서독과 동독 양국은 자유민주주의와 사회주의를 바탕으로 각각 독립적인 헌법을 제정했다. 그리고 독립적인 경제 체제와 독자적인 외교관계를 수립했다. 세계는 두 차례의 대전으로 세계를 공포에 몰아넣은 독일의 분단 상황을 즐겼고, 두 개의 독일은 서로가 정통 독일의 계승자라고 주장하며 경쟁하기 시작했다. 미소의 냉전 국면 속에 독일 통일의 실현은 요원할 것만 같은 상황이었다.

연합군이 독일을 분단시킨 목적은 전쟁도발 방지였다. 제1차 세계대전과 제2차 세계대전의 주역으로 계속 등장한 독일은 그대로 방치하기에는 두려운 존재였다. 독일의 호전성이 결국 분단을 초래한 것이고, 이러한 분단 상황은 자유민주주의와 사회주의가 대립하는 한 지속될 것이라는 사실이 분단 독일에 대한 세계의 평가였다. 빌리 브란트는 독일의 분단 현실에 가슴 아팠지만, 갓 국회에 진출한 빌리 브란트가 할 수 있는 일이라고는 아무것도 없었다.

서독 국회의원이 된 빌리 브란트는 1949년 5월 23일 '본(Bonn) 기본법(Grundgesetz)'이라고 불리는 독일 연방공화국 기본법 제정, 공포에 참여했다. 서독 의회는 독일 통일이 이루어질 때까지 서독의 헌법은 헌법(Verfassung)이 아니라, '본 기본법(Grundgesetz)'이라고 표현하기로 했다. 통일 독일이 실현되어 헌법 제정회의가 보다 영구적인 헌법을 제정·시행하게 될 경우, 서독의 헌법은 헌법의 효력을 상실하게 될 것이라는 예측 때문이었다. 초선 의원이었던 빌리 브란트는 완성되지 않은 헌법이라는 '본 기본법'의 통일 정신을 기억했다.

본 기본법은 제1차 세계대전 패전 후에 제정되었던 독일헌법(Weimarer Verfassung)을 계승했으며, 민주주의와 자본주의 정신을 중심으로 사회주의 복지 정책까지 수용한 진보적 헌법이었다. 본 기본법에는 제2차 세계대전에 대한 반성의 의미를 담은 '인간의 존엄성' 규정도 담겨 있다. 서독은 본 기본법을 바탕으로, 민주주의적 가치의 실현과 법치주의의 재건에 주력했다.

동독은 서독보다 조금 늦은 1949년 10월 7일 독일 민주주의 공화국 헌법을 제정, 공포했다. 점령국이었던 소련의 영향력으로 인해, 독일 민주주의 공화국 헌법은 사회주의적인 색채를 띠었다. 독일 민주주의 공화국 헌법은 19년 뒤인 1968년 4월 8일에는 사유재산 폐지, 정부의 사생활 감시 가능, 노동자 권익 보장 등이 담긴 공산주의적 성격이 강한 새로운 헌법을 제정, 공포했다.

각기 다른 형태의 헌법을 수호하며, 서독과 동독의 분단 상태는 고착될 것처럼 보였다. 1950년대 라인 강의 기적을 일으킨 서독은 경제 경쟁에서 동독을 앞서 나가기 시작했다. 이후 서독은 나토에 가입했고, 동독은 바르샤바 조약에 가입하며 대치양상을 보였다. 그리고 1961년부터 동독은 국경을 철조망과 장벽으로 폐쇄하기 시작했다. 동독이 건설한 장벽은 1990년 10월 3일 동독이 서독에 편입을 의결하기 직전인 1989년 11월 9일까지 건재했다.

1945년 외국군의 점령, 1949년 동서독 분단, 1989년 베를린 장벽 붕괴, 1990년 10월 3일 통일 독일의 탄생까지, 독일 통일을 지휘한 지도자는 빌리 브란트였다. 독일 통일은 소련과 동구권의 붕괴와 동독을 압도하기 시작한 서독 경제가 단초를 제공했지만, 동독인의 마음을 열게 만든 것은 통일에 대한 서독 정부의 일관적인 자세였다. 빌리 브란트는 4년 5개월 동안 서독 총리로 재임하며, 독일 통일에 대한 방향성을 제시했다.

1969년 총리로 취임한 빌리 브란트는 독일 통일의 방식은 서독의 동독 흡수라고 결심했다. 그래서 빌리 브란트는 독일 통일에 영향력을 행사할 주변국들을 대상으로 동방정책(Ostpolitik)을 펼치기 시작했다. 빌리 브란트는 할슈타인 원칙(서독은 소련을 제외한 동독 승인국들과는 외교 관계를 가지지 않겠다는 외교방식)을 정식으로 포기하고, 소련을 비롯한 동유럽제국과의 관계정상화정책을 펼치면서 동독과의 통일을 위한 20년 대장정의 첫 걸음을 떼었다.

1950년대 초반, 이미 '라인 강의 기적(Wirtschaftswunder)'을 통해 동독을 압도했던 서독은 통일 직전인 1989년 무렵에는 양국 간의 국력 비교를 할 수 없을 정도로 현격한 격차를 보이고 있었다. 인구 수는 3.8배(6,260만 명 vs. 1,640만 명)였고, 1인당 GDP는 2.1배(2만 555달러 vs. 9,703달러)였지만, 무역규모는 13배(6,111억 달러 vs. 470억 달러), 국민총생산은 43.2배(1조 2천 마르크 vs. 2,837마르크)였다. 결국 독일 통일은 빌리 브란트가 결심한 대로 동독이 서독에 흡수 통일되는 방식으로 이루어지게 되었다.

제2차 세계대전 이후, 서독과 동독은 자유민주주의와 공산사회주의 제도를 도입해서 경쟁을 시작했지만, 결과는 서독의 완승으로 끝이 났다. 인권 문제와 풍요한 경제를 획득한 서독에 대한 동독인들의 갈망은 공산사회주의 체제에 대한 염증을 불러일으켰다. 동독인들은 동독의 개혁 대신 서독으로의 통합을 희망했다. 빌리 브란트는 처음부터 사회주의 체제가 민주주의 체제를 우선할 수 없고, 공산주의 경제가 자본주의 경제를 이길 수 없다는 것을 알고 있었다.

하지만 1970년대 초반, 총리가 된 빌리 브란트가 처음 동방정책을 제시했을 때, 서독 내부의 반응은 좋지 않았다. 빌리 브란트의 동방정책은 제2차 세계대전 만행을 사죄하는 것으로부터 시작되었기 때문에, 서독인들은 굳이 그렇게 자존심을 굽혀서까지 기약도 없는 통일을 준비하는 것이 옳으냐는 태도였다. 보수정당 기민당(Christlich-Demokratische Union)을 필두로 한 보수 언론과 여론은 빌리 브란트에 대한 불신임 투표를 몰아붙였다. 다행히 근소한 차이로 의회의 재신임을 얻어 내긴 했지만, 빌리 브란트는 동방정책을 계속 추진해 나가는 데 방해요소가 많았다. 그렇지만 빌리 브란트는 굽히지 않고 동방 정책을 추진해 나갔고, 서독은 주변국은 물론 동독의 신뢰까지 얻으며 마침내 독일 통일의 위업을 이룩하게 되었다.

1990년 10월 3일 독일이 통일되었을 때, 빌리 브란트는 1987년 사민당 당수를 끝으로 정계를 은퇴하고, 세계 평화 운동에 전념하고 있었다. 독일의 통일 방식은 빌리 브란트가 예측한 대로 동독 흡수였다. 또한 동독이 서독에 편입되면서, 통일 독일은 새롭게 헌법을 제정하지도 않았다. 1949년 빌리 브란트가 제정에 참여한 서독의 '본 기본법'의 헌법을 계승한 것이다. 가장 먼저 민주주의 헌법의 개념을 완성한 독일이 헌법이라는 용어 대신 기본법이라는 표현을 사용하고 있는 현실은 민주주의를 파괴하고, 전체주의로 변질한 독일 역사의 불쾌한 증거로 남아 있다. 독일 통일 과정에서 막대한 지원활동을 펼쳤던 빌리 브란트는 독일 통일을 목도하고, 2년 뒤 사망했다.

3) 불의하면 항거하라!

문재인 후보가 바로 유신 헌법 반대 학생운동에 참여한 유신헌법 반대의 주체 세력이었다. 문재인 후보는 문재인은 3년간의 군 복무를 마치고 사법시험을 준비하던 1980년에도, '12·12군사반란' 세력에 항거하는 시위를 주도한 저항 세력이었다. 문재인 후보는, 대한민국의 민주정신을 유린하면 항거했던 「3·1운동」과 「4·19 정신」의 계승자이다.

문재인 후보의 총선 출마는 반법, 사법으로 이어진 법과 연계된 세 번째 도전이다. 그리고 국회의원 당선으로 결정된 입법 참여는 제18대 대통령 선거 출마 가능성으로 이어지고 있다. 대통령 출마는 문재인 후보에게 법과 관련된 네 번째 도전인 준법, 즉 헌법 정신의 수호를 의미한다.

준법은 법률이나 규칙을 좇아 지키는 것뿐만 아니라, 법을 제정한 연원을 지키는 것을 포함한다. 법에 대한 보수적인 입장은 법의 정신을 지키는 것이고, 진보적인 태도는 상황과 현실의 변화에 따라서 법의 정신을 변용할 수 있다는 것이다. 문재인 후보가 유신헌법에 대한 반법 투쟁을 벌인 것은 유신헌법이 1948년 7월 17일 제정되어 공포된 『대한민국 헌법』의 기본 정신을 유린했기 때문이었다. 문재인 후보가 대학에서 제적당하고 군대로 끌려간 것이나, 사법 시험에 합격하고도 마지막까지 가슴을 졸였던 것은 『대한민국 헌법』의 준법 투쟁을 벌였던 것이었다. 문재인 후보는 헌법을 어기자고 투쟁을 한 것이 아니라, 헌법을 지키자고 시위를 했던 것이다. 『대한민국 헌법』 정신을 수호하기 위해 목숨을 걸고 투쟁한 문재인 후보는 그런 의미에서 『대한민국 헌법』의 보수 세력이라고 할 수 있다.

대한민국 정치사는 그동안 이러한 본래적 의미의 보수와 진보의 개념을 혼란스럽게 만들어 왔다. 보수의 진정한 의미인 새로운 것이나 변화를 반대하고 전통적인 것을 옹호하며 유지하려 하는 태도 대신, 기득권을 유지하고, 보호하는 것을 보수로 착각하게 만든 것이다. 따라서 자연스럽게 진보는 역사 발전의 합법칙성에 따라 사회의 변화나 발전을 추구하는 것이 아니라, 민주주의가 아닌 다른 형태의 정치 이데올로기에 대해 호의적인 태도인 것처럼 오해하게 만들었다.

헌법학적 입장에서 볼 때, 「대한민국 헌법」의 본래 정신을 수호하려는 쪽이 보수이다. 따라서 「대한민국 헌법」의 정통성을 수호하기 위한 학생들과 민주시민들이 진정한 보수였고, 오히려 「대한민국 헌법」을 악용해서 권력을 찬탈하려던 세력, 헌법의 용도를 역사 발전에 따라 변용하려던 세력이 진보진영이었다. 그러므로 민주통합당에 속해 있는 문재인 후보는 진보계 인사로 구분되지만, 실제 대한민국 헌정사에서 독재 권력에 항거한 문재인 후보는 진정한 의미의 보수라고 할 수 있다.

60년의 인생에서 3법을 통해 대한민국 민주주의 발전에 기여해온 문재인 후보의 네 번째 도전은 바로 「대한민국 헌법」 정신을 수호하는 준법, 즉 통일 헌법의 완성이다. 남북통일은 한반도의 모든 갈등을 일시에 터뜨리는 갈등의 분출구가 될 수도 있고, 모든 갈등을 일시에 흡수하는 용광로가 될 수 있다. 대한민국 사회의 어떤 갈등도 남북 갈등 앞에서는 해결 못할 갈등이라고 할 수는 없다. 대한민국 사회 내부의 갈등을 포용하고, 뛰어넘어야 남북통일에 나설 수가 있는 것이다. 제18대 대한민국 대통령이 된다면, 문재인 후보는 국민이 국가를 합리화하는 유일무이한 근간인 통일 헌법을 완성해야 한다.

문재인 후보의 준법은 「대한민국 헌법」의 전문 조항의 실현으로 나타날 것이다. 이미 집권 여당의 핵심 실세인 비서실장까지 경험하고, 「대한민국 헌법」이 정한 합법적인 절차에 따라 제19대 대한민국 국회의원이 된 문재인 후보는 더 이상 「대한민국 헌법」 유린에 대한 반법 투쟁에 나설 수는 없다. 문재인 후보는 이미 스스로가 법률제정권을 가진 입법기관이고, 제18대 대통령이 된다면 대통령 선서를 해야 하기 때문이다. 대한민국 대통령 선서는 헌법을 준수하고 국가를 보위하며 조국의 평화적 통일과 국민의 자유와 복리증진 및 민족문화의 창달에 노력하여 대통령직을 성실히 수행할 것을 국민들 앞에 엄숙히 약속해야 한다.

문재인 후보는 이제부터 1948년 7월 17일 대한민국은 민주공화국이고, 대한민국의 주권은 국민에게 있고, 모든 권력은 국민으로부터 나온다고 세계만방에 선포한 「대한민국 헌법」 정신을 상기해야 한다. 그리고 유구한 역사와 전통에 빛나는 우리 대한국민은 3·1운동으로 건립된 대한민국임시정부의 법통과 불의에 항거한 4·19민주이념을 계승하고, 조국의 민주개혁과 평화적 통일의 사명에 입각하여 정의·인도와 동포애로써 민족의 단결을 공고히 하고, 모든 사회적 폐습과 불의를 타파하며, 자율과 조화를 바탕으로 자유민주적 기본질서를 더욱 확고히 하여 정치·경제·사회·문화의 모든 영역에 있어서 각인의 기회를 균등히 하고, 능력을 최고도로 발휘하게 하며, 자유와 권리에 따르는 책임과 의무를 완수하게 하여, 안으로는 국민생활의 균등한 향상을 기하고 밖으로는 항구적인 세계평화와 인류공영에 이바지함으로써 우리와 우리 자손의 안전과 자유와 행복을 영원히 확보할 것을 다짐해야 한다. 대한민국 국민들이 문재인 후보에게 기대하는 것은 문재인 후보가 자신의 미래를 두려워하지 않고 「대한민국 헌법」을 보수하기 위해 헌신했던 준법 청년이었기 때문이다.

문재인 후보가 제18대 대통령 선거에서 당선되면 대통령으로 「대한민국 헌법」을 완성해야 한다. 불행하게도 「대한민국 헌법」은 미완의 헌법이다. 대한민국이 민주공화국이라는 사실이 미완인 것이 아니라, 대한민국이 3·1운동으로 건립된 대한민국 임시정부의 법통을 이어받았음에도 불구하고 통일된 조국을 이루지 못했기 때문이다. 「대한민국 헌법」은 3조에서 대한민국의 영토는 한반도와 그 부속도서로 한다고 밝히고 있다. 그리고 4조에서 대한민국은 통일을 지향하며, 자유민주적 기본질서에 입각한 평화적 통일정책을 수립하고 이를 추진한다고 천명한다.

그러나 지금까지 「대한민국 헌법」의 3조는 실현되지 못한 조항이었다. 1953년 7월 27일에 성립한 '한국군사정전에 관한 협정'에 의해 설정된 군사분계선 이북의 지역은 대한민국의 실효적 지배가 이루어지지 않았기 때문이다. 서독이 통일 전에 국회에 동독 의원들 지분의 의석을 마련하고, 이러한 사실을 '본 기본법'에 명시해 놓았던 것처럼, 「대한민국 헌법」에 적시된 영토는 통일 이후를 상정하고 작성된 내용이다.

최근 탈북 이탈주민들이 급증하고 있다. 이민은 어느 사회에서나 존재하는 것이지만, 북한 체제를 부정하는 이탈주민이 급증하고 있다는 사실은 북한 체제의 위기 신호로 받아들여야 한다. 동독과 마찬가지로, 북한도 더 이상 공산사회주의 체제를 지속할 수 없는 단계에 이를 수 있다. 그것은 독일 통일의 경우에서처럼, 당사국인 동독의 의지와 관계없이 인권 문제와 풍요한 경제를 요구하는 북한 주민들의 요구와 북한의 후원국인 중국의 급격한 사회 변화로 인해 벌어질 수 있는 돌발적인 상황이 될 것이다.

"이제는 평화가 경제입니다. 남북경제연합을 통해 경제 분야에서 부터 통일을 향해 나아가겠습니다. 우리에게는 새로운 성장 동력이 필요합니다. 북한은 한반도 경제를 넘어 대륙경제로 진출하는 기회의 땅이 될 것입니다. 남북경제연합은 우리 대한민국을 '30-80시대'로 이끌 것입니다. 1인당 국민소득 3만 달러와 인구 8천만의 한반도시장을 의미합니다. 우리 대한민국이 미국, 독일, 일본에 이어 네 번째 '30-80' 국가가 될 것입니다. 북한도 함께 발전하는 공동번영의 시대가 열릴 것입니다. 저는 대통령에 당선되면 북한에 특사를 보내 취임식에 초청할 것입니다. 임기 첫 해에 남북정상회담을 추진하겠습니다."

문재인 후보는 후보 민주통합당 대통령 후보 수락 연설을 통해 남북 관계의 개선, 더 나아가 남북통일에 대한 분명한 미래 청사진을 피력했다. 가슴 설레고, 흥분되는 일이다.

남북통일은 반드시 감당해야 할 사명이기도 하지만, 한편으로 넘기 힘든 벽이기도 하다. 내전 없이 강대국에 의해 강제 분단된 독일과 달리, 남북은 내전으로 분단되었다. 6·25한국전쟁으로 인한 피해 당사자들이 생존하는 지금, 과거를 역사로 돌리는 일은 쉽지 않다. 대한민국은 근대화 과정의 인권 탄압도 역사로 돌릴 수 없을 만큼 여전히 대립적이다. 그렇다면 더 많은 사람이 죽어간 6·25한국전쟁으로 분단된 남북 관계를 극복하고 통일로 이룩하자는 주장은 어떻게 실현될 수 있을까?

남북통일 방식은 이미 문재인 후보가 민주통합당 대통령 후보 수락 연설을 통해 밝힌 '30-80시대'에 분명히 나타나 있다. '30-80시대'

라는 말은 결국 30,000달러의 국민소득을 올릴 대한민국의 5,000만 명이 북한 주민 3,000만 명을 흡수통일하겠다는 의미이다. 궁극적으로 남북통일은 흡수통일 방식이 될 수밖에 없다. 독일 통일도 경제력과 민주주의 발전을 이룩한 서독이 동독을 흡수한 방식이었다. 그러한 남북통일을 위해서, 문재인 후보에게는 독일 통일의 초석을 닦은 서독 총리 빌리 브란트와 같은 역할을 할 수 있다.

빌리 브란트는 독일 통일의 과업을 자신의 운명으로 여겼다. 남들에게는 우연으로 여겨질 수 있는 사건도 자신에게는 필연적인 사건이라고 여기는 사람에게 운명의 힘은 위력을 발휘한다. 1933년 아돌프 히틀러가 정권을 장악하고, 나치 독재가 시작되었을 때, 20살 청년 빌리 브란트는 자신이 독일의 미래를 위해 무언가 일을 하게 될 것임을 직감했다. 고등학교만 졸업한 조선소 노동자 출신의 사회주의 운동을 하던 빌리 브란트의 운명 자각이었다.

그때부터 빌리 브란트의 운명은 생각지 못했던 방향으로 흘러나갔다. 여타의 정치 활동을 제압하던 나치 정권을 피해, 빌리 브란트는 20살의 어린 나이에 정치망명을 떠나야 했다. 그리고 1945년 독일이 패전을 할 때까지 12년간 노르웨이에서 반 나치 운동을 전개하며, 망명생활을 해야 했다. 빌리 브란트가 독일로 돌아온 때는 전쟁 도발의 책임을 물어 독일이 강제 분단되기 직전인 1945년이었다.

빌리 브란트는 독일 연방의회의 초대, 제2대 의원으로 당선되어 정치활동을 시작했다. 독일 연방의회는 비록 동서분단의 비극 속에서 개원을 했지만, 동독 의원들을 위한 좌석을 마련하는 통일을 지향하는 의정활동을 전개했다. 빌리 브란트는 독일 통일을 위한 노력이 자신에게 맡겨진 운명이라는 사실을 깨달았다. 20살 청년으로 독일을 떠날 때 느꼈던 독일과 관련된 운명의 실마리를 찾은 것이다.

빌리 브란트의 운명이 독일 통일과 관련된 것이라는 사실을 확인시켜준 상황은 베를린 장벽 건설이었다. 두 차례의 연방의원을 거쳐 서베를린 시장이 된 빌리 브란트는 자신의 재임 시절에 베를린 장벽이 건설되는 상황을 목도해야 했다. 같은 민족이 하나의 도시를 벽으로 나눠 고립시키는 모습을 보면서, 빌리 브란트는 언젠가 자신이 나서 베를린 장벽을 허물어야겠다고 마음을 정했다.

빌리 브란트의 동방정책은 이러한 배경 속에서 탄생했다. 1969년, 서독의 제4대 총리에 취임한 빌리 브란트는 서독이 취해 왔던 할슈타인 정책을 과감하게 포기했다. 할슈타인 정책이란 서독은 소련을 제외하고, 동독이 외교관계를 가진 국가들과는 절대 외교 관계를 갖지 않겠다는 정책이었다. 빌리 브란트는 이러한 외교자세는 분단을 고착시킬 것이라고 생각했다. 빌리 브란트는 소련이 제2차 세계대전 이후 획정한 동독의 국경안을 받아들였다. 독일 통일을 위해, 동독 영토 일부를 내주겠다는 의도였다. 서독 국민들과 미국이 반발했지만, 아랑곳하지 않았다.

그리고 제2차 세계대전 중에 독일의 가장 큰 피해를 입은 폴란드를 찾아갔다. 그리고 피해자들의 대부분이 유대계인 무명용사의 묘역에서 무릎을 꿇고 사죄를 했다. 독일 국민을 대표해서 폴란드 국민들 앞에 용서를 구한 빌리 브란트의 행위는 독일에 대한 피해 국가들의 반감을 급속도로 반감시켰다. 동유럽도, 서유럽도, 빌리 브란트의 화해정책에 동조하기 시작했다.

1972년, 미국, 소련, 영국, 프랑스 등 제2차 세계대전 승전국들은 베를린 협정을 체결하며, 동서화해를 시도했다. 덕분에 그해 12월, 서독은 동독과 동서기본법을 체결했다. 서독은 그 여세를 몰아, 체코슬로바키아, 헝가리, 폴란드 등과 국교를 회복하며 통일을 위한 제반환경을 조성하기 시작했다. 1974년, 빌리 브란트는 통일 기반을 마련하고 물러났고, 1989년 독일 장벽 붕괴를 보았다.

대한민국은 이념에 의한 내전으로 분단되었다. 그리고 200만 명의 사상자와 1,000만 명의 이산가족이 발생한 6 · 25한국전쟁 휴전 이후, 약 60년간 적대적 대치 상황으로 발전되어 왔다. 상대를 주적으로 삼는 교육 과정과 군사 의무를 수행한 남북한 주민들에게는 여전히 적대적인 감정이 남아 있다. 문제는 남북통일이 가시화되는 국제 정세의 변화이다. 남북의 의지와 관련 없이, 주변국의 갑작스러운 변화로 인해 통일이 실현될 수 있는 상황이 된 것이다.

문재인 후보의 제18대 대통령 선거 출마는 그동안 우리가 잊고 있었던 절반의 조국과의 통일을 목표로 해야 한다. 평생 대한민국 헌법 정신의 수호를 위해 투쟁해 왔던 문재인 후보는 군사분계선 이북의 동포들도 진작부터 대한민국 헌법의 영향력 아래에 있었던 대한민국 국민들이라는 사실을 일깨우는 지도자가 되어야 한다. 북한의 인권 문제는 대한민국의 산업화 과정에서 나타난 인권 탄압과는 비교할 수 없는 처참한 상황이다. 탈북자 3만 명 시대를 맞는 지금, 북한의 인권 문제는 경제 문제 못지않게 중요한, 대한민국이 남북통일의 주체가 되는 근거이다.

헌법 정신을 수호하기 위해 평생 투쟁해온 문재인 후보는 분단된 조국 현실과 압제받는 북한 동포들의 현실이 헌법정신에 위배되는 불의라고 느끼는가?

"불의하면 항거하라!"

4장

문화: 이수만의 "신나게 즐겨라!"

1. 이수만의 『SM 엔터테인먼트』

1) 『소녀시대』

대한민국 여성 그룹 『소녀시대』가 미국의 인기 토크쇼에 출연한 것은 K-POP 역사상 전례가 없는 일이었다. 『소녀시대』는 미국 현지 시간으로 2012년 1월 31일 저녁 미국 CBS 간판 토크쇼 '데이비드 레터맨 쇼'에 이어, ABC TV의 인기 토크쇼 '라이브 위드 켈리(LIVE! with Kelly)'에 출연해 미국 시청자들에게 첫 인사를 했다. 『소녀시대』는 두 프로그램에서 미국 진출을 겨냥해서 준비한 'The Boys'를 열창했다. 『소녀시대』는 NBC의 연예정보 프로그램 'Extra TV'에도 출연하며, 미국 3대 공중파 방송사에 동시에 출연하는 기록을 세웠다.

『소녀시대』의 미국 공중파 방송의 인기 토크쇼 출연이 미국 진출의 신호탄이 될지, 아시아에서 주목받는 K-POP 그룹에 대한 일회성 관심으로 끝날지는 시간을 두고 지켜볼 일이다. 『소녀시대』는 토크쇼 출연 직전에 발표된 2월 4일자 빌보드 앨범차트에서 신인 인기 순위에 해당하는 '히트시커스 앨범(Heatseekers Albums)' 부문 22위에 이름을 올렸고, 월드차트에서도 2위에 올랐었다.『소녀시대』는 2012년 5월 19일자 빌보드 월드 차트에서도 계속해서 태연, 티파니, 서현 3명이 참여한 유닛『태티서』의 미니앨범「트윙클」을 2주 연속 톱 5 안에 진입시키고 있다.

『소녀시대』는 2007년 8월 2일 첫 싱글「다시 만난 세계」를 발매하며 데뷔한 여성 9인조 그룹이다. "소녀들이 평정할 시대가 왔다"는 의미를 갖고 있는『소녀시대』는 각각 대한민국 국적과 미국 국적을 가진 한국인 소녀 태연, 제시카, 써니, 티파니, 효현, 유리, 수영, 윤아, 서현 등의 9명으로 구성되어 있다. 아시아 한자권에서는 소녀시대(少女時代)로, 영어권에서는 소녀시대의 이니셜인 SNSD나 Girls' Generation으로 불린다.

『소녀시대』는 2007년 11월 1일, 첫 정규 앨범『소녀시대』를 발매했고,「Kissing You」와「Baby Baby」로 음악 순위 1위에 올랐다.『소녀시대』는 데뷔 앨범부터 4연속 10만 장 판매의 기록을 세웠는데, 이것은 음반시장이 활성화했던 1980년대의 100만 장 판매 이상의 의미를 갖는다.

『소녀시대』는 2009년 12월 29일 "Into the New World"라는 아시아 투어 개최를 시작으로 본격적인 해외활동에 나섰다. 또한 2010년 9월 8일 싱글 앨범「Genie」를 발매하며 일본 데뷔를 했는데,「Genie」는 일본 오리콘 데일리 차트 2위에 올랐다.『소녀시대』의 두 번째 싱글 앨범「Gee」는 발매 첫 주에 6만 장을 판매해서, 오리콘 데일리차트 1위에 올랐고, 위클리 차트에서도 2위를 기록했다.『소녀시대』의 세 번째 싱글 앨범 「Mr. Taxi/Run Devil Run」도 같은 기록을 세웠고, 석 장의 싱글 앨범은 모두 15만 장 이상이 팔렸다. 『소녀시대』는 2011년 12월 31일에 "홍백가합전"에 출연했다.

2011년 『소녀시대』의 "홍백가합전" 출전은 2010년 9월 8일 일본 데뷔 싱글 「Genie」를 발매하고 1년 3개월 만에 이루어진 일이다. 해당 연도 히트곡을 낸 가수들만 출전하는 일본 NHK의 대표적인 음악 프로그램 "홍백가합전"에 출연했다는 것 하나만으로도 2011년 한 해 동안 『소녀시대』가 보인 활약이 얼마나 대단했는지를 짐작할 수 있다. 2011년 NHK의 "홍백가합전"에는 2011년에 히트곡을 낸 모두 55개의 팀과 개인이 참가했다.

2012년 1월의 『소녀시대』 미국 진출은 2011년 미국과 유럽, 남미의 앨범 출시에 이어서 이루어졌다. 『소녀시대』는 2011년 11월에 마이클 잭슨(Michael Jackson)의 프로듀서로 활동했던 세계 3대 프로듀서 가운데 한 명인 에드워드 테디 라일리(Edward Theodore Riley)의 프로듀싱으로 'The Boys'를 유니버설 레코드 계열사에서 출시했다. 『소녀시대』의 미국 공중파 방송 토크쇼 출연은 이러한 앨범 발매의 후속 작업이었다.

『소녀시대』의 'The Boys'는 유럽에서는 영국과 프랑스의 음반 레이블인 폴리도르 레코드를 통해 발매되었다. 『소녀시대』의 유럽용 스페셜 앨범 'The Boys'도 선풍적인 인기를 얻었다. 프랑스의 경우, 발매 일주일 만에 팝과 록 부분 톱 20위에 진입하는 성과를 올렸다. 『소녀시대』는 이 여세를 몰아, 대한민국 가수로는 처음으로 프랑스 공중파 방송사 France2의 'Le Journal De 20H'와 인터뷰를 하고, 유명TV 토크쇼인 'Le Grand Journal'에 출연했다.

앨범이 출시된 남미에서도 『소녀시대』의 인기는 대단하다. 브라질

REDE TV의 연예 프로그램인 'Leitura Dinamica'은 브라질의 K-POP 열풍과 함께 한류의 주역 『소녀시대』를 특별히 소개하기도 했으며, 칠레와 아르헨티나 등에서는 『소녀시대』를 모방한 그룹이 등장하기도 했다. 『소녀시대』는 남미 진출도 시간문제일 것 같다.

『소녀시대』의 해외 진출은 현재까지 성공적이라고 평가할 수 있다. 『소녀시대』는 해외에 진출한 K-POP 가수들 가운데 가장 효과적인 대중음악 활동을 전개했다. 세계적인 프로듀서의 지휘 아래 음반을 제작하고, 진출국의 전국적인 유통망을 가진 레코드 회사와 계약을 맺어 음반을 발매하고, 대표적인 공중파 프로그램에 출연해 공연을 했다. 그리고 『소녀시대』에 대한 요구가 절정으로 달아올랐을 때, 콘서트를 개최해서 『소녀시대』의 진가를 확인시켜 주었다.

2012년 5월 현재, 『소녀시대』는 명실공히 대한민국 최고의 음악 그룹이다. 그리고 세계로 뻗어 나가는 한류의 주역이기도 하다. 『소녀시대』는 음악과 무용뿐만 아니라, 의상과 헤어스타일까지 세계 유행을 선도하고 있다. 『소녀시대』는 이제 세계인들에게 K-POP을 대표하는 것이 아니라, 대한민국을 상징하고 있다.

2) 『SM 엔터테인먼트』

2012년 8월 20일 현재, 『SM 엔터테인먼트』의 주당 가격은 48,650원이고, 시가총액은 1조 원대이다. 1,022개 코스닥 상장 기업 가운데, 시가 총액 상위 11위를 차지하고 있다. 『SM 엔터테인먼트』는 6개월 전 52,480원 기록했고, 2012년 4월 24일 37,300원으로 가격이 떨어졌다가 최근 회복세로 돌아서고 있다.

코스닥 시장에서 『SM 엔터테인먼트』와 같은 규모의 회사는 『포스코 ICT』를 꼽을 수 있다. 포스코그룹 계열의 IT 및 엔지니어링 전문업체인 『포스코 ICT』는 2012년 5월 12일 현재, 주당 가격은 7,500원이며, 시가총액은 1조 277억 원을 기록하고 있다. 코스닥 8위 업체인 『포스코 ICT』는 2011년 11월 현재까지, 정규직과 비정규직 직원을 합쳐 2,230명이 재직하고 있다. 『포스코 ICT』는 2011년 한 해 동안만 1조 64억 원 매출에 267억 원의 영업이익을 올리는 IT 서비스회사이다.

2012년 4월 30일 건설 인프라 구축을 위해 건설업으로 업종 변경을 하고 사업 영역을 확대한 『포스코 ICT』와 『SM 엔터테인먼트』가 비교될 수 있다는 사실은 놀라운 일이다. 『SM 엔터테인먼트』는 2011년 연 매출액이 1,099억 원, 영업이익이 208억 원에 불과하고, 정규직과 비정규직 직원을 합쳐 300명 남짓한 연예 기획사이다. 이런 『SM 엔터테인먼트』가 『포스코 ICT』와 같은 제조업체와 코스닥 시장에서 어깨를 나란히 할 수 있다는 것은 좀처럼 믿어지지 않는 일임에 틀림없다.

하지만 『SM 엔터테인먼트』는 코스닥 시장에서 『포스코 ICT』와 비슷한 규모의 회사로 평가받는다. 주가는 정부나, 금융기관이 고시하는 것이 아니라, 주식시장에서 수요와 공급으로 결정되는 가격이다. 『SM 엔터테인먼트』의 주당 가격이 48,650원, 시가총액은 1조 원대에 이른 것이나, 『포스코 ICT』의 주당 가격이 7,060원, 시가총액이 역시 1조 원이 된 것은 주식시장에서 주주들이 결정한 일이다. 주식시장이 『SM 엔터테인먼트』의 주당 가격을 48,650원으로 결정한 것 역시 주식시장이 『SM 엔터테인먼트』의 내재 가치를 감안해서 결정한 일이고, 이것이 바로 『SM 엔터테인먼트』의 2012년 8월 20일 현실인 것이다.

『SM 엔터테인먼트』가 액면 500원짜리 주식을 97배나 높은 가격으로 평가받는 이유는 매출액과 영업 이익 이외에, 높은 성장 잠재력 때문이다. 매출액과 영업 이익은 제조업체들과 비교하기 힘들 만큼 낮다고 할 수 있지만, 성장 잠재력은 제조업체들과 비교해서 손색이 없을 정도이다. 『SM 엔터테인먼트』는 삼성전자나 현대자동차 못지않게 브랜드화에 성공한 연예인들을 보유한 연예 기획사이기 때문이다.

『SM 엔터테인먼트』는 현재 한류 붐을 조성한 가수, 연기자, 코미디언을 보유하고 있다. 대표적인 소속 가수로는 소녀시대를 비롯해서, 보아, 동방신기, 트랙스, 슈퍼주니어, 샤이니, The Blue, f(x) 등이 있다. 연기자로는 김민종, 유호정, 이재룡, 윤다훈 등이 있고, 코미디언으로는 틴틴파이브, 김미진, 김승현 등이 있다. 이외에도 대한민국 방송계를 선두하는 연예기획사답게 많은 연예인들과 계약관계를 맺고 있다. SM 타운으로 명명된 해외 공연이 따로 있을 정도로, 『SM 엔터테인먼트』 소속 연예인들의 인기와 위력은 대단하다

『SM 엔터테인먼트』의 이러한 상업적 성공은 제조업체의 제품생산 방식처럼 소속 연예인들을 발굴, 교육, 홍보하는 과정을 통해서 이루어졌다. 『SM 엔터테인먼트』의 경영전략은 과거 도박방식으로 접근하던 연예산업에 기업 경영이론을 도입한 것이다. 『SM 엔터테인먼트』는 연예 소비자인 대중의 기호와 취향 변화를 분석하고, 예측해서, 대중이 원하는 연예상품을 제공했다.

『SM 엔터테인먼트』의 진가는 가수 분야에서 두드러진다. 『SM 엔터테인먼트』의 출발이 1990년대 초반 힙합 가수 현진영을 데뷔시키며, 가수 위주로 기획사를 운영했던 방식이었기 때문이다. 과거 전성기를 누렸던 남성 그룹 HOT, 신화, 동방신기와 가수 보아를 비롯해,

현재 활동하고 있는 연예인들은 『SM 엔터테인먼트』의 경영전략이 탄생해 낸 음악 상품이라고 할 수 있다.

『SM 엔터테인먼트』는 10대 초·중반의 청소년들 가운데, 재능이 뛰어난 지망생들을 선발해서 노래와 율동, 작곡 등을 가르치고, 연예인으로서 필요한 인성과 예절, 외국어 등을 교육시킨다. 세상 물정도 모르는 청소년들에게 지나친 상업적 교육이 아닌가 하는 우려나, 비난이 없는 것도 아니지만, 스포츠와 예술 영재들이 더 어린 나이에 전문분야에 뛰어드는 것과 비교하면 그리 이른 나이도 아니다.

1990년대 중반 이후부터, 『SM 엔터테인먼트』는 소속 가수들의 해외진출을 염두에 둔 경영방식을 채택하고 있다. 일본과 중국을 비롯해서, 미국에까지 진출한 보아 때문이었다. 보아는 2003년 3월 13일 일본에서 발매된 첫 정규 앨범 『LISTEN TO MY HEART』로 오리콘 주간 앨범 차트 1위를 기록했고, 일본 내에서만 1,000만 장의 음반을 판매했다. 그리고 2005년에 중국에 진출해서, 2006년 중국에서 가장 인기 있는 10대 남녀가수 가운데 한 명으로, 2009년에는 중국에서 가장 인기 있는 여자가수 1위에 선정되기도 했다.

가수 보아의 해외 진출 성공으로, 『SM 엔터테인먼트』는 소속 가수들의 국내 성공 후 해외 진출이라는 성공방정식을 적용하고 있다. 소녀시대를 비롯해서, 동방신기, f(x), 샤이니 등은 이러한 『SM 엔터테인먼트』의 성공방정식이 적용된 그룹들이다. 현재 『SM 엔터테인먼트』에 소속된 가수들은 SM타운이라는 이름으로 일본, 중국, 미국, 유럽, 남미 등의 독립 해외공연을 펼칠 수 있을 만큼 인지도를 확보하고 있다.

3) 이수만

　이수만(1952. 6. 18.~) 회장이 『SM 엔터테인먼트』의 전신인 SM 기획을 설립한 것은 1989년 2월이었다. 당시 만 37세였던 이수만 회장은 MBC FM에서 음악 프로그램을 진행하고 있었다. 가수와 MC로서 활약이 돋보이는 청년시절을 보냈던 이수만 회장이 서서히 중견연예인으로 자리를 옮겨 가고 있는 시점이었다.

　이수만이라는 이름 석 자는 이미 대한민국 연예계에 널리 알려져 있었다. 1972년 가수로 데뷔한 이수만 회장은 1989년 당시 이미 10여 장의 음반을 발표한 인기 가수였고, 텔레비전의 대형 쇼 프로그램 사회자와 라디오의 FM 프로그램의 진행자로 주가를 높이던 대형 MC였다. KBS와 MBC 양대 방송에서 주요 프로그램을 번갈아 맡길 만큼 신뢰하는 연예인이었다.

　이러한 신뢰는 이수만 회장 개인적 특성에서 비롯되었다. 사실 이수만 회장은 대학 강단에 서도 좋을 조건을 갖추고 있었다. 이수만 회장은 경복고와 서울대학교를 졸업하고, 미국 캘리포니아 주립대학에서 당시로서는 생소한 컴퓨터 엔지니어링을 공부한 재원이었다. 당시 연예계에서는 흔치 않은 이력이었다.

　뿐만 아니라, 이수만 회장은 1970년대 후반에 연예계를 강타한 '대마초 파동'이 일어났을 때에도 건재했던 도덕성을 갖추고 있었다. 히트곡을 가진 가창력과 방송 진행력에, 명문대학을 졸업한 해외 유학 파임에도 불구하고 겸손한 성격은 이수만 회장의 장점이었다. 이수만 회장은 대중에게 귀감이 되어야 할 연예인으로서의 자질과 능력을 충분히 갖추고 있었다.

그런 이수만 회장이 SM 기획을 설립한 것은 다소 의외였다. 1989년은 종편과 위성방송은 물론, 공중파 방송국인 SBS도 개국하기 전이었다. 당시에는 연예기획사에 대한 인식 자체가 확립되지 않았던 때였고, 연예 기획사는 조직 폭력배와 연계되어 있다는 속설만 간간이 흘러나오던 상황이었다.

하지만 이수만 회장의 SM 기획은 연예계에 연착륙하지 못했다. 공들여 영입한 SM 기획의 데뷔 작품인 가수 현진영이 몇 차례 불미스러운 사건으로 상업적 성공을 거두는 데 실패했기 때문이었다. 1989년 SM 기획 설립을 발표한 이수만 회장이 1996년까지 MBC에서 생방송 프로그램을 진행했던 것도 기획사 운영에 필요한 경제적인 필요를 충족시키기 위한 과정이었을 것으로 추측된다.

이수만 회장이 설립한 SM 기획이 본격적으로 자리를 잡기 시작한 것은 1995년 『SM 엔터테인먼트』라는 이름으로 회사명을 바꾸고, 제2의 창업에 나선 때부터였다. 이때부터 『SM 엔터테인먼트』는 이수만 회장이 기획한 가수들을 발표하기 시작했다. 1996년 HOT, 1997년 SES, 1998년 신화와 B-BOYS'C, 1999년 Fly to the Sky, 2000년 BoA에 이르기까지 『SM 엔터테인먼트』 소속 가수들은 나오는 대로 히트했다. 2012년까지 『SM 엔터테인먼트』는 매년 한 개 정도의 그룹 가수나, 가수들을 발표하고 있는데, 여전히 흥행 불패의 신화를 이어 가고 있다.

『SM 엔터테인먼트』의 지분 20%를 가지고 있는 이수만 회장의 재산은 약 2,000억 원으로 추산된다. 대한민국 연예인 가운데 가장 많은 돈을 번 사람이 이수만 회장이다. 『SM 엔터테인먼트』 소속 연예인들의 활약이 늘어 간다면, 이수만 회장은 지금까지 번 돈보다 더 많은 돈을 벌 것이 틀림없다.

이수만 회장이 『SM 엔터테인먼트』를 설립해서 성공한 것은 우연이 아니다. 이수만 회장은 연예업을 산업으로 혁신한 공로로 부를 축적한 것이다. 1989년 이수만 회장이 SM 기획을 설립할 당시, 대한민국의 연예업은 봄에 씨 뿌려서 가을에 수확하는 농업과 같은 1차 산업 수준이었다. 가수가 노래를 만들어서 히트 하면 대중가수가 되고, 알아주지 않으면 언더그라운드 가수로 남는 상황이었다.

이수만 회장은 『SM 엔터테인먼트』를 설립해서, 소비자가 원하는 제품의 디자인과 설계를 해서 공산품처럼 생산한 기획 가수를 선보였다. 소비자가 원하는 개념은 3차 산업인 서비스업의 특성이었고, 디자인과 설계를 해서 공산품처럼 생산한 것은 2차 산업의 특성이었다. 이수만 회장은 대중이 좋아할 가수의 이미지를 마련해서, 이미지에 맞는 지망생들을 선발해서, 똑같은 제품이 되도록 숙련된 기술을 연마시켜, 대중에게 선보였다.

이수만 회장은 이러한 작업을 자신이 설립한 『SM 엔터테인먼트』를 통해서 실현했다. 1989년 『SM 엔터테인먼트』의 전신인 SM 기획이 설립될 때 대중은 대한민국의 연예 산업에 혁명적 변화가 불어닥칠 것을 예측하지 못했다. 그저 연예인으로 잔뼈가 굵은 명문대 졸업생이 연예인 정년퇴직을 준비하는 수준으로만 생각했을 것이다.

그렇지만 『SM 엔터테인먼트』 소속 가수들은 5대양 6대주를 누비며, K-POP를 통해 한류를 전하고 있다. 그리고 『SM 엔터테인먼트』는 설립 24년이 지난 지금, 코스닥 상위 10위 그룹이 되었다. 이수만 회장은 1989년 『SM 엔터테인먼트』 설립을 통해, 대한민국 연예업을 산업으로 육성하며, 산업의 규모를 확장한 공로자이다.

2. 대한민국 대중 가요계

이수만 회장의 『SM 엔터테인먼트』는 일제 강점기부터 시작된 대한민국 가요 전통을 계승하고 있다. 대한민국 가요계는 전통적으로 가수 중심의 가요 전통을 가지고 있다. 이러한 가창자 중심의 전통은 민요나, 판소리에도 나타나는 경향성이다. 작곡가나, 작사가보다, 가수에게 집중하는 현상은 노래가 가수의 것이라고 믿는 한민족의 특성 때문이다. 가수에 대한 집중은 노래보다 가창자의 개성에 관심을 두고 있다는 뜻도 된다.

유랑극단 시대의 김정구는 노래를 통해서 한국적 정서를 한국인의 뇌리에 심은 가수이다. 한국인들은 많은 작곡가들의 노래를 부른 김정구는 기억되어도, 김정구가 부른 많은 노래의 작곡가와 작사가는 기억하지 않는다. 국민가수로 불리는 조용필은 자신이 부르는 노래를 자신이 작사·작곡하거나, 제작 의뢰한 가수이다. 자신이 설정한 이미지에 맞는 곡을 만들어 부른 가수 조용필은 가요를 산업으로 발전시킨 최초의 대한민국 가수이다. 산업 발전 단계 측면에서 볼 때, 조용필의 가요 산업은 가내공업 단계를 중소기업 형태로 발전시켰다. 이수만 회장은 조용필의 중소기업 형태를 분업형태의 대기업 형태로 발전시켰다.

1) 유랑가수 김정구

가수 김정구(金貞九, 1916. 7. 15.~1998. 9. 25.)는 대중가수로는 처음으로 1980년에 문화훈장 보관장을 수훈했다. 문화훈장은 문화예술

발전에 공을 세워 국민문화 향상과 국가 발전에 기여한 공적이 뚜렷한 사람에게 대한민국 정부가 수여하는 훈장이다. 문화훈장은 5등급으로 구분된 문화훈장 가운데, 보관장은 1등급 금관장, 2등급 은관장이에 이어 3등급에 해당하는 훈장으로, 정식 명칭은 보관문화훈장이다.

가수 김정구 이전, 역대 문화훈장 음악분야 수훈자들의 면면은 화려하다. 가곡 '가고파'의 작곡가 김동진(1973), 대한민국 최초의 오페라단을 이끌었던 성악가 김자경(1974), 국악 학문화에 힘쓴 국악학자 장사훈(1976), 가곡 '그리워'의 작곡가 채동선(1979) 등이 음악 분야에 대한 공로로 문화훈장을 받은 인물들이다.

1980년 가수 김정구가 문화훈장을 수여받은 것은 정부가 대중음악의 의미와 역할에 대한 이해를 넓힌 것으로 볼 수 있다. 1980년 이전까지, 서양음악과 한국음악으로 양분된 것으로 인식하는 대한민국 음악계에서 대중음악은 정식음악으로 인정받지 못하고 있었다. 소위 트로트라고 불리는 엔카풍의 가요가 대중음악의 중심이 되었다는 사실로 인해 반일 감정을 가진 국민들은 대중음악에 대해 폄하적인 태도를 가지고 있었다.

하지만 한국전쟁 전후로 소개된 미국의 Pop 음악이 점차 자리를 잡게 되고, 미 8군 쇼 무대에서 데뷔한 가수들이 대중 가수로 등장하면서, 민요와 트로트 이외에 팝 양식의 대중음악도 대한민국 대중음악으로 뿌리를 내리게 되었다. 1960년대부터는 그룹사운드 음악도 등장했고, 재즈, 블루스, 록에 이어, 월드 뮤직도 소개되면서 대한민국 대중음악의 지평을 넓히기 시작했다.

대한민국 대중음악이 본격적으로 성장한 것은 1970년대 산업화였다. 통기타와 함께 포크 음악이 확산되면서, 대중음악은 유신헌법에 저항하는 학생운동에까지 활용되었다. 이렇게 해서 1970년대 후반까지, 대한민국 대중음악은 민요와 트로트, 팝송과 세계 음악, 학생운동가요 등이 종합된 말 그대로 남녀노소 대중 전체를 아우르는 통속음악이 되었다.

대한민국 대중음악의 지평 확장은 녹음기와 전축의 보급, 텔레비전과 라디오라는 매스 미디어를 통해 힘입어 비약적으로 성장했다. 저가에 공급된 녹음기와 전축은 수십만 장의 음반을 판매한 가수들을 연이어 배출했고, 각 방송사들은 가수들을 초대해서 음악 프로그램을 만들기에 분주했다. 대한민국 대중음악은 1970년대에 규모 면에서 전 세대와 비교할 수 없을 정도로 성장했고, 그 결과가 결국 가수 김정구의 1980년 문화훈장 보관장을 수훈으로 어이진 것이다.

일제 강점기인 1936년 4월에 함경남도 원산 출신의 가수 김정구는 최선이라는 여가수와 함께 듀엣곡 「삼번통 아가씨」를 취입하며, 가수로 데뷔했다. 데뷔 초기에는 주목을 받지 못했다. 연기자 출신의 가수 친형 김용환을 따라 연예계에 입문했지만, 김용환과 비슷한 창법으로 인해 차별성을 보이지 못했기 때문이다.

하지만 1938년 2월 신보로 만요풍의 「왕서방 연서」가 히트하며, 본격적인 인기가수의 길을 걸었다. 「왕서방 연서」는 일본어로도 번역되어 출반될 정도로 인기가 높았다. 가수 김정구는 이 여세를 몰아 1938년 「바다의 교향시」와 「눈물 젖은 두만강」을 발표했다. 이 곡들은 훗날 가수 김정구의 대표곡이 되었다.

가수 김정구가 인기를 얻기 시작한 1930년대 후반은 일제강점기 아래에서 대중음악이 발전하던 시기였다. 「황성옛터」의 이애리수, 「술은 눈물이냐 한숨이냐」의 채규엽, 「조선팔경」의 선우일선, 「타향살이」의 고복수, 「애수의 소약곡」의 남인수, 「목포의 눈물」의 이난영 등의 대가수들이 활약하고 있었다. 가수 김정구는 별들의 전쟁 속에 연이어 히트곡을 내면서, 자신의 위치를 확보하기 시작했다.

가수 김정구는 1939년부터 '조선악극단'에서 남인수, 이인권 등과 함께 주요 멤버로 활동하기 시작했고, 광복 후에는 친형 김용환이 주재하는 '태평양악극단'에서 활약했다. 그리고 한국전쟁 이후에는 전옥이 운영하는 '백조가극단'에서 활동했다. 매스 미디어가 발달하지 않았던 1960년대 이전까지, 연예인들은 직접 대중을 찾아다니는 극단 중심으로 활동했던 것은 세계적인 추세였다.

한국전쟁 이후, 가수 김정구는 미국 음악의 영향권으로 음악 방향을 선회했다. 월북 작사, 작곡가들의 곡을 더 이상 부를 수 없게 되자, 가수 김정구는 새로운 노래들을 발표해야 했다. 맘보 열풍을 반영한 「코리안 맘보」와 「맘보 잠보」 등을 발표하면, 가수 김정구는 광복 전의 인기를 유지했다.

실향민인 가수 김정구가 「눈물 젖은 두만강」을 다시 부를 수 있었던 것은 행운이었다. 작사가 김용호와 작곡가 이시우가 모두 대한민국에 있었기 때문에, 가수 김정구는 새롭게 발표한 노래들 외에 「눈물 젖은 두만강」을 재취입하게 되었다. 「눈물 젖은 두만강」은 KBS 라디오가 매일 낮 12시뉴스 직후에 방송한 『김삿갓 북한 방랑기』라는 모노드라마의 주제곡으로 1964년 5월부터 11,000회가 방송된 30년 동안 사용되었다. 『김삿갓 북한 방랑기』를 통해, 「눈물 젖은 두만강」은 대한민국 남녀노소가 모두 가사와 음조를 기억하는 국민가요가 되었다.

대중 매체가 발달하지 않았던 일제 강점기, 가수 김정구는 유랑극단 소속 가수로 전국 방방곡곡을 돌아다니며 노래를 불렀다. 가수 김정구의 노래는 나라 잃은 백성들의 상처받은 마음을 위로했다. 광복 이후 6·25한국전쟁과 전후 혼란기에도 가수 김정구는 노래를 불렀다. 만요(1930년대 발흥했던 희극적 대중가요)에서 왜색 트로트, 미국을 거쳐 온 라틴 맘보에 이르기까지 다양한 장르의 음악을 소화한 가수 김정구의 음악생애는 대한민국 대중음악사 자체였다. 대한민국 대중음악 발전과 「눈물 젖은 두만강」을 부른 공로를 인정받아 1980년에 문화훈장 보관장을 수훈했다.

2) 국민가수 조용필

가수 조용필(趙容弼, 1950. 3. 21.~)은 대한민국 국민가수로 불리는 가수이다. 가수 조용필은 1968년 컨트리 웨스턴 그룹 애트킨즈의 리타리스트로 데뷔해서, 1979년 첫 정규 앨범 『창밖의 여자』를 발표한 이후 49장의 정규, 비정규 앨범을 발표했다. 그사이 가수 조용필은 '가왕'으로 불리며, 대한민국 대중음악사에 길이 남을 대기록들을 수립해 왔다.

가수 조용필의 데뷔 앨범 『창밖의 여자』는 대한민국 최초로 100만 장을 발매하는 기록한 앨범이다. 이 음반에는 다양한 장르의 노래가 담겨 있었는데, 「창밖의 여자」는 발라드였고, 「한오백년」은 민요, 「돌아와요 부산항에」는 트로트, 「너무 짧아요」는 록, 「단발머리」는 디스코였다. 다양한 음악 장르를 통해, 폭넓은 팬을 확보하려는 음악 전략은 적중했고, 가수 조용필은 대한민국 최초의 밀리언셀러라는 기념비를 세웠다.

데뷔 앨범 『창밖의 여자』로 100만 장 발매 기록을 세운 이후, 가수 조용필은 발표하는 앨범마다 계속 100만 장 발매라는 기록을 이어 간다. 데뷔 앨범을 발매한 1980년에 발표한 2집 『촛불』, 1981년 3집 『강원도 아리랑/ 고추잠자리』, 1982년 4집 『못 찾겠다 꾀꼬리/ 비련』, 1983년 5집 『산유화/ 친구여/ 나는 너 좋아』, 1984년 6집 『바람과 갈대/ 눈물의 파티/ 정의 마음』, 1985년 7집 『여행을 떠나요/ 눈물로 보이는 그대』, 1985년 8집 『허공/ 킬리만자로 표범』은 음반마다 차이는 있지만, 대략 100만 장 안팎의 누적 판매량을 기록했다.

가수 조용필은 데뷔 앨범에서 다양한 장르의 음악을 소화해 냈듯이, 가수 조용필은 발표하는 앨범마다 새로운 음악들에 대한 도전을 멈추지 않았다. 가수 조용필이 장르 가수로 불리지 않는 이유는 변화하는 음악 환경에 적응하려는 노력 때문이었다. 가수 조용필은 발라드, 트로트, 댄스, 팝, 록, 펑키, 동요, 민요는 물론, 뮤지컬까지 도전을 하며, 대한민국에 소개된 대부분의 음악 장르를 시도했다. 가수 조용필에게는 어떤 새로운 장르의 음악도 자기화할 수 있는 탁월한 음악적 재능이 있었다.

이러한 도전과 노력은 대중에게 고스란히 전달되었고, 다양한 팬을 확보한 가수 조용필은 1994년에 대한민국 가수 최초로 음반 판매량 1,000만 장을 기록했다. 그리고 2003년 18집 『태양의 눈/ 오늘도/ 꿈의 아리랑』을 발표하며 2012년 현재까지 2,000만 장 이상의 음반을 판매한 것으로 공식 집계되고 있다. 가수 조용필은 대한민국에서 가장 많은 음반을 판매한 가수이다.

1980년 11월 서울국제가요제 금상 수상을 시작으로, 가수 조용필은 1980년부터 1986년까지 KBS, MBC, TBC 등 각 방송사의 각종 대중가요 관련 대상을 석권했다. 4집 앨범에 실려 있던 타이틀 곡 「못 찾겠다 꾀꼬리」는 KBS 음악 순위 프로그램 『가요 톱 10』에서 10주 연속 1위를 차지하며, 1위 횟수 제한 제도를 만들게 할 정도였다. 1986년 말, 가수 조용필은 대한민국 공중파 방송국의 가수왕에 오르지 않겠다는 선언을 하고, 국내에서는 라이브 공연을 위주로 활동을 하며, 해외로 진출했다.

가수 조용필은 이미 1983년 NHK 홀에서 대한민국 가수 최초로 콘서트를 열며 일본 내에서 이름을 알리기 시작했고, 1984년 4월「돌아와요 부산항에」로 일본 CBS-SONY 골든 디스크상 수상하며 팬을 확보하기 시작했다. 가수 조용필이 본격적으로 일본에 진출한 것은 1986년 『추억의 미아1(想いで迷子)』을 발표하면서부터였다. 이 앨범으로 가수 조용필은 일본에서 대한민국 가수 데뷔 앨범 100만 장 돌파라는 신기록을 세우고, 100만 장 돌파를 기념하는 일본 골든 디스크상 수상했다. 가수 조용필은 일본에서만 600만 장의 음반 판매를 기록하며, 일본 NHK '홍백가합전'에 1987년부터 1990년까지 4회 연속, 그리고 1992년까지 총 5회 출연했다.

가수 조용필의 대표곡「돌아와요 부산항에(釜山港へ帰れ)」는 일본 국민가수 미소라 히바리(美空 ひばり)와 일본에서 활약했던 중화권 국민가수 등려군(鄧麗君)까지 부를 정도로 선풍적인 인기를 끌었다.「돌아와요 부산항에(釜山港へ帰れ)」는 2008년 6월 25일 흑인가수 제로(ジェロ)가 리메이크 음반을 할 때까지 30명이 넘는 일본 가수들이 리메이크했고, 일본 내에서는 대표적인 대한민국 가요로 알려져 있다. 가수 조용필은 일본에서 엔카의 황제로 불린다.

가수 조용필의 해외 공연은 1980년 6월의 미국 카네기홀 공연과 1981년 5월의 미국 카네기홀 초청 공연을 필두로, 데뷔 초반부터 매년 이루어져 왔다. 1982년 3월 일본 문화방송 30주년 기념 공연과 4월 「고추잠자리」로 미국 AMPEX사 골든릴 상을 수상한 것은 가수 조용필에게 해외진출에 대한 자신감을 심어 준 계기였다. 전년도인 1981년 골든릴 상 수상자는 스웨덴 출신 혼성그룹 ABBA였다.

가수 조용필은 1984년 7월 도쿄 고라쿠엔 야구장에서 『Pax Musica 84』를 시작으로 일본 전국을 순회 공연했고, 1985년 11월에는 홍콩 콜리시움 홀에서 『Pax Musica 85』를 통해 동남아시아 공략에 나섰다. 이후 가수 조용필은 대한민국과 일본, 중화권과 동남아시아를 넘어, 해외동포들을 중심으로 중동과 미국 공연을 지속하며, 대한민국 대중음악을 세계에 알렸다.

가수 조용필은 2005년 8월 14일, 광복 60년을 기념한 여론조사에서 「광복 이후 가장 영향력 있었던 인물(연예인 부문) 1위」에 선정되었고, 아흐레 뒤인 8월 23일 『Pil & Peace 평양 류경정주영체육관 공연 '제주에서 평양까지'』를 공연했다. 가수 조용필은 2010년 5월 28일과 29일 이틀간 잠실 올림픽 주경기장에서 『Love in Love』 공연을 통해 10만 명 매진의 대기록을 세웠다.

가수 조용필은 대중음악에 경영 시스템을 도입한 최초의 가수이다. 가수 조용필은 자신의 음악활동만을 전담하는 YPC 프로덕션을 설립해서, 공연기획과 운영, 홍보 등을 체계적으로 관리하고 있다. 또한 국내 최정상급 연주자들로 구성된 개인 밴드 '위대한 탄생'과 함께 공연을 하며, 최고의 연주를 하고 있다. 그리고 방송사나 기획사의 음향시설과 엔지니어 대신, 자신의 기획사가 준비한 음향시설과 엔지니어를 통해 원하는 수준의 음악을 만들어 낸다. 가수 조용필은 2012년 5월 현재도 전국의 체육관과 종합운동장을 중심으로 한 대규모 콘서트를 진행하고 있다. 2003년 정부는 대한민국 대중음악에 끼친 공로를 높이 평가하며 가수 조용필에게 문화훈장 보관장을 수여했다.

3. 일본 대중 가요계

일본의 가요계는 가수나, 가창자보다, 노래 자체를 중시하는 전통을 가지고 있다. 기록 문화가 뛰어난 국민적 특성일 수도 있고, 노(能), 가부키(歌舞技), 닌교조루리(人形淨瑠璃) 등의 극단을 중심으로 한 다양한 무대 예술이 발달한 결과일 수도 있다. 극단마다 명인이 있었지만, 수십 년, 수백 년 동안 계속되는 공연을 통해서 작품이 더 중시되는 경향성을 갖게 되었기 때문이다.

일본 엔카를 구축했다고 인정받는 고가 마사오는 5,000곡 이상을 작곡해서 발표한 것으로 알려져 있다. 작곡가 고가 마사오는 무수한 엔카를 제공하며, 가수들에게 노래를 부르게 한 엔카 공장이라고 할 수 있다. 자니스 사무소를 통해 일본 대중음악을 산업화한 자니 기타가와는 일본 무대극의 전통을 계승한 사람이다. 일본은 이미 4,500년 전부터 연예 산업이 기업형태로 자리를 잡고 있었다. 대기업화한 일본의 대중음악이 세계화하지 못한 것은 1억 3천만 명이나 되는 충분한 시장으로 인해 굳이 해외진출을 할 필요를 느끼지 않은 것과 일본적 전통과 감성에 몰입해서 외국인들을 끌어들일 호객 요소를 잃어버렸기 때문이다.

1) 국민영예 작곡가 고가 마사오

작곡가 고가 마사오(古賀政男, 1904. 11. 18.~1978. 7. 25.)는 일본 엔
카의 전성기를 만든 인물이다. 일본 정부는 이러한 고가 마사오의 음
악적 업적을 기려, 제2회 국민영예상을 수여했다. 1977년 제정된 국
민영예상은 2012년 현재까지 모두 일본을 빛낸 개인 18명과 단체 1팀
이 수상한 일본 최고의 국가 명예 대상이다.

국민영예상 1대 수상자는 프로야구 선수로 756호 홈런을 쳐 세계
신기록 달성한 오 사다하루(王貞治)였고, 2대 수상자 고가 마사오의
뒤를 이어 3대 수상자는 300여 편의 영화에 출연한 전설적 배우 하세
가와 가즈오(長谷川一夫)였다. 일본을 대표하는 국민가수라는 평가를
받고 있는 미소라 히바리(美空ひばり)가 1989년 7대 국민영예상 수상
자였던 것을 감안하면, 고가 마사오에 대한 일본 정부와 국민들의 평
가가 얼마나 대단한 것인지 짐작할 수 있을 것 같다.

고가 마사오가 작곡한 노래는 약 5,000곡 정도라고 추산된다. 고가
마사오의 곡을 받은 가수들은 미소라 히바리에서부터, 고가 마사오의
곡을 받아 계속 히트시켜 고가 마사오를 인기 작곡가의 반열에 오르
게 한 구스노키 시게오(楠木繁夫), 일본 전후 대중가요의 정상에 머물
렀던 기리시마 노보루(霧島昇), 1992년 9대 국민영예상을 수상한 후지
야마 이치로(藤山一郎), 일본 엔카의 황금기를 연 시마쿠라 지요코(島
倉千代子), 홍백가합전 26회 출장 기록을 가진 고바야시 사치코(小林幸
子)에 이르기까지 다양하다.

고가 마사오는 1904년 일본 후쿠오카에서 태어난 고가 마사오는
1911년 일곱 살의 나이로 조선으로 건너와서, 메이지 대학 입학 전까

지 조선의 경성에서 생활했다. 고가 마사오는 조선에서 기타와 만돌린 등을 배웠고, 음악에 관심을 갖기 시작했다. 일본인인 고가 마사오가 조선에서 청소년기를 보내며 성장한 것은 훗날 일본에서 작곡가로 활동할 때에 큰 영향을 끼쳤다. 고가 마사오는 선린 상업고등학교에 입학할 즈음부터 대중음악에 관심을 갖기 시작했다.

조선에서 성장한 고가 마사오는 일본에 없던 조선의 독특한 대중음악정서를 받아들이게 되었다. 일터를 놀이터로 바꾸는 조선 특유의 낙천적 사고와 남녀노소 모두 가무를 즐기는 여흥의 분위기, 그리고 조국 상실로 인해 생겨난 망국의 슬픔과 혼란한 사회상으로 인해 생겨난 한의 정조 등에 대한 이해는 고가 마사오의 작곡 세계에 귀중한 자산이 되었다. 이러한 감성적 풍요를 고가 마사오는 엔카에서 사랑, 이별, 눈물, 원망 등으로 구현했다.

조선의 트로트와 일본의 엔카가 같은 뿌리라는 주장은 일본 엔카의 전성기를 연 고가 마사오의 성장환경과 엔카에 녹아든 조선의 대중음악 정서, 그리고 일제 강점기에 같은 문화권에 속해 있었던 조선과 일본의 특수성 때문이다. 당시에는 일본에서 인기를 얻은 엔카를 조선에서 조선 가수를 통해 발표하게 하거나, 조선에서 인기를 얻은 트로트를 일본에서 발표하게 하는 경우가 있었다. 인간의 희로애락은 동서고금을 막론하고 공통적인 것인 데다, 의식주 생활방식이 비슷한 지근거리의 조선과 일본이 같은 음악에 공감하는 것은 자연스러운 일이었다.

고가 마사오는 작곡가 데뷔 초기부터 일본에서 선풍이었다. 일본에는 엔카라는 대중음악의 형태는 있었지만, 비장미를 갖춘 선율을 표현한 것은 고가 마사오가 처음이었다. 고가 마사오를 일본 엔카의

시조로 보는 것은 실제적인 일본 엔카의 출발을 고가 마사오로 보기 때문이다. 고가 마사오는 『사케와 나미다카 사케이키카(酒は涙か溜息か)』를 작곡해서 1931년 가수 후지야마 이치로에게 부르게 했는데, 일본에서 엄청나게 히트를 했다. 그러자 이 곡은 같은 해 곧바로 한국어로 번안되어 가수 채규엽이 『술은 눈물인가 한숨인가』로 불렀고, 역시 한국에서도 높은 인기를 얻었다.

그러자 고가 마사오의 곡 『사케와 나미다카 사케이키카(酒は涙か溜息か)』와 전수린이 작곡해서 『아다나세카(仇情)』를 모방한 것 같다는 주장이 일본 박문관(博文館)에서 출판한 잡지 '신세이넨(新靑年)'에서 제기되었다. 1926년 『황성옛터』의 작곡가 전수린(全壽麟)이 발표한 『고요한 장안』이 조선에서 인기를 끌자, 일본의 빅타 레코드사는 조선 가수 이애리수에게 『고요한 장안』을 일본어로 번안한 『아다나세카(仇情)』으로 부르게 해서 크게 히트했었다. 이러한 상황을 알고 있는 강점국 일본의 지식인 사회가 고가 마사오의 곡을 피지배국 조선의 유행가를 흉내 낸 모방곡으로 비난한 것이다. 대한민국의 트로트와 일본의 엔카가 한 뿌리라는 이야기는 여기에서 비롯되었다.

하지만 고가 마사오는 지속적으로 엔카를 작곡해서 발표했고, 이러한 인기 속에 고가 마사오가 조선 트로트를 모방했다는 비난은 이내 수그러들었다. 그리고 오히려 그 대신 고가 마사오가 일본 전통 음악과 정서를 대변하는 엔카의 시조로 자리 잡게 되었다. 제국주의 강점국 일본의 입장에서 피지배국 조선의 문화를 답습해서 대중문화를 성장시키고 있다는 것은 공개하기 힘든 일일 수 있기 때문이었다.

일제 강점기 조선에서 성장한 고가 마사오는 조선의 유행가 선율을 통해 자기만의 엔카 선율을 정립할 수 있었다. 고가 마사오에게 수여된 제2회 국민영예상은 바로 일본 엔카에 대한 개념 정립과 발전에 대한 공로 때문이다. 고가 마사오는 5,000여 곡의 엔카 작곡을 통해서, 엔카가 무엇인지를 일본인들에게 알려 주었다.

일본 엔카가 본격적으로 확립된 1930년대부터 1970년대까지는 대중가수 전성시대가 아니라, 엔카 작곡가 고가 마사오의 일본 대중음악 1인 통치시대였다. 작곡가 고가 마사오가 가수 미소라 히바리나, 후지야마 이치로보다 먼저 국민영예상을 수상한 것은 바로 1인 작곡가 시대를 거쳐, 국민 가수 시대가 개막된 일본 대중음악사의 현실 때문이었다. 불세출의 작곡가 고가 마사오는 수십, 수백 명의 엔카 가수를 통해 자신의 엔카관을 확산시켰다.

2) 『자니스 사무소』의 대부 자니 기타가와

자니 기타가와(ジャニー喜多川, 1931. 10. 23.~)는 일본 최고의 연예 매니지먼트 자니즈 사무소(ジャニーズ事務所)의 설립자이다. 자니스 사무소는 1975년에 설립된 이후, 일본 연예 산업을 이끌어 왔다. 자니스 사무소 소속의 연예인들은 매일 일본의 공중파 방송의 오락 프로그램에 모습을 드러내고 있다.

현재 일본 최고의 인기 그룹 SMAP과 아라시(嵐)를 비롯해서, 1980년과 1990년대 NHK 홍백가합전 8회 연속 출전의 기록을 세웠던 쇼넨타이(少年隊), 일본 최고의 밴드로 지난 20년간 일본을 호령한 TOKIO 등이 자니스 사무소 소속이다. 이외에도 V6, 타키 앤 츠바사(タッキー＆翼), NEWS, 칸쟈니∞(関ジャニ∞), Hey! Say! JUMP, Kis-My-Ft2 등도 자니스 사무소 소속 그룹이다.

자니스 사무소는 종합연예 매니지먼트이지만, 주로 가수들 중심으로 사무소를 운영하고 있다. 자니스 사무소 소속 솔로가수로는 1980년대에 대한민국에서도 인기를 얻었고, 『긴기라긴니 사리게나쿠(ギンギラギンにさりげなく)』를 불렀던 곤도 마사히코(近藤真彦), 가수뿐만 아니라 연기자로서도 정상에 섰던 오카모토 겐이치(岡本健一), 90년대 가수와 MC, 연기자로 활동했던 우치우미 고지(内海光司)를 비롯해서, 사토 아츠히로(佐藤アツヒロ), 이쿠타 도마(生田斗真), 아카니시 진(赤西仁), 야마시타 도모히사(山下智久) 등이 있다.

자니스 사무소가 영화배우와 탤런트, MC, 개그맨 등을 따로 보유하지 않는 것은 소속 가수들이 가수로서뿐 아니라, 연기자와 MC로 충분히 활약을 하고 있기 때문이다. 예를 들어, 5인조 남성그룹 SMAP은 멤버들이 공동 사회를 보는 후지TV의 『스마스마(SMAP X SMAP)』 등을 진행하고 있고, 역시 5인조 남성그룹 아라시(嵐)는 NTV에서 『아라시노 슈쿠다이쿤(嵐の宿題くん)』이라는 자기들만의 토크쇼를 가지고 있다.

이러한 소속 가수들의 멀티플레이 방식은 자니스 사무소의 경영방침이라고 할 수 있다. 가수를 단순하게 노래만 부르는 전문연예인이 아닌, 대중과 다양한 방식으로 호흡하는 종합연예인으로 육성하는 것은 일본 사회에서는 이채로운 방식이다. 일본은 전통적으로 하나의 직업에 종신토록 매진한다는 직업천직 사고를 전통적으로 유지하고 있기 때문이다.

자니스 사무소는 유망주를 선발해서, 자니스 주니어(ジャニーズJr)라는 연습생 제도를 거치게 한다. 혹독한 연습기간인 자니스 주니어 시절에도 물론 다양한 연예활동을 할 수 있다. 드라마의 조연이나, 단

역, 쟈니스 사무소 소속 가수들의 백댄서 참여와 같은 쇼프로그램 출연 등이 주 업무이다. 쟈니스 사무소는 쟈니스 주니어 가운데 성장가능성이 있는 인재를 정식으로 쟈니스 사무소 연예인으로 발탁해서, 본격적인 활동을 시킨다.

이러한 쟈니스의 극단운영방식은 일본의 무대극단 전통과 미국의 연예흥행업을 절묘하게 접목시킨 형태이다. 대중문화가 발달했던 일본은 중세시대에 인기를 끌었던 노(能)와 교겐(狂言), 근세시대에 출현한 닌교조루리(人形淨瑠璃)와 가부키(歌舞伎) 등을 공연하는 극단의 전통이 있었다. 남성 배우 중심의 극단들은 위계질서가 엄격하고, 침범할 수 없는 고유 영역이 있었다. 쟈니스 사무소는 이런 일본 전통 무대극단들처럼 남성 중심으로 운영되며, 드러나지 않는 철저한 계급제도가 존재한다.

쟈니스 사무소의 설립자인 쟈니 기타가와는 일본 극단의 전통에 미국식 경영방식으로 도입했다. 미국에서 청소년기를 보낸 쟈니 기타가와는 쟈니스 사무소를 설립하기 전에, 소년 야구단을 운영했던 적이 있다. 야구와 함께, 미국 대중문화의 영향을 받고 자란 쟈니 기타가와는 쟈니스 사무소의 경영도 미국 방식을 도입했다. 즉, 함께 야구를 하되, 포지션과 타순이 다른 야구선수들처럼, 같이 무대에 서되 위치와 역할이 다른 멤버들로 구성된 남성그룹을 만든 것이었다. 그래서 쟈니스 사무소 소속 그룹에는 절대적인 지휘권을 발휘하는 리더가 있고, 리더의 명령을 준수하는 멤버들의 복종이 있다.

쟈니스 사무소는 1975년 설립 초기부터 10대 전후의 청소년들을 선발해서 혹독한 수련과정을 통해 연예인으로 육성해 왔다. 이러한 영재발굴과 철저한 교육은 일본 대중문화예술계의 일반적 전통이었다. 자니스 사무소는 전문교사들을 통해, 가창, 댄스, 인성, 예절교육 등을 통해, 전문 연예인을 육성시켰다. 그리고 대중이 요구하는 이미지를 가진 그룹을 설정해서, 그룹에 적합한 멤버들을 선발하고 치밀한 계산 속에 작사·작곡된 노래와 율동을 통해 일본 대중음악시장을 장악해 왔다. 자니스 사무소는 1980년대부터 쇼넨타이 등을 히트시키며, 일본의 연예계의 평균 연령을 10년 이상 낮추었다. 현재 자니스 사무소는 일본 대중음악의 최상위 인기 아이돌 가수들의 거의 전부를 소유하고 있다고 해도 과언이 아니다.

자니스 사무소의 이러한 일본 대중음악 지배는 미국 대중문화를 효과적으로 일본화한 자니 기타가와의 경영 철학에서 비롯되었다. 자니스 사무소 출현 이후, 일본의 대중음악은 대기업에 소속되어 분업화된 업무를 담당하는 대기업 사원과 같은 전담 역할이 주어진 전문가수 시대로 접어들었다. 자니 기타가와는 수공업 단계에 머물던 일본 대중음악을 공장제 대기업 형태로 전환시킨 혁명을 일으켰다.

4. 『SM 엔터테인먼트』의 서역정벌

1) SM제국과 수만스칸

스포츠 스타들의 해외 진출과 세계 1위, 대기업 공업 제품의 세계시장 점령과 세계 1위는 이제 익숙한 일이 되었지만, 『SM 엔터테인먼트』의 해외시장 진출은 상상도 못한 일이었다. 과거 조용필, 계은숙 등의 대한민국 가수들이 일본에 진출한 전례가 있기에, 『SM 엔터테인먼트』소속 가수 보아가 일본 오리콘 차트에서 여러 차례 1위를 차지한 것도 같은 문화권인 아시아이기에 가능했던 일이라고 치부한 것이 사실이다.

하지만 『SM 엔터테인먼트』소속 가수들이 미국의 연예 프로그램에 출연하고, 남미 국가들에서 대한민국 가수들에게 공연을 와 달라고 시위를 한다거나, 이름도 생소한 동유럽 국가들의 청소년들이 대한민국 가수들의 노래를 따라 부르는 것은 보통 놀라운 일이 아닐 수 없다. 이집트와 인도 같은 아프리카와 서아시아 국가들에서도 대한민국 가수들의 노래가 인기를 끌고 있다는 것은 2012년 대한민국 가요계가 맞이한 엄연한 현실이다.

대한민국 가수들의 동영상을 실시간으로 다운받을 수 있는 인터넷 발전 환경도 『SM 엔터테인먼트』의 해외 진출에 한몫을 한 것이 사실이지만, 그것은 대한민국만 받은 IT 기술력의 혜택은 아니다. 대한민국이 동영상을 송출할 수 있는 기술력을 가진 것처럼, 외국의 여러 나라들도 동영상을 다운받을 수 있는 기술력을 가지고 있다. 이제 세계는 동 시간 문화권이 되었다.

『SM 엔터테인먼트』소속 가수들이 해외에서 인기를 얻을 수 있는 것은 인기를 얻을 만한 조건을 갖추고 있기 때문이다. 수려한 외모와 탄탄한 가창력, 그리고 음악을 효과적으로 전달할 수 있게 만드는 댄스 실력까지 갖춘 가수들은 수년간의 연습생 기간을 거쳐, 완벽에 가까운 상태에서 대중에게 노출된다. 과거와 달리, 신체 조건도 서양인들과 동등한 상태인 터라, 갈색 머리와 노란 피부는 오히려 신비감을 자극한다.

『SM 엔터테인먼트』소속 가수들은 어린 시절에 연습생 과정을 거치며, 대중예술 전문가로부터 다양한 교육을 받는다. 인성에서부터, 상식, 외국어, 해외 문화 등은 기본이고, 무대 매너, 분장, 화장 등도 각 분야 전문가들의 협조를 받아 최고 수준으로 준비한다. 『SM 엔터테인먼트』 소속 가수들의 언행과 동작과 행동 하나 하나에 투자된 비용은 상상을 초월할 정도이다.

『SM 엔터테인먼트』 소속 가수들은 세계가 공감할 수 있는 음악을 준비해서 발표한다. 대중의 기호와 취향 변화를 고루 살핀 기획팀에 의해서, 작사와 작곡이 이루어진 노래를 세계 수준의 연주팀과 엔지니어들이 결합해서, 최고의 상품으로 제작해 내는 것이다. 작곡과 작사, 연주팀과 엔지니어들은 경우에 따라서 외국인이 될 수도 있다.

이렇게 제작된 음악을 대기업의 무역 업무를 담당하는 해외 담당 부서의 관계자들과 같은 『SM 엔터테인먼트』 마케팅 전문가들이 다양한 경로를 통해서, 해외로 판촉활동을 한다. 경우에 따라서는 해외의 연예 기획사와 동업을 하기도 하고, 세계 배급망을 가진 음반 회사들과 연대하기도 한다. 이것이 『SM 엔터테인먼트』 소속 가수들이 국내는 물론, 해외에서 인기를 끌 수밖에 없는 이유이다.

2012년 5월 22일, 『SM 엔터테인먼트』는 2012년 1분기의 영업 실적을 발표했다. 1월부터 3월까지의 매출액이 384억 7천만 원이었다. 영업이익은 117억 2천만 원이었고, 순이익은 94억 원이었다. 2011년 1분기 영업 실적과 비교하면, 영업이익은 377.9%, 순이익은 784.3% 각각 증가한 것이다.

『SM 엔터테인먼트』의 이러한 실적은 놀라운 것이지만, 『SM 엔터테인먼트』의 영업 방식이 새로운 것은 아니다. 1970년대부터 해외로 진출한 대한민국 대기업들의 해외 무역 상사 영업 방식을 고스란히 모방한 것이기 때문이다. 인적 자산 외에는 가진 것이 없던 해외 무역 상사들은 알래스카에서 냉장고 팔고, 아프리카에서 난방기 파는 식의 황당한 무역전쟁을 전개했었다.

『SM 엔터테인먼트』는 대한민국 음악은 세계 음악의 주류가 될 수 없다는 고정관념에 도전을 한 것이다. 전자제품, 자동차, 선박도 만들어 파는데, 노래라고 만들어 팔지 못하랴는 터무니없는 발상으로 해외 음악시장에 도전을 한 것이다. 12세기 중반, 아무도 거들떠보지 않던 바이칼 호 근처의 옛 시베리아에서 태어난 칭기즈 칸이 아시아와 유럽을 아우르는 대제국을 건설했던 것처럼, 『SM 엔터테인먼트』의 이수만 회장은 소속 가수들을 앞세우고 세계 음악시장을 호령하고 있다.

2) 북유럽의 음악 바이킹 『아바(ABBA)』

A.D. 1200년 무렵, 100만 명의 몽골인들을 모아 세계를 정복한 칭기즈 칸을 떠올리는 『SM 엔터테인먼트』의 이수만 회장의 행보는 북유럽의 음악 바이킹 『아바(ABBA)』가 걸어간 길을 걷고 있다.

스웨덴의 예테보리에서 출생한 비요른 울바이우스(Bjorn Ulvaeus, 1945. 4. 25.~)와 스톡홀름에서 태어난 베니 앤더슨(Benny Andersson, 1946. 12. 16.~)은 1966년부터 듀오로 활동했다. 이 두 사람은 스웨덴 내에서 나름대로 인기를 얻고 활동했다.

1972년 비요른 울바이우스과 베니 앤더슨은 「People Need Love」란 곡을 작곡하며, 레코딩을 했다. 노래는 자신들이 부르고, 여성 백 보컬로 자신들의 여자 친구들을 활용했다. 백 보컬로 참여한 여성들은

스웨덴 옌체핑 출신의 아그네사 할트스코그(Agnetha Faltskog, 1950. 4. 5.~)
와 노르웨이 나르비크 출생의 아니 후리드 린지스타드(Anni Frid Lyngstad,
1945. 11. 15.~)였다.

이들 네 사람이 함께 부른 「People Need Love」는 스웨덴에서 예상
밖의 호응을 얻었다. 그러자 비요른 울바이우스과 베니 앤더슨은 두
여성 백 보컬을 싱어로 앞세우고, 1973년부터 본격적인 혼성 그룹 활
동을 시작했다. 그 그룹은 네 사람의 이름의 첫 글자를 딴 『아바
(ABBA)』였다.

『아바(ABBA)』는 1973년부터 1982년까지 10년간 활동하면서, 9장의
공식 앨범을 발표했다. 미국에 진출한 『아바(ABBA)』는 이 곡들 가운
데 9곡을 빌보드 차트 1위에 올렸다. 현재까지 『아바(ABBA)』가 세계
각국에서 판매한 앨범은 약 4억 장이 넘는 것으로 나타났다.

『아바(ABBA)』의 미국 시장 진출은 의외의 일로 여겨졌다. 『아바(ABBA)』
진출 전까지, 세계 음악의 중심이라고 여겨지던 빌보드 차트에 외국 음악
인이 장기적으로 진출한 사례는 없었다. 1963년 후반부터 1970년대 초
까지 활약한 『비틀스(The Beatles)』가 있었지만, 『비틀스(The Beatles)』는
미국의 뿌리라고 할 수 있는 영어권 국가였다.

『아바(ABBA)』는 영어 가사로 노래를 부르기는 했지만, 미국 진출
전까지 4명의 멤버 모두 스웨덴과 노르웨이에서 생활하던 북유럽 사
람들이었다. 부드러우면서도 몽환적이고, 강렬하면서도 서정적인 북
유럽의 정서는 미국을 중심으로 한 서구 사회에서도 생소한 것이었다.

『아바(ABBA)』는 1974년 유로비전 송 콘테스트 우승 계기로 유럽활
동을 시작했다. 당선곡은 나폴레옹의 워털루 패전을 가슴 떨리는 연
애감정으로 승화시킨 「Waterloo」였다. 1974년 유로비전 송 콘테스트

에는 호주 출신으로 영국에서 활약한 올리비아 뉴튼 존(Olivia Newton John)과 프랑스의 샹송 가수 질리오라 친케티(Gigliola Cinguetti) 등도 출전했지만, 『아바(ABBA)』의 기세를 꺾지는 못했다.

유럽 활동을 시작한 이후, 『아바(ABBA)』는 미국에도 진출했다. 『아바(ABBA)』가 발표하는 곡들은 매년 히트했다. 1975년에는 「S. O. S」와 「Mamma Mia」, 1976년에는 「Fernando」, 「Dancing Queen」, 「Honey, Honey」, 1977년에는 「Knowing Me, Knowing You」, 「Name Of The Game」, 1978년에는 「Summer Night City」, 1979년에는 「Voulez Vous」, 「Gimme, Gimme, Gimme」 등의 히트곡을 발표했다.

1977년 『아바(ABBA)』의 순수익은 110억 원으로, 스웨덴의 대표적인 자동차 회사 볼보(Volvo)의 90억 원을 제치고 스웨덴 기업순위 1위를 차지했다. 1978년부터 1981년까지 4년간 『아바(ABBA)』의 음반 판매량은 5천3백만 장이었고, 소련 암시장에서 8달러짜리 『아바(ABBA)』 음반이 130달러에 팔릴 정도였다. 『아바(ABBA)』는 스웨덴 국왕으로부터 스웨덴의 국위 선양과 외화 획득에 공헌했다는 이유로 공로상을 받기도 했다.

1980년에 발표된 「Super Trouper」와 1981년에 발표된 「The Visitors」도 흥행에는 성공했다. 그렇지만 1971년 7월에 결혼한 아그네사 할트스코그와 비요른 울바이우스가 1979년 1월에 이혼을 했고, 1978년 7월에 결혼한 후리드 린지스타드와 베니 앤더슨도 1981년에 이혼을 발표하면서 『아바(ABBA)』의 영광은 1982년에 끝이 났다.

『아바(ABBA)』의 노래들은 영국의 스토리 텔러 캐서린 존슨(Catherine Johnson)이 뮤지컬 『맘마미아!(Mamma Mia!)』로 재현해서 전 세계적으로 성공을 거두었다. 2008년에는 같은 이름의 영화가 제작되었고, 영화의 개봉과 함께 세계적으로 『아바(ABBA)』의 붐이 다시 불기 시작했다. 북유럽의 음악 바이킹 『아바(ABBA)』는 40년이 넘도록 세계 음악 시장을 정복하고 있다.

3) "신나게 즐겨라!"

이제 대한민국에서 연예업은 제조업체 못지않은 산업으로 발전했다. 『SM 엔터테인먼트』 외에도 『JYP』, 『YG』 등의 음악 관련 프로덕션이 코스닥 시장에 상장되어 있을 만큼 연예산업은 호황이다. 이들 기업의 선의의 경쟁관계가 지속된다면, 대한민국의 연예산업은 세계 시장에서 전도가 유망하다고 할 수 있다.

음악 프로덕션 가운데 맏형인 『SM 엔터테인먼트』는 지금까지 세계 시장 점령을 위한 진로를 잘 개척해 왔다고 할 수 있다. 보아를 필두로, 동방신기, 슈퍼 주니어 등을 일본 시장에 진출시켜, 대한민국 대중음악의 상품성을 확인한 뒤, 소녀시대를 통해 미국에 상륙하고, 소녀시대의 유닛 그룹 태티서로 미국 활동을 집약한 것은 앞으로 『SM 엔터테인먼트』에 좋은 성공 모델이 될 것이다.

그러나 문제는 지금부터이다. 『SM 엔터테인먼트』는 대한민국적 가치를 담은 가수와 음악을 공급해 내야 한다. 미국 가수를 닮은 동양 가수와 유럽 음악을 흉내 낸 동양 음악은 이전에도 많았고, 지금도 넘친다. 『SM 엔터테인먼트』는 대한민국 국민을 감동시켜 온 우리 음악이 서구인들도 감동시킬 수 있을 것이라는 확신을 가져야 한다.

『아바(ABBA)』가 유럽과 미국 시장을 넘어, 러시아와 중국, 아시아와 아프리카, 남미 전역까지 시장을 확대할 수 있었던 것은 스웨덴의 신비적 감성을 자신들의 음악에 담았기 때문이었다. 『아바(ABBA)』도 초창기 화려하게 미국 음악 시장에 진출했지만, 『비틀스(The Beatles)』적 정서를 벗어나는 데 2년 이상의 시간이 필요했다. 거리상으로는 멀리 떨어져 있지만, 같은 유럽 문화의 영향을 받고 있다는 것이 대중에게 편견으로 작용했다.

이미 일본은 사카모토 큐(坂本九, 1941. 12. 10.~1985. 8. 12.)가 1963년 「스키야키(Sukiyaki)」란 곡으로 3주 연속 빌보드 차트 1위를 기록한 경험이 있다. 1961년에 발매한 「위를 보고 걷자(上を向いてこう)」를 일본어로 부른 것을 그대로 발표해서, 미국인들의 호응을 얻어 낸 것이다. 이 곡은 세계 70개국에서 발표되었고, 단일 음반으로 천만 장 판매되었다. 사카모토 큐의 「스키야키(Sukiyaki)」의 사례에서도 알 수 있듯이 좋은 음악은 언어나 장르와 관계없이 세계인을 감동시킬 수 있다.

연예업이 산업으로 발전한 것은 세계적 추세이면서, 또한 국경 없는 문화 전쟁의 시작이라고 할 수 있다. 일제 강점기에는 일본 엔카와 6·25한국전쟁 이후에는 미국 팝송의 영향을 받으면서, 대한민국 대중음악은 뿌리 없는 음악처럼 소외받은 적도 있었다. 일제 강점의 역사와 조국 분단의 현실이 우수한 우리 문화에 대해서까지 자비심(自卑心)을 갖게 만든 것이었다.

그러나 대한민국에는 5천 년 역사를 통해 주변의 문화를 우리의 문화와 대비해서 발전시키는 탁월한 능력이 있다. 최근 대만이 성균관이 공연한 문묘제례악을 배우기 위해 찾아온 것은 대한민국이 외국의 음악을 소홀히 대우하거나 우리 음악으로 받아들이지 않고, 원형 그대로 보존하는 능력을 갖추고 있다는 사실을 보여 주는 사례이다. 우리에게는 이렇게 외국의 음악에 감동할 줄 알면서도, 우리의 정서는 우리의 음악에 담아 온 음악적 분별력이 있다.

1998년 10월 김대중 대통령이 일본 대중문화 개방을 허용했을 때, 대한민국은 일본 대중문화가 점령할 것이라고 두려워했다. 1965년 한일국교정상화 이후에도 계속 일본 대중문화의 유입을 막아 온 이유는 일본 대중문화의 강한 중독성 때문이었다. 일제 강점기를 통해, 일본 대중문화를 경험한 까닭에 이러한 예단이 가능했다.

일본 대중문화 개방 중에서 가장 피해가 클 것으로 우려했던 분야는 가요였다. 영화와 애니메이션은 이미 검증을 마친 상태였다. 영화는 이질적인 일본 문화가 대한민국에 쉽게 수용되기 힘들 것이라는 판단을 했었고, 청소년과 아동을 상대하는 애니메이션은 50년 가깝게 수입되면서 문화적 특수성의 영향이 적다는 결론이 내려진 상태였다. 그렇지만 일본의 가요분야는 예측이 불가능했다. 가요계 종사자의 수적 우세는 물론, 서구 음악과의 친밀성 등을 통해 일본 대중가요가 대한민국 청소년들과 성인들에게 급속하게 전파될 것이라고 예상했다.

그렇지만 기우였다. 실제로 한일 대중문화 개방으로 문화적 영향을 받은 쪽은 일본이었다. 대한민국 연예인들의 일본 진출은 활발한 반면, 일본 연예인들의 한국 진출은 저조했다. 처음 한동안은 일본 대중문화가 대한민국에 진출하기 위해 일본 사회가 대한민국 대중문화에 개방적인 자세를 취한다는 평가도 있었지만, 대중문화는 의도적으로 수용되거나, 거부될 수 있는 속성을 갖고 있지 않다. 다른 어떤 분야보다 승패가 확실한 분야가 바로 대중문화 시장이다.

대한민국 대중문화의 일본 진출의 출발은 KBS 드라마 「겨울 연가」, 일본 대중문화 속에서 자생력을 갖춘 것은 대한민국 대중가요였다. 그리고 일본에 자리 잡은 대한민국 대중가요의 중심에는 『SM 엔터테인먼트』의 이수만 회장이 있다. 이수만 회장은 대한민국 대중음악을 시장조사, 제품기획, 제품생산, 제품홍보 등 대기업의 산업방식을 도입해서, 『SM 엔터테인먼트』라는 가요제작 프로덕션을 통한 일본의 가요시장 조사, 가수 기획, 경쟁력 있는 가요 제자, 현지 홍보를 통한 시장 점유 방식을 실현해 내며, 일본 가요시장 진출을 성공했고, 이후 일본 성공을 바탕으로 세계 시장 진출에 성공했다.

이러한 이수만 회장의 『SM 엔터테인먼트』의 성공은 한국인의 음악과 무용을 즐기는 문화적 특성을 발전시킨 것이다. A.D. 290년 무렵, 중국 서진(西晉)의 진수(陳壽)가 편찬한 『삼국지(三國志)』 위서(魏書)에는 우리 민족을 일컫는 동이(東夷)에 관한 내용이 담겨 있다. 진수는 부여와 고구려 사람들이 가무를 즐긴다고 적고 있다. 중국 사람들도 가무를 전혀 즐기지 않은 것은 아니겠지만, 부여와 고구려 사람들처럼 밤을 새우며 노래를 부르고, 춤을 출 정도는 아니었던 모양이다. 결국 가무를 즐기는 것은 우리 민족 속에 내재한 혈통적 유전인 셈이다.

연예 산업의 해외 진출은 국력 신장의 증거이기도 하고, 우리에 대한 외국인들의 호감이기도 하다. 아시아 하면 중국과 일본을 떠올리던 서구인들에게, 『SM 엔터테인먼트』는 대한민국을 소개하는 안내자 역할을 하고 있다. 피부색과 언어가 다른 외국인들이 우리의 음악에 반응하는 것은 대한민국 문화에 대한 개방성뿐만 아니라, 대한민국 사회에 대한 호기심으로까지 이어질 수 있다.

이제 『SM 엔터테인먼트』는 소속 가수들에 대한 관심과 열정을 갖고 대한민국에 대한 호기심을 갖고 있는 외국인에게 대한민국의 정신을 담을 선율을 제공해야 한다. 50년 전 일본의 사카모토 큐와 30년 전 스웨덴의 『아바(ABBA)』가 이미 했던 일이다. 기쁨을 기쁨으로,

슬픔을 슬픔으로 그대로 표현하지 않고, 승화시켜 새로운 아름다움으로 표현했던 한국인의 정서를 사물놀이의 장단에, 태평소와 수금, 비파가 어우러지는 국악 관현악의 장단에, 5마당 판소리에, 다양한 대한민국의 전통음악과 트로트, 발라드, 댄스 음악에 담아서 세계에 보내야 한다. 그것은 어렵고 힘든 일이 아니다. 우리 대한민국이 평생토록 해 온 자연스러운 일이다.

그러나 한 가지 기억할 사실이 있다. 이수만 회장의 『SM 엔터테인먼트』는 가수가 중심이 되던 대한민국 가요 전통보다는 작곡가와 기획사가 중심이 된 일본 대중가요 체제를 모방한 면이 강하다는 사실이다. 음악 산업을 대기업화한 것은 돋보이는 창의력이지만, 일본의 대기업들이 21세기에 몰락한 가장 중요한 이유는 지나치게 관료화된 경직된 의식구조 때문이었다. 30년 전 스웨덴의 『아바(ABBA)』의 성공은 수공업적 특성을 명품화한 유럽식 길드형 산업화였다. 공산품과 수공 명품의 차이는 가슴으로부터 우러나는 감동이다. 일본의 전자회사는 몰락했지만, 유럽의 명품은 해가 더해질수록 가치가 높아진다. 『SM 엔터테인먼트』는 이제 전 인류를 감동시킬 세계 가수를 만들어내야 한다.

지금부터 『SM 엔터테인먼트』는 세계인들이 깊은 감동을 받도록 명품을 제작하는 장인 정신을 가져야 한다. 그리고 나서 할 일은 하나뿐이다.

"신나게 즐겨라!"

5장

사상: 안철수의 "아프면 고쳐라!"

1. 안철수의 대선 출마

1) 출마 권하는 사회

2012년 9월 19일, 안철수 서울대학교 교수는 제18대 대통령 선거에 출마를 공식적으로 선언했다. 안철수 후보의 출마 선언으로, 제18대 대통령 선거는 여당인 새누리당의 박근혜 후보와 야당인 민주통합당의 문재인 후보, 그리고 무소속의 안철수 후보까지 3파전 양상으로 펼쳐지게 되었다. 소속 정당도 없고, 정치경력도 없는 안철수 후보에게 대한민국 사회가 주목하는 이유는 당선 가능성 때문이다. 안철수 후보는 각종 여론조사에서 여야 후보들과 비교해서 조금도 밀리지 않는 국민적 지지를 받고 있다. 안철수 후보의 출마선언은 이번 선거판의 핵이다.

2011년 여름, 서울시는 초·중학교 내 전면 무상급식 논란에 휩싸였다. 서울의 초·중학교에 제공되는 급식을 놓고 벌어진 정치권의 갈등 때문이었다. 전면 무상급식을 주장하는 곽노현 서울시 교육감(민주당)과 선별급식을 주장하는 오세훈 서울시장(한나라당)이 급식문제에 대해서 논란을 벌였고, 결국 오세훈 서울시장은 시장직을 내건 찬반투표를 감행했다.

급식 문제의 본질은 여소야대의 서울시의회 의원들의 제동으로 업무 수행에 한계를 느낀 오세훈 서울시장의 자구책이었다. 오세훈 서울시장은 원활한 서울시정 운영을 호소하며, 서울시민들의 동의를 구할 요량이었다. 생활수준이 높은 강남 3구의 초·중학생들에게까지 의무급식을 시행하는 것에 세금을 사용할 수는 없다는 주장이었다.

그러나 이러한 오세훈 서울시장의 의지는 처음부터 달걀로 바위를 치는 도전이었다. 오세훈 서울시장은 시장 재선에서 겨우 과반을 넘기는 턱걸이 당선을 한 상태였고, 초·중학교 학생들의 급식문제는 20년, 30년 뒤의 경비총액으로 설명하더라도 설득력이 약한 최소 복지에 관련된 문제였다. 설득당하지 않으려는 서울시의 과반수 반대 여론에, 서울시장으로 선출해 주었지만 실망감을 느낀 지지 세력들은 급속하게 오세훈 시장의 대열에서 이탈하기 시작했다. 지도자에게 필요한 것은 분쟁 조정 능력이지, 국민 의사 문의 능력이 아니라는 것을 주민들은 무상급식 관련 투표에의 불참으로 보여주었다.

서울시의 초·중학교 급식문제를 놓고 벌인 주민투표는 집권 후반기를 맞은 이명박 대통령과 집권당 한나라당에 대한 평가 형태로 발전했다. 2011년 여름, 대한민국 국민들의 시선은 급식문제에 대한 주민투표로 집중되었고, 여론은 의무급식파와 선별급식파로 급속하게 분리되었다. 한나라당과 민주당의 당운을 내건 이 대결은 오세훈 서울시장이 고배를 드는 것으로 결론이 내려졌다. 급식문제를 놓고 벌어진 2011년 8월 24일 주민투표에서 최종투표율은 25.7%가 되었고, 투표함은 개봉도 못 해 보고 폐기되었다.

물론 이 투표는 곽노현 서울시 교육감의 승리도 아니었다. 곽노현 서울시 교육감을 지지하는 민주당 인사들은 그렇게 생각할지도 모르겠지만, 무상급식 투표는 처음부터 투표 사안이 아닌 문제를 투표화한 오세훈 서울시장의 판단착오에 대한 주민 평가라는 분석이 지배적이다. 어쨌든 안철수 후보가 대통령 후보로 부각된 것은 바로 이 서울시장 후보로 하마평이 오르면서부터였다. 서울시장 보궐선거에 관심을 드러내자마자 안철수 후보는 가장 강력한 시장 후보로 부각되었는데, 자신과 각별한 관계였던 경쟁자 박원순 후보와 단일화를 이루면서 서울시장 당선의 일등공신이 된다. 그리고 바로 그 순간부터 대선을 위한 노림수라는 세간의 평가와 함께, 2012년 제18대 대통령 선거의 유력한 대선 주자 중 한 명으로 급부상하게 된 것이다.

2) 데뷔하면서 랭킹 1위

안철수 후보가 최근 1년 사이 당선 가능한 가장 강력한 대선 후보로까지 도약할 수 있었던 이유는 기존 정치인들의 정치행위에 식상한 국민들의 반발감 때문이다. 정치인도 아니고, 정당인도 아닌 안철수 후보의 지지율은 허수라는 정치분석가들의 평가가 전혀 없는 것도 아니다. 한국 정치사는 물론이고, 세계 정치사에서 대통령 당선자는 정당에 기반을 둔 후보가 아니면 힘들다는 것은 모두가 다 아는 사실이다. 그럼에도 불구하고 안철수 후보를 지지하는 사람들은 민주주의 제도 시행 70년에 접어드는 한국 정치현실이 지닌 염증에 강한 환멸감을 느끼며, 결정하기만 하면 정당이라도 만들어 줄 기세로 출마를 독려하고 있다.

물론 안철수 후보도 대통령 선거에 출마를 결정하면, 기성 정치인과 조금도 다름없는 정치행태를 지닐 수밖에 없다. 정치행위의 본질은 권력획득이므로, 대통령 당선을 위해서는 사용가능한 모든 방법이 다 동원될 것이기 때문이다. 그것은 안철수 후보의 의사와 관계없는 일이다. 안철수 후보를 지지하는 지지자들과 정당인들이 안철수 후보를 대통령으로 만들기 위해 벌이는 전략과 전술이다. 대통령 선거는 출마자들 모두 목숨을 건 전쟁이다. 클라우제비츠의 주장처럼 '전쟁은 상대방에게 무조건적 항복을 받아 내기 위한 물리적인 힘을 가하는 폭력행위'이다. 그러므로 대통령 선거에 나서는 즉시, 안철수 후보는 자신이 평생 쌓아 온 명예와는 결별해야 하며, 수단과 방법을 가리지 않고 살아남아야 한다.

확실히 안철수 후보는 대통령 병에 걸려 대선 출마를 고민하는 것은 아닌 것으로 보인다. 안철수 후보는 대중의 주목을 받기 시작한 지난 20여 년간, 정치와 관련된 발언을 한 적이 없다. 제갈공명 수준의 고도의 전략인지 몰라도, 안철수 후보는 지금까지 서울대 의대를 졸업한 의과대학교 학장, 컴퓨터 바이러스 프로그램을 만들어 무상으로 보급하는 컴퓨터 엔지니어, 개인적인 이익을 위해 외국기업에 회사를 팔아넘기지 않은 기업가, 기업의 이익과 경영권을 직원들에게 넘겨주고 후학을 양성하는 대학교수 등으로 생활해 왔다.

그래서 안철수 후보의 대선출마 가능성은 신뢰감이 들지 않는 사안이다. 안철수 후보의 대선 후보 자질에 의심을 갖는 것이 아니라, 대선 출마 자체에 의문이 생기는 것이 사실이다. 따라서 착한 안철수 후보가 정말로 대통령 후보로 나서서 선거를 완주할지 궁금한 것도 사실이다. 지금까지의 화려한 개인적 이력에 대통령 안철수도 어울리지 않는 것은 아니지만, 대통령 선거 전에 불러야 할 대선후보 안철수는 안철수 후보 개인의 개성과 부합되지 않는 측면이 많기 때문이다.

그렇지만 그럼에도 불구하고, 여전히 안철수 후보를 유력한 대선후보의 한 명으로 여기는 이유는 국민들이 신뢰하는 안철수 후보의 상식 때문이다. 국민들은 도대체 한국 정치인들이 얼마나 썩을 대로 썩었기에, 아랫사람에게 하대조차 못하는 착한 안철수 후보까지 대통령 선거에 나서게 되었는가 하고 안타깝게 여기고 있는 것이다. 정말로 대선 후보 안철수 후보의 지지도 저변에는 '어쩌다가 안철수 후보까지' 하는 식의 일종의 동정표도 존재하는 것이 사실이다.

하지만 어쨌거나 음반을 낸 가수는 동정이든, 감동이든, 음반을 팔고 살아남아야 가수로 불릴 수 있다. 정치인도 가수와 운명이 같은 피선의 입장이다. 어떤 형태로든 선택을 받아야 존재의 근거, 출마의 명분이 생기는 것이다. 안철수 후보에게 따라붙는 동정여론이 출마선언 이후 적극적인 지지표로 연결될지는 모르겠지만, 현재까지 안철수 후보에 대한 국민감정은 호의적이다. 대통령 선거 출마를 결정할 즉시, 이러한 안철수 후보 개인에 대한 호감은 지역감정, 이데올로기 문제, 기득권 관련, 국민들의 지지 정당 등으로 인해 분열과 조합을 거듭하겠지만, 그것은 순전히 출마를 결정한 안철수 후보 개인 역량과 관계된 것이라고 할 수 있다.

3) 죄책감과 보상심리 vs. 업적과 명예

안철수 후보의 대선 출마 문제를 1980년대 학생 운동을 했던 학생들에 대한 안철수 후보 개인의 죄책감이나, 보상심리라고 판단한다는 여론도 있는 것 같다. 안철수 후보는 1980년에 대학에 입학한 '80학번'이다. '80학번'들은 10·26사건과 12·12사태로 군부를 장악한 쿠데타 세력이 권력을 찬탈시도하자, 광주 시민과 전라남도 도민들을 중심으로 한 5·18광주민주화운동을 통해, 학생시위에 처음 참여한 세대이다. 대학 입학과 함께 시위에 참여한 '80학번'들은 학문에 대한 관심보다 국가에 대한 애정을 더 많이 느낀 사람들이다. 정치와 무관하게 살아온 안철수 후보가 대선 출마 문제를 거론하는 사람들은 대통령 병을 앓는 일부 대선 후보들과 달리, 안철수 후보가 1980년대 학생 운동을 했던 학생들에 대해서 죄책감이나 보상심리를 갖고 있다고 이야기하고 있다.

그러나 안철수 후보의 대선 출마 의지는 죄책감이나 보상심리와는 사실 관련이 없다. 신군부에 의한 민주주의 질서 파괴로 국가 존망의 위기감을 느낀 1980년대 학생들의 시위는 극렬했던 것은 사실이지만, 그 시절의 모든 학생들이 학생운동에 나서거나 자살을 선택했어야 하는 것은 아니었다. 그리고 1980년대에 학생운동에 적극적이지 않았다고 해서, 죄책감이나 보상심리를 가지고 인생을 살아가야 하는 것도 아니다. 그것은 순전히 개인의 운명을 국가의 운명과 동일시하느냐 하지 않느냐 하는 이타적 사고의 선택과 결단의 문제였기 때문이다.

프랑스의 사회학자 에밀 뒤르켐은 자살 연구로 유명한 학자인데, 자살이란 자신의 행위가 자신의 죽음을 초래한다는 사실을 알고 있음에도 불구하고 그 행위를 이행하는 것이라고 정의했다. 에밀 뒤르켐은 저서 『자살론』에서 이기적 자살, 이타적 자살, 아노미적 자살, 숙명적 자살 등 자살의 4가지 종류를 말하고 있다. 안철수 후보의 대선 출마에 관한 이야기를 꺼내다가 갑자기 에밀 뒤르켐의 『자살론』에 대해 언급하는 것은 안철수 후보의 대선 출마를 1980년대 학생 운동을 했던 학생들에 대한 죄책감이나 보상심리로 해석하는 오류에 대해 반증하기 위해서이다.

에밀 뒤르켐의 자살론에 근거해서 살펴보면, 1980년대 한국에서 신군부에 항거하던 학생들이 선택한 자살은 이타적 자살이라고 해석할 수 있다. 이타적 자살이란, 개인이 사회에 지나치게 융화·결속되어 그 사회를 위해 자기를 희생하는 죽음의 형태인 것이다. 1980년대 신군부에 항거하며 자살을 선택했던 학생들은 자신이 죽을 것을 알고도 국가의 운명을 개선하기 위해 죽음을 선택한 자살을 감행했던 것이다. 이러한 죽음은 국가의 운명을 개인의 운명과 결부시키는 국가주의적 사고가 강할 때 일어날 수 있는 것이다.

의사, 컴퓨터 바이러스 연구가, 기업가, 대학교수로 한국 사회에 봉사해 온 안철수 후보가 1980년대 학생운동에 나섰다가 이타적 자살을 선택한 운동권 학생들에게 미안해서 이타적 자살자의 심정으로 대통령 후보로 나서기로 결심했다면, 오히려 그것이 더 우스운 일이다. 국가를 대표하고 행정권의 수반(首班)이 되는 최고의 통치권자인 대통령은 국가원수 또는 행정부의 수장으로서 광범한 권한을 행사한다. 조약의 체결·비준에 관한 권한, 선전포고 및 강화에 관한 권한과 같은 외교에 관한 권한을 행사하고, 공무원을 임면하고, 국군을 통수하며, 영전 수여, 법률안 거부, 명령 제정, 사면과 감형, 복권에 관한 권한을 행사할 수 있는 대한민국 국가원수이다. 만약 안철수 후보가 1980년대 학생운동에 나섰다가 이타적 자살을 선택한 운동권 학생들에게 미안해서 이타적 자살자의 심정으로 대통령 후보로 나서기로 결심했다면 오히려 대선 출마 포기를 신중하게 고려해야 할 것이다.

2012년 제18대 대통령 선거에서 당선 가능한 강력한 후보로 떠오른 안철수 후보의 출마는 전혀 다른 의도가 있다고 할 수 있다. 수천억 원의 재산가인 안철수 후보가 굳이 평생 이룩한 업적과 명예를 포기하면서까지 대통령 후보로 나설 용기를 낸 것은 안철수 후보가 지금까지 살아온 인생을 살펴보면 쉽게 확인할 수 있는 일이다. 그리고 그 답을 확인하는 순간, 안철수 후보의 출마 여부도 바로 파악할 수 있다.

안철수 후보에게 2012년 대통령 선거 출마 여부는 이미 당락의 문제가 아니다. 세간에서는 안철수 후보가 대통령 후보로 출마하는 즉시 자신이 성취한 업적과 명예를 모두 잃고, 대통령에 당선되지도 못할 것이라고 예단하는 사람들이 있다. 그러나 기억해야 할 것이 있다. 안철수 후보는 업적과 명예를 얻기 위해 살아온 사람이 아니다. 뿐만 아니라, 대통령이 되기 위해 업적과 명예를 이룩해온 사람도 아니다. 과연 안철수 후보는 무엇을 위해 2012년 제18대 대한민국 대통령 후보로 출마할 생각을 하는 것일까?

2. 조선의 혁신주의자

사회적 변화를 추구하는 안철수 후보는 혁신주의적 리더십을 발휘하는 지도자의 성향을 가지고 있다. 혁신주의적 리더십은 자본주의의 악습이 기승을 부리던 1900년부터 제1차 세계대전 전까지, 미국 사회의 사회개혁 운동이었던 프로그레시비즘(Progressivism)을 근간으로 하고 있다. 독점적 산업자본주의의 기승, 다양한 사회 문제의 발생, 개인주의와 자유방임주의의 강화, 빈익빈 부익부 등 사회 전 분야의 문제들을 혁명 같은 급진적 사회 개혁 운동 대신, 시민의식 개혁 같은 완만한 방식으로 추진하려던 방식이 혁신주의였다.

조선의 의사들 가운데 이러한 혁신주의적 사고방식을 가진 인물들이 많았다. 종두법 보급으로 유명한 지석영은 한글 교육을 통해 조선인의 정체성을 찾으려고 노력했다. 일제 강점기에 안과 전문의였던 공병우 역시 한글 타자기를 개발하며 한글 기계화 운동을 전개했다. 이렇게 의사들이 혁신주의적 사고방식을 가지고 활동했던 이유는 악화된 상황을 개선하는 실학에 종사하였다는 직업적 특성 때문이다.

1) 지석영의 『국문 연구소』

조선 최초의 우두법 시술자로 알려져 있는 송촌(松村) 지석영(池錫永, 1855. 5. 15.~1935. 2. 1.) 선생이 문신 출신의 한글 학자라는 사실을 알고 있는 사람은 많지 않다. 우리에게 지석영은 종두법의 하나인 우두법의 보급에 공헌한 인물로만 알려져 있다. 학창 시절, 지석영의 업적은 종두법의 하나인 우두법의 보급자라고만 배웠기 때문이다.

그러나 지석영은 본래 고종 20년(1883)에 문과에 급제해서, 성균관 전적, 사헌부 지평, 형조참의 등을 역임한 문신이었다. 지석영이 의사가 된 것은 과거 급제 전에 중국과 일본에서 들여온 서양 의학서들을 스스로 공부하며 의학적 지식을 쌓았기 때문이다. 지석영은 관료로서 승승장구했지만, 1896년 제수받은 동래관찰사 이후에는 의사로서 한동안 활동했다. 지석영은 1899년에 세워진 경성의학교의 교장과 1908년에 설립된 대한의원의육부의 학감을 역임하며 교육가의 길을 걷기도 했다.

그 외에도 지석영에게는 두 가지 감춰진 활약이 있었다. 한 가지는 앞서 언급한 한글 보급에 끼친 공로이고, 다른 한 가지는 조선의 개화와 독립운동이었다. 지석영은 1880년 제2차 수신사 김홍집(金弘集)의 수행원으로 일본 도쿄에 다녀온 뒤, 1882년에 개화의 필요성을 역설하는 상소를 고종에게 올린다. 지석영은 이 상소에서 근대를 가르치는 훈련원을 세우자고 주장했다. 그래서 그곳에 세계의 변화와 과학 기술을 담은 책들을 모아들이고, 인재를 선발해서 교육하자고 했다. 물론 이러한 지석영의 상소는 제대로 실현되지 못했다.

지석영 개화사상과 독립정신은 가문 내에서 이어졌다. 지석영은 개화사상을 실학 정신으로 발전시켜, 평생 자기 스스로 의사로서 활동했고, 장남과 장손자를 경성의전과 서울대 의대를 졸업시켜 의사로 살며 조국의 건강을 담당하게 했다. 지석영은 또한 독립정신을 몸소 실천하기도 했는데, 1890년대 후반에는 독립협회에서 조선의 독립을 위해 활동한 것이나, 한국광복군 총사령관이었던 7촌 조카 지청천 장군에게 조선의 광복과 독립을 가르친 것 등은 지석영이 20대에 일본을 탐방하고 돌아온 뒤에 가진 상소문 정신을 스스로 실천하는 것이었다.

지석영이 공식적으로 한글 발전에 기여하기 시작한 것은 을사조약이 체결되기 직전인 1905년 7월 즈음부터였다. 대한제국의 외교권이 박탈당하는 한일 간의 협약이 체결될 무렵, 지석영은 「신정국문(新訂國文) 6개조」를 고종 황제에게 상소한다. 대한제국의 국민들이 하나로 뭉쳐서 외세를 물리치기 위해서는, 우리말과 우리글을 함께 써서 민족의식을 고취해야 할 것이라고 생각했던 것이다.

「신정국문 6개조」란 6개 항목으로 된 맞춤법 통일안이다. 이 「신정국문 6개조」는 조선 후기의 학자 최세진과 후기의 홍양호, 홍계희의 학설을 종합한 것이다. 주요 내용은 한글 보급 확대해야 하는 당위성, 자음은 'ㅿ'과 'ㆁ'을 없애 14자로 할 것과 모음은 'ㆍ'자를 없애고 'ㅣ'와 'ㅡ'를 합하여 '＝'(현대의 'ㅢ')라는 새 글자를 만들며, 된소리는 'ㄲ', 'ㄸ', 'ㅃ', 'ㅆ'로 표기하자는 것이었다.

「신정국문 6개조」는 반대 의견이 많아서, 당시에는 시행되지 못했다. 그러나 훗날 '지석영 국문법'이라고 불리게 된 이 「신정국문 6개조」는 지석영이 죽기 직전인 1933년에 나온 '한글맞춤법통일안'의 문법 체계를 이루는 근간이 되었다. 조선어학회에서 발표한 '한글맞춤법통일안'은 조선의 언문일치 운동의 시발이 되었으니, 결국 지석영은 한글전용과 언문일치 운동의 선구자였던 셈이다.

지석영의 「신정국문(新訂國文) 6개조」 상소를 받아들인 고종은, 반대 의견에 의해서 반포는 하지 못하지만, 대신 국문연구소를 설치했다. 그리고 지석영을 국문연구소의 위원으로 임명해서, 한글 연구에 힘쓰게 했다. 지석영은 국문연구소의 위원으로 활동하며, 1909년에 한자를 국어로 풀이한 『자전석요』를 간행하며 한자 해석의 새로운 방법을 개발했다. 지석영은 한글학자 주시경과 함께 한글 가로쓰기

운동도 펼쳤는데, 1910년 이 공로로 지석영은 고종 황제로부터 팔괘장과 태극장을 받기도 했다.

지석영의 상소로 인해 생겨난 국문연구소는 '한글을 연구'하는 것을 넘어서서, 일제 강점기에 일제의 민족말살에 저항해서 우리 민족의 정신을 지키는 투쟁의 보루 역할을 했다. 그리고 지석영이 주시경, 이능화 등과 함께한 한글 연구는 독립신문, 대한매일신보, 제국신문 등 한글 신문 발간에 기여하게 된다. 그리고 이후 '조선어 연구회'나, '조선어학회'와 같은 한글 전문 연구단체가 만들어지는 토대를 만들었다.

2) 공병우의 『한글 타자기』

일제 강점기와 대한민국의 안과 의사로 활약했던 공병우 박사(1906. 12. 30.~1995. 3. 7.)가 한글 타자기를 발명한 한글 기계화 운동가라는 사실을 아는 사람 역시 많지 않다. 컴퓨터가 널리 보급되어 생활의 일부가 된 지금, 반세기 전의 유물인 한글 타자기조차 우리 주변에서 찾기가 쉽지 않은 형편이기 때문이다. 공병우를 아는 사람이라고 할지라도, 기껏 알고 있는 지식이라면 공병우는 공안과 체인의 설립자 정도일 따름이다.

물론 그 말은 당연히 맞는 말이다. 공병우는 17명의 전문의가 3개의 체인 병원에서 진료를 하는 공안과의 설립자이다. 공병우는 1926년 조선 의사 검정 시험에 합격한 뒤, 1936년 일본 나고야 제국 대학에서 의학박사 학위를 취득하고, 1938년 한국 최초의 안과 전문 의원인 공안과 의원을 종로구 안국동에 개설했다. 공병우가 개원한 공안과는 한국 최초의 안과 전문 병원답게, 1956년에 이미 각막이식술을 시행했고, 1958년에는 국내 최초로 콘택트렌즈를 도입했다. 의술을 통해 보람 있는 일을 하고 싶다는 설립자 공병우의 유지는 안과의사인 아들 공영태로 이어져, 어두운 눈에 빛을 비춰 주는 가업으로 계승되고 있다.

그러나 공병우는 안과 의사로 육신의 눈이 어두운 한국 국민들을 위해 봉사한 것 이외에, 한국 국민들의 정신을 밝히는 일에도 전념했다. 바로 한글의 우수성을 전하는 일에 매진한 것이다. 공병우는 반세기 넘게 한글 사랑과 한글 기계화에 전념했다. 직업으로는 척박한 의료 환경 속에서 시각 장애를 겪는 국민들의 육체적 고통을 줄여 나가는 일을 했고, 인생의 사명으로 일제 강압으로 훼손된 한글을 살려 국민들이 올바른 정신을 글로 표현할 수 있게 하는 작업에 매진하며 90평생을 살아간 것이다.

1938년, 공병우는 자신이 개원한 공안과를 찾아온 한글학자 이극로를 만나면서, 한글에 깊은 관심을 갖게 된다. 이극로는 안과 질환으로 공안과를 찾아왔는데, 의사인 공병우에게 한글의 우수성에 대해서 소개했다. 이극로(1893~1982)는 일제 강점기에 활동한 한글학자로, 1948년 4월 김구가 주도하던 남북협상 위원으로 참가해 평양을 방문했다가 북한에 정착해서, 1966년 이후 본격화된 북한의 언어 규범화 운동인 문화어운동을 주도했다. 1927년 독일 베를린종합대학에 경제학 박사학위를 취득하고, 동방어학부 조선어학과를 창설한 이극로는, 공병우와 만날 즈음 조선어학회에서 최현배, 이윤재 등과 한글연구에 몰두하고 있었다.

이극로의 한글에 대한 애정에 공감한 공병우는 한글 발전에 기여할 생각을 했다. 그리고 우리말과 우리글을 지켜 내는 것이 가장 큰 독립운동이라는 사실을 자각한다. 공교롭게도 공병우가 이극로를 만난 1938년은 일본이 중국에 대한 전면적인 침략을 개시하면서 조선에 대한 말살정책을 본격화하기 시작한 해였다. 1938년 이후부터, 일본은 내선일체(內鮮一體)를 주장하면서, 조선어 교육 폐지, 국민학생들의 조선어 사용금지, 한글 신문인 동아일보, 조선일보 폐간, 조선어학회 사건 조작으로 조선어학회 간부 구속 등의 사건을 야기한다. 이러한 때에 한글과 관련이 전혀 없었던 의학박사 공병우는 한글 수호를 위해 일생을 바칠 결심을 하게 된 것이다.

공병우는 서양 문화의 보급에 주목하면서, 광복 전부터 한글 타자기에 대한 관심을 갖기 시작한다. 그래서 광복 후인 1949년, 사재를 털어 초성, 중성, 종성으로 구성된 세벌식 한글 타자기를 개발해서, 적극적인 보급에 나섰다. 한국에서 타자기의 보급은 공병우의 네벌식 타자기의 등장으로 시작되었다고 할 수 있다. 공병우는 1971년 기계식 한글 점자 타자기도 개발해서, 시각 장애인들을 지원했다.

1980년대에 들어서면서, 공병우는 자신이 개발한 한글 타자기를 미국 교포 사회에 보급하기 시작했다. 한국에서 타자기 사업은 정부가 선택한 표준 방식에 의해서 좌우되었으므로, 두 차례나 자판 표준화 기준에서 배제된 공병우식 한글 타자기는 한국에서 설 자리를 잃었기 때문이었다. 참고로 1960년대 말에는 박정희 정부에 의해 네벌식 글자판이, 1980년대 초에는 전두환 정부에 의해 두벌식 자판이 표준으로 채택되었다.

비록 자신이 개발한 세벌식 타자기가 한국 자판 표준화의 기준으로 선정되지는 못했지만, 공병우는 한글 문화원을 개설해서 한글 사

랑을 이어 나간다. 1988년 공병우가 개원한 한글 문화원은 한글 글자
판 연구와 세벌식 자판 연구 보급, 한글 기계화 계몽 운동, 자판 통일
운동에 힘을 쏟고 있는 사설 한글 연구기관이다.

공병우와 한글 문화원은 1990년 세벌식 390과 1991년 세벌식 최종
한글 자판을 발표하며, 한글 기계화 작업에 나섰다. 세벌식 자판은 기
본적으로 한글 자판 배열은 같지만, 시프트키와 함께 쓰거나, 기호와
숫자를 입력할 때 차이점을 보이는 것으로 알려져 있다. 공병우 박사
와 한글 문화원은 나중에 아래아한글의 개발을 함께한 박흥호와 함께
세벌식자판배열을 완성했고, 세벌식입력기 소프트웨어도 만들었다.

공병우는 고령에도 불구하고, 강태진, 정내권, 이찬진 등과 교류하
며 이들을 지원했다. 이들은 공병우와 한글문화원의 인연을 바탕으
로, 한글과컴퓨터를 창업했고, 국산 워드프로세스 아래아한글을 개발
했다. 반세기를 한글 기계화 작업에 몰두했던 공병우는 손자뻘 되는
후배들을 독려해서 한글 전산화 작업의 토대를 구축하는 데 남은 정
열을 쏟아 냈다. 1995년 공병우가 90세를 일기로 사망하자, 정부는 공
병우의 한글 사랑에 대한 공을 기려 금관문화훈장에 추서했다.

3. 일본의 혁신주의자

일본에도 혁신주의적 성향을 가진 의사들이 있었다. 매독 병원체
인 스피로헤타를 발견한 세균학자 노구치 히데요는 의사였다. 손에
입은 화상을 치료받으며 의사의 꿈을 키운 노구치 히데요는 역설적
으로 의사가 된 다음에 불편한 손으로 인해 의료 행위를 제대로 할

수 없었다. 그래서 환자를 치료하기보다, 연구 분야에 종사하며 혁신적 방법으로 세균 연구 분야의 이정표를 세웠다. 노구치 히데요의 연구 방식이나, 무리한 업적 조작 등은 훗날 문제가 되기도 했지만, 당시 서구에 열등감을 가지고 있던 일본인들에게는 큰 자신감을 주는 업적이 되었다.

의과대학을 졸업한 것으로 알려진 데즈카 오사무도 의사로 환자를 만나기보다는 만화가가 되어 마음에 상처를 입은 어린이들을 만났다. 제2차 세계대전 패전으로 의기소침해진 일본 사회는 원자력에 대한 공포를 가지고 있었다. 데즈카 오사무는 어린이들이 원자력에 대한 두려움을 극복하고 과학에 대해 친근감을 가질 수 있는 만화를 그려, 일본 사회의 침체된 국민의식을 혁신했다. 데즈카 오사무의 만화 작업은 만화 제작 과정의 문제점을 야기하기도 했지만, 일본 만화의 산업화와 과학 입국에 대한 자부심을 심어 준 업적이었다.

1) 노구치 히데요의 『스피로헤타』

현재 일본에서 통용되고 있는 천 엔권의 지폐인물은 노구치 히데요(野口英世, 1876. 11. 9.∼1928. 5. 21.)이다. 우리나라의 만 원 정도에 해당하는 이 돈은 일본인들이 가장 많이 사용하는 지폐이다. 노구치 히데요는 2004년부터 발행된 새로운 천 엔권의 지폐인물로 등장했다. 지폐인물은 일본 전체가 업적과 성취에 공감할 수 있는 인물이라는 점을 감안하면, 노구치 히데요는 5천 엔권의 니토베 이나죠(新戸部稲造, 1862∼1933)와 만 엔권의 후쿠자와 유키치(福澤諭吉, 1835∼1901)와 함께, 모든 일본인들이 위인이라고 인정하는 인물이라는 사실을 짐작할 수 있다.

노구치 히데요는 일본의 세균학자로, 매독 병원체인 스피로헤타를 발견한 사람이다. 노구치 히데요는 다양한 연구의 업적으로 1913년, 1914년, 1915년, 1920년, 1921년, 1924년, 1925년, 1926년, 1927년까지 9차례 노벨 생리의학상 후보로 올랐다. 노구치 히데요는 양성자와 중성자 사이에 존재하는 중간자의 존재를 예언한 업적으로 일본인 최초로 노벨 물리학상을 수상한 유카와 히데키(湯川秀樹)보다 먼저 노벨상을 수상할 뻔했다. 일본인들이 노구치 히데요를 자랑스럽게 여기고, 지폐인물로 선정한 것은 바로 이러한 세계적인 업적 때문이다.

노구치 히데요가 의사가 된 것은 생후 1년 6개월에 화상을 입어 생긴 왼손 장애 때문이었다. 빈농의 가정에서 태어난 노구치 히데요는 난로에 떨어져 왼손에 심각한 화상을 입었지만, 제대로 된 치료를 받지 못했다. 노구치 히데요가 살던 작은 마을에는 외상을 치료할 의사가 없었고, 결국 화상을 입은 왼손의 손가락들이 문드러지고 말았다. 노구치 히데요의 손은 오른손과 비교할 수 없을 정도로 작은 조막손이 되었고, 노구치 히데요는 성장기에 장애로 인한 멸시와 천대를 받으며 강한 열등감을 갖게 되었다.

그러나 다행스럽게도 1883년 초등학교에 입학한 노구치 히데요는 학교의 도움으로 외과 수술을 받았다. 이 수술을 통해, 노구치 히데요는 손의 기능을 70% 정도 회복했다. 장애에 대한 콤플렉스가 심했던 노구치 히데요는 손이 회복되는 것을 보고 놀라 의사가 될 결심을 한다. 그래서 자신의 손을 수술해 준 와타나베 카나에(渡部鼎) 박사 밑에서 도제 교육을 받고, 일본 의과 대학의 전신인 사이세이각사(濟生學舍)에 입학해서, 1897년 20세에 의사 자격을 획득했다.

노구치 히데요가 환자를 대하는 진료의가 되지 못하고 세균 연구를 하게 된 것은 장애를 입었던 왼손 때문이었다. 수술을 통해서 일상생활에 필요한 기능을 회복하긴 했지만, 왼손이 외과 수술을 수행할 정도로 완벽하게 회복된 것은 아니었다. 그래서 노구치 히데요는 차선책으로 의학 연구에 전념했고, 일본보다 연구 환경이 좋은 미국으로 진출했던 것이다. 그래서 노구치 히데요의 연구는 일본이 아닌 미국에서 이루어졌다. 노구치 히데요가 노벨 의학상 후보로 자주 등재될 수 있었던 것은 세계 의학의 중심 미국에서 연구를 했기 때문이다.

노구치 히데요는 노벨 의학상 후보로 오를 때마다 새로운 주제 연구로 인해 화제가 되기도 했다. 노구치 히데요는 186편의 연구 논문을 발표했는데, 이러한 연구는 동료 학자들의 업적과는 비교도 안 될 정도로 엄청난 양이었다. 노구치 히데요가 이렇게 많은 양의 연구 논문을 발표한 것은 록펠러 연구소의 사이먼 플렉스너 교수에 대한 부담감 때문인 것으로 알려지고 있다. 이질균 분리 성공으로 미국 근대 의학의 아버지라 불리는 사이먼 플렉스너 교수가 자신을 실험조수로 받아들여 준 사실에 대해, 노구치 히데요는 기대에 부응해야 한다는 부담과 자신을 냉대한 일본 학계에 늘 복수해야 한다는 강박을 동시에 느꼈던 것이다.

독사의 혈청학 연구, 매독 병원체인 스피로헤타 발견, 남미의 황영병 병원체 발견, 열대 리슈마니아증의 연구 등은 높은 평가를 받고 있지만, 일부 연구는 사후 재검토 결과, 조작과 증명 불가로 밝혀졌다. 무리하게 발표된 연구 발표들은 확실하게 입증된 여러 가지 연구의 업적과 성취들까지 훼손하는 안타까운 결과를 가져온 것이다. 연구 발표들이 전부 사실로 입증되었다면, 노구치 히데요는 세균학의 시조라고 불리는 파스퇴르와 코흐의 뒤를 잇는 세균학의 대가가 되었을 것이다.

그러나 그럼에도 불구하고 세계 생리의학계는 노구치 히데요가 몇몇 분야에 끼친 업적을 높이 평가하고 있다. 광견병이나, 소아마비, 오로야열, 파상풍, 황열병 등은 노구치 히데요의 연구가 많은 영향을 끼친 것으로 알려져 있다.

일본인 특유의 책임감과 보은 정신으로 과욕을 부린 부분이 없지 않지만, 노구치 히데요는 근대화를 이룩하며, 서양과 경쟁을 시작하던 일본인들의 마음에 자신감을 심어 준 인물이었다. 과학적 사고방식이 일천하다고 생각했던 일본인들은 일본 출신 의사인 노구치 히데요가 미국에서 세계의 과학자들과 어깨를 나란히 한다는 사실 하나만으로도 감격했던 것이다.

근대화 과정에서 겉으로는 탈아입구(脫亞入口)를 외치고 있었지만, 일본은 사실 서구 사회에 대한 강한 열등감을 가지고 있었다. 이러한 일본에 개인적 열등감을 학문 연구로 극복하면서 일본인들에게 자부심을 불어넣은 노구치 히데요는 일본인들의 상처받은 마음을 치유한 의사였다. 그래서 일본인들은 '독일에 슈바이처가 있다면, 일본에는 노구치 히데요가 있다'고 자랑하며, 근대 일본을 세계적으로 알린 노구치 히데요를 일본인들이 가장 많이 사용하는 천 엔 권에 지폐인물로 올려놓았다.

노구치 히데요는 아프리카 가나의 아크라에서 황열병 연구를 하던 도중, 자신이 직접 황열병에 걸려 1928년 5월 21일 만 52세의 나이로 죽었다. 노구치 히데요는 황열병이 바이러스가 아니라, 자신이 발견한 스피로헤타 때문에 발병한다는 이론을 증명하기 위해 아프리카를 방문한 길이었다. 노구치 히데요의 이런 극적 죽음은 그래서 더욱더 일본인들의 마음에 깊이 새겨졌고, 근대화를 이룩한 일본의 어떤 영웅들보다도 중요하게 여기고 있는 것이다.

2) 데즈카 오사무의 『철완(鐵腕) 아톰』

『철완(鐵腕) 아톰』은 일본을 대표하는 만화 캐릭터이다. 일본 만화의 신이라고 불리는 1952년부터 데즈카 오사무(手塚治蟲)가 『소년지』에 연재했던 「아톰대사」라는 원작 만화를 텔레비전 애니메이션 시리즈로 만든 것이다. 애니메이션 『철완(鐵腕) 아톰』은 원작자인 의학도 출신으로 알려진 데즈카 오사무가 감독을 했고, 총 193편이 제작되었다. 그리고 1963년 1월 1일부터 1966년 12월 31일까지 후지TV에서 방송되었는데, 당시에 40%가 넘는 경이적인 시청률을 기록했다.

첫 시리즈에서 흑백이었지만, 1982년 두 번째 시리즈는 컬러로 리메이크되었다. 니혼TV에서 1980년부터 1년간 총 52회분이 방송되었다. 두 번째 시리즈는 첫 번째 시리즈만큼 폭발적인 반응을 얻지는 못했지만, 아침 시간대의 시청률로는 비교적 높은 11% 정도를 기록했다. 첫 번째 시리즈가 아시아권을 중심으로 소개되었다면, 두 번째 시리즈는 주로 영미권을 중심으로 소개되었다. 만화상의 출생일인 2003년 4월 7일을 기념해서, 첫 번째 시리즈를 방송했던 후지 텔레비전에서 『아스트로보이 철완 아톰』을 제작했고, 2009년에는 미국에서 컴퓨터 그래픽 영화 『아톰』이 제작되었다.

『철완(鐵腕) 아톰』은 인간을 닮은 로봇 아톰이 자신의 정체성을 찾기 위해 고민하다, 사랑과 우정, 용기와 헌신과 같은 인간적인 가치가 미래 사회의 희망이라는 사실을 깨닫는 내용을 담고 있다. 이러한 철학적인 내용을 만화로 표현했다는 것이 놀랍기도 하지만, 다른 한편으로는 원자탄의 위력을 경험하며 연합군에 무조건 항복을 선언한 일본의 암울한 현실을 극복하는 데 기여했다는 평가도 받고 있다.

1963년 발표된 애니메이션『철완(鐵腕) 아톰』은 제작 당시 40년 뒤의 미래인 2003년을 시점으로 이야기가 전개된다. 과학청 장관 텐마 박사는 사고로 잃은 아들을 대신해 아톰을 개발한다. 이 로봇은 인간의 감정을 가지고 있지만, 자신의 외모에 대하여 스스로 열등감을 느끼고 있으며, 인간이 아니라는 사실에 괴로워한다. 그러나 성장하지 않는 아톰을 실패작으로 여긴 텐마 박사는 로봇 서커스단에 팔아넘긴다. 그러던 어느 날 로봇도 인권이 있다는 믿음을 가진 오차노미즈 박사를 만나서 정직한 마음과 일곱 가지 초능력을 가진 로봇으로 다시 태어난 아톰은 인류의 평화를 위해 싸운다.

『철완(鐵腕) 아톰』은 이러한 우수한 스토리 라인을 가지고 있음에도 불구하고, 몇 가지 문제점을 가지고 있었다. 우선 내용적으로는 독창적인 부분이 없다. 원작자 데즈카 오사무 스스로 밝혔듯, 아톰의 외형은 자신이 만화의 신으로 꼽는 월트 디즈니의 만화 미키 마우스의 캐릭터를 모방했고, 내러티브 역시 동물을 의인화한 디즈니 계열의 만화 캐릭터들과 피노키오, 오즈의 마법사 등을 차용했다.

또한 최초의 TV 애니메이션임에도 불구하고, 『철완(鐵腕) 아톰』은 TV 애니메이션 산업의 나쁜 선례가 되었다고 비판받는다. 회당 제작비 50만 엔이라는 가격은 제작 여건을 전혀 고려하지 않은 터무니없이 싼 가격이었다는 것이다. 말도 안 되는 가격으로 수주한 애니메이션을 제작하기 위해, 데즈카 오사무의 무시 프로덕션의 애니메이터들이 과로로 인해 사망하는 사태까지 벌어졌던 것이다.

비판자들의 주장처럼, 『철완(鐵腕) 아톰』이 여러 가지 문제점을 지닌 애니메이션이었던 것은 틀림없다. 데즈카 오사무는 아톰의 손가락을 디즈니 만화의 주인공들처럼 네 개로 그려 놓고도, 미국에서 직접 월트 디즈니를 만나기 전까지 왜 만화 캐릭터들의 손가락이 네 개인지를 설명하지 못했었다. 월트 디즈니는 데즈카 오사무에게 만화 캐릭터의 손가락을 5개로 그리면 6개로 보일 수 있는 문제점이 생긴다고 지적해 주자, 그때서야 비로소 자신이 그린 아톰의 손가락 숫자가 4개인 까닭을 알 정도였다.

그렇지만 데즈카 오사무의 『철완(鐵腕) 아톰』은 그 모든 비판과 비난을 전부 감수할 수 있을 정도로 훌륭한 작품이다. 원자폭탄의 위력과 패전의 상처로 인해 미래에 대한 희망을 잃어버린 일본 청소년들이 희망을 품을 수 있었던 것은 『철완(鐵腕) 아톰』이 지향하는 인본주의를 바탕에 둔 과학주의 때문이었다. 『철완(鐵腕) 아톰』은 따뜻한 마음을 가진 인간은 과학을 통해 세상을 밝고, 아름답게 만들 수 있다는 메시지를 전하고 있었다.

뿐만 아니라, 『철완(鐵腕) 아톰』은 만화에 대한 사회적 인식을 개선하는 일에도 한몫을 했다. 『철완(鐵腕) 아톰』을 통해, 일본에서는 성인들도 만화를 향유하는 일에 부끄러움을 갖지 않게 되었고, 이러한 사회적 분위기를 바탕으로 일본의 애니메이션 산업은 미국의 애니메이션 산업과 대결할 수 있는 역량을 확보하게 되었다. 현재 일본 애니메이션은 전 세계 50개국 이상에서 매일 방송된다고 할 정도로 엄청난 산업으로 발전했는데, 이러한 저변을 확보하는 데 공헌한 것이 바로 데즈카 오사무의 『철완(鐵腕) 아톰』이다.

이러한 『철완(鐵腕) 아톰』의 원작자 데즈카 오사무가 의학도 출신이라는 사실은 일본인들에게 자부심으로 작용했다. 정식으로 졸업까지 하지는 않은 것으로 알려졌지만, 데즈카 오사무는 일본 패전 직전인 1945년 7월에 오사카 제국 의과대학 의학전문부에 입학했던 것으로 알려지고 있다. 최근에는 만화가를 무시하는 일본 사회에서 주목받기 위해 데즈카 오사무가 학력을 변조했다는 말도 있기는 해도, 일본인들은 여전히 데즈카 오사무가 의학도였다고 기억하고 있다. 그리고 데즈카 오사무는 미국에 대한 패전과 원자탄의 위력에 낙담한 일본인들의 상처받은 마음을 치유한 의사였다고 고마워하고 있다.

4. 안철수의 국민 혁신
- 제18대 대통령 선거

1) 소의치병(小醫治病), 중의치인(中醫治人), 대의치국(大醫治國)

2012년 현재, 컴퓨터 바이러스 백신 프로그램 『V3』를 제작하는 안철수 연구소의 시가총액은 약 1조 1천억 원으로, 코스닥 순위 5위를 나타내고 있다. 이사회 의장인 안철수 후보의 대선 출마 가능성으로 인해 최근 주가가 급상승한 것도 사실이지만, 안철수 연구소의 시장가치가 장부상의 수치를 넘어선다는 것은 누구나 알고 있는 일이다. 앞으로도 안철수 연구소의 시장가치는 지속적으로 상승할 가능성이 높다.

1980년 서울대학교 의과대학에 입학했던 안철수 후보는 자신의 진로가 컴퓨터 전문가가 될 것이라고는 생각하지 않았을 것이다. 의과 대학에 들어가는 사람은 의사가 되는 것을 목적으로 하는 사람이고, 의사는 환자를 상대로 하는 것이기 때문이다. 안철수 후보는 서울대학교 의과대학 선배인 아버지 안영모 원장처럼 외과 전문의가 되지는 않더라도, 직접 환자를 상대하는 의사가 될 것이라고 생각했을 것이다.

그렇지만 인생은 언제든 생각하지 않은 방향으로 흘러갈 수 있다. 안철수 후보는 인턴과 레지던트 과정을 밟는 대신, 의과 대학원에 진학해서 전기 생리학을 전공하게 되었다. 안철수 후보의 개인 사정을 알 수는 없지만, 일반의가 되지 않은 것은 의사 적성보다는 연구자 쪽의 적성이 강했던 것으로 추론할 수 있다. 안철수 후보가 다른 의사들보다 컴퓨터를 더 많이 접하게 된 것은 실험과 관찰, 보고 등을 주로 하는 전공의 특성 때문이었을 것이다. 안철수 후보가 컴퓨터 바이러스를 제거하는 백신을 제작하게 된 것은 자연스러운 일이다.

전기 생리학이라는 전공을 선택한 것을 보면, 안철수 후보는 공학도가 되었어도 좋을 적성을 가지고 있는 것 같다. 안철수 후보는 적성대로라면, 컴퓨터 공학과가 더 적합했을 수도 있다. 그렇지만 컴퓨터를 전공했다면 안철수 후보의 V3는 탄생하지 않았을 것이다. 컴퓨터를 전공했다면, 안철수 후보는 바이러스 연구보다는 새로운 프로그램을 제작하는 사업이나 연구를 했을 가능성이 높다.

1992년 10월 17일자 한겨레신문에는 군의관 신분으로 V3를 만들고 있는 안철수 후보에 관한 기사가 실려 있다. 그 기사에서 안철수 후보는 "컴퓨터에도 바이러스가 있다는 말을 듣고, 전공과 일맥상통하는 부분이 있어 연구를 시작했다"고 밝혔다. 안철수 후보는 의사였기에 컴퓨터를 의사적 관점에서 접근했던 것이다. 컴퓨터 전공자였다면 컴퓨터의 가능성을 연구했겠지만, 의사였기에 컴퓨터의 문제점을 연구했던 것이다.

안철수 후보가 전공한 전기 생리학이 컴퓨터 바이러스 백신 프로그램 제작에 어떻게 관여했는지는 모르겠지만, 한 가지 분명한 것은 안철수 후보의 백신 프로그램은 문제의 원인을 발견해서, 치료하는 일반 의사들의 환자 치료방식을 고스란히 활용하고 있다는 사실이다. 1980년 서울대학교 의과대학에 환자를 치료하는 의사가 되기 위해 진학했던 안철수 후보는 33년이 지난 지금 사람들이 가장 많이 사용하는 생활 도구인 컴퓨터의 질환을 치료하는 컴퓨터 치료 의사가 되어 있는 것이다.

안철수 컴퓨터 바이러스 연구소의 시장 가치는 1조 1천억 원이라는 사실에, 사람들은 그 가치도 대단하다고 생각할지 모르겠다. 그렇지만 안철수 컴퓨터 바이러스 연구소의 시장 가치는 10배, 100배 혹은 그 이상이 될지도 모른다. 안철수 컴퓨터 바이러스 연구소가 없다면, 한국은 개인 컴퓨터 사용자들이 외국 회사에 엄청난 비용을 지불하고 바이러스 백신 프로그램 사용료를 지불해야 한다. 그렇지만 한국은 '대한민국 국민에 한해서 무료' 원칙을 고집하는 안철수 후보의 의지에 따라, 공짜로 『V3』를 사용하고 있다. 세계 수준의 컴퓨터 바이러스 백신 프로그램 『V3』를 무료로 사용하는 한국 국민들의 자부심은 비용으로 환산할 수 없을 정도로 높은 가치라고 할 수 있다.

그런데 이러한 대한민국 컴퓨터 업계, 더 나아가 대한민국 산업의 중추를 지탱해 온 안철수 후보가 2011년 하반기부터 정치에 깊은 관심을 드러내고 있다는 사실은 주목할 만한 사건이다. 안철수 후보의 정치 참여는 돈도 얻고, 명예도 얻고 나니, 권력만 남았다는 식의 인간적 욕심과 관련이 있는 것은 아니기 때문이다. 자서전 형태의 저작물들과 다양한 매체와의 인터뷰를 통해 검증된 안철수 후보는 권력 추구형 정치인들의 속성을 가지고 있는 인물은 아니다.

그럼에도 불구하고 안철수 후보가 2011년 제35대 서울시장 보궐선거에 출마 의사를 내비친 것이나, 2012년 제19대 국회의원 선거에 출마 여부에 무응답을 한 것, 또한 2012년 18대 대통령 선거에 출마 가능성을 내비친 것 등은 확실히 대한민국 현실정치에 대한 반발감이 있다는 것은 분명한 사실이다. 계속되는 출마 유보와 무응답으로 안철수 후보의 반듯한 이미지는 일정 부분 퇴색된 것도 사실이지만, 반대로 계속해서 정치권에서 언급되는 것을 통해 안철수 후보는 정치인 못지않은 지지도를 확보하게 되었다.

2) 중국 혁명의 대부 『쑨원(孫文)』

의사 출신의 컴퓨터 바이러스 연구가였던 안철수 후보의 제18대 대통령 선거 출마 상황은 중국 국부라고도 불리는 쑨원의 중국 혁명 여정과 닮아 있다.

중국 공화제를 창시한 쑨원(孫文, 1866. 11. 12.~1925. 3. 12.)도 원래 의사였다. 중국 광둥성(廣東省) 샹산(香山, 현재의 中山)에서 빈농의 아들로 태어난 쑨원은 14세 때 미국 하와이로 유학을 갔다. 하와이에는 친형 쑨메이(孫眉)가 노동자로 생활하고 있었는데, 형 수하에서 호놀룰루의 신교계(新敎系) 고등학교에 입학했던 것이다. 봉건적 사회인 중국을 떠나, 근대화의 단계로 진입한 미국에서 청소년기를 보낸 것은 쑨원의 인생을 바꾼 계기가 됐다.

18세에 중국으로 귀국한 쑨원은 이미 중국의 낡은 전통과 변화하는 서구 사회의 괴리를 극복하기 힘든 상황이 되었다. 결국 고향을 떠난 쑨원은 홍콩으로 이주를 했고, 정식 기독교 신자가 되었다. 그리고 실학의 필요성을 느껴, 광저우(廣州)와 홍콩(香港)에서 의학교인 서의서원(西醫書院)에 입학해서, 1892년 만 26살의 나이로 졸업했다. 의사가 된 쑨원은 마카오와 광저우 등에서 개업을 했다.

당시 중국은 청나라 말기로, 서양 열강과 일본의 횡포가 극에 달했던 때였다. 영국과 아편전쟁(1840~1842), 태평천국(1851~1864)의 난에 이어, 중국에서는 양무운동(1861~1894)이 벌어졌지만, 결과는 근대화 실패였다. '중체서용(中體西用)'의 양무정신은 서구의 근대정신은 배제하고, 군사기술만 받아들이려는 외형적 변화시도에 그쳤기 때문이었다.

아편전쟁으로 이미 서구의 위력을 경험한 중국은 여전히 세계의 중심이라는 중화사상에 젖어 근대화를 주저했다. 그 결과는 두 차례의 전쟁에서 고스란히 나타난다. 중국은 베트남 식민지화를 추진하던 프랑스와 청불전쟁(1884~1885)을 벌였지만, 제대로 손도 못 써 보고 패전한다. 그리고 이어서 조선의 지배권을 차지하려던 일본과 청일전쟁(1894~1895)을 벌이지만, 또다시 완패했다.

청조의 일부 만주족 통치 집단과 한인 관료들은 그때서야 서양 기계 문명의 우수성을 인식했지만, 별다른 방법은 없었다. 근대화의 실패는 낡은 정치 제도를 고집하는 청조가 버티는 한 중국 사회에서 지속될 일이었다. 중국 사회의 분위기는 민중 혁명의 방향으로 나아가고 있었다. 멸만흥한(滅滿興漢)의 중국 민족주의가 화교, 유학생, 민족

자본가 등 재외 중국인들 사이에서 솟아나기 시작했다.

광저우 의학교 시절부터 중국의 민중 혁명에 대한 관심을 갖기 시작한 쑨원은 반청(反淸) 운동에 앞장섰던 중국의 비밀결사조직 삼합회(三合會)와 접촉하기 시작했고, 수령이었던 정스량(鄭士良) 등과 친교를 하게 된다. 쑨원은 홍콩 의학교 재학부터는 본격적으로 반청운동(反淸運動)에 가담했다. 이때부터 쑨원의 인생은 중국인을 고치는 의사의 길이 아니라, 중국 사회를 고치는 혁명가의 길로 접어들게 됐다.

청조타도와 중국 근대화를 주장하는 쑨원은 당국으로부터 요주의 인물로 감시를 당했고, 중국에서 추방을 당해 포르투갈의 영지 마카오로 강제 퇴거당했다. 청일전쟁이 한창이던 1894년, 다시 한번 미국 하와이로 건너간 쑨원은 화교들을 모아 흥중회(興中會)를 조직했다. 그리고 1995년 홍중회의 후원으로 1895년 10월 중국 광저우로 돌아와 거병하였으나 실패하고 일본 망명을 떠났다.

이후부터 쑨원의 인생은 파란의 연속이었다. 변발을 자르고, 양복을 착용한 쑨원은 일본을 거쳐, 1896년 미국 하와이로 갔다가, 다시 영국의 런던으로 거처를 옮겼다. 하지만 쑨원은 청국공사관에 의해 체포되어, 본국으로 송화될 뻔했다. 다행스럽게도 홍콩 의학교 스승에 의해 구출되어, 런던 망명생활을 하게 되었다.

쑨원의 삼민주의(三民主義)는 영국에서 구상되었다. 민족주의, 민권주의, 민생주의의 삼민주의는 신해혁명(1911)의 사상적 배경이 되었다. 쑨원의 삼민주의는 토지 평등 분배, 만주족의 청조를 타도, 서양과 일본 제국주의와 결탁을 맺던 군벌을 타도라는 구체적 목표를 내걸고, 주권재민의 민주정치를 실현하는 것을 목표로 했다.

1905년 일본 도쿄(東京)로 돌아온 쑨원은 중국혁명동맹회(中國革命

同盟會)를 통해 삼민주의를 기치로 내건 반청(反淸) 봉기를 행동화했다. 쑨원은 삼민주의를 바탕으로 중국 근대화에 나서면, 근대화 철학이 없어서 30년이 걸린 일본 근대화의 절반인 15년 만에 중국 근대화를 이룰 수 있다고 주장했다.

중국혁명동맹회를 중심으로 활동하던 쑨원은 중국 혁명을 위한 자금을 마련하기 위해 중국으로 떠났는데, 1911년 10월 10일 중국에서 청조를 넘어뜨리고 중화민국을 성립시킨 신해혁명(辛亥革命)이 발발했다. 쑨원은 즉시 서구 열강의 협조와 원조를 요청하며, 유럽을 거쳐 중국으로 귀국했다. 중국에 귀국한 쑨원은 만 46세의 나이로 임시 대총통(大總統)에 추대되었고, 이듬해 1912년 1월 1일 중화민국을 발족시켰다.

그렇지만 신해혁명은 거국적인 혁명운동은 아니어서, 청조는 여전히 건재했다. 쑨원은 청조를 무너뜨리기 위해 군벌과 타협하고, 정권을 위안스카이(袁世凱)에게 이양했다. 쑨원의 목적은 통치권자가 아니라, 중국의 근대화 혁명이었기 때문이다. 하지만 청조 멸망 후 공화제 도입을 약속한 위안스카이는 황제로 즉위했다.

쑨원은 이번에는 시대착오적 발상으로 중국 전체를 다시 한번 위기로 몰아넣는 위안스카이의 봉건제도와 대결할 생각을 했다. 쑨원은 신해혁명의 근간이 된 중국혁명동맹회를 개조해서 국민당을 설립했다. 그리고 위안스카이에 대항했지만, 위안스카이의 강성한 무력에 힘을 쓰지 못하고 폐퇴했다.

쑨원은 이후에도 계속 중국 사회의 개혁을 추진했지만 뜻을 이루지 못했다. 결국 일본으로 망명하고, 화교, 유학생 등을 중심으로 한 중화혁명당(中華革命黨)을 결성하고, 호법운동(護法運動)을 벌였다. 1919

년 5·4운동이 발생하자, 중화혁명당을 중국국민당으로 개조해서, 중국 공산당과 제휴해 노동자와 농민과 결속을 추구하는 국공합작을 시도했다.

하지만 중국 근대화를 위한 민중 혁명의 뜻을 이루지 못한 채, 1925년 3월 12일 59세의 일기를 끝으로 사망했다. 사인은 간암이었고, 유언은 "혁명은 아직 이룩되지 않았다"였다. 1929년 쑨원의 유해는 난징(南京)의 중산릉(中山陵)에 이장되었다.

박원순 서울시장이 이야기한 것처럼, 대통령 출마 선언으로 안철수 후보는 돌아올 수 없는 강을 건넜다. 대통령 후보로 나설 수 있다는 말과 대통령 후보로 나섰다는 말은 전혀 다른 상황이다. 1년 전까지만 하더라도, 안철수 후보가 대통령 후보가 될 것이라고 생각했던 사람은 많지 않았다. 그러나 이제 안철수 후보는 대통령 선거에 출마한 정치인이 되었다.

안철수 후보의 대선 출마 가능성을 개인적 정치적 욕망으로 보는 사람들이 없는 것도 아니다. 보는 입장에 따라서, 안철수 후보가 처음부터 정치적 야심을 가지고 있었다고 말할 수도 있다. 의사, CEO, 교수를 하면서 명예도 얻고, 안철수 연구소를 경영하며 돈도 벌었으니, 이제 남은 것은 권력밖에 없다고 생각하는 것도 가능한 일이다. 사람의 속이야 자신밖에 모르는 일이니, 어쩌면 그럴 가능성도 있을 수 있겠다.

그러나 그렇게 하기에 안철수 후보가 지불하는 기회비용은 너무나 크다. 이미 안철수 후보는 자신이 소유한 주식 지분의 절반을 사회에 환원했다. 이데일리 2012년 2월 21일자에는 안철수 후보는 매각 대금으로 930억 원과 주식현물로 1,119억 원을 합해 약 2,049억 원 상당의 자금을 (가칭)안철수재단에 넘겼다고 밝히고 있다. 정치적 야심이 있어서 재산을 사회에 환원했건, 출마를 위해 재산을 정리할 목적으로 재단을 설립했건, 안철수 후보가 한 일은 결코 쉬운 일이 아니다.

돈은 벌수록 더 벌고 싶어지는 것이 인지상정이다. 그것은 돈을 번 사람들은 돈을 버는 방식을 배웠기 때문이다. 서울대학교 의과대학교 입학 동기들 가운데, 안철수 후보보다 더 많은 돈을 번 사람은 없을 것이다. 의사의 목적이 돈을 버는 것은 아니기에, 의사들의 수입을 논하는 것은 이상한 일이지만, 안철수 후보도 안철수 연구소를 설립하면서 지금 가진 재산을 벌게 될 것이라는 확신을 가졌을 리는 없다. 안철수 후보의 재산은 옳은 일을 한 사람에게 베푼 한국 사회의 보상이었고, 안철수 후보는 자신의 재산을 다시 사회에 환원한 것이다.

안철수 후보가 대통령 후보로 출마할 생각을 한 것은 안철수 연구소 이사회 의장의 신분 때문이다. 『V3』를 공급하는 안철수 연구소가 배경에 없다면, 대통령 후보로서 안철수 후보는 있을 수 없다. 또한 국민들이 정치적 경력이 전혀 없는 안철수 후보를 대통령 후보로까지 상정하는 것은 안철수 연구소를 경영하면서 보여 준 안철수 후보의 경영능력과 가치관, 사회적 공헌도 때문이다. 안철수 후보가 정치를 직업으로 삼는 여야의 어떤 후보보다 더 많은 관심을 국민들에게 받는 이유는 안철수 컴퓨터 바이러스 연구소와 관련한 지난 20년간의 인생 여정 때문이다.

안철수 컴퓨터 바이러스 연구소 이사회 의장이 아니었다면, 안철수 후보는 대통령 후보 출마를 전혀 고려하지 않았을 것이다. 『V3』와 안철수 컴퓨터 바이러스 연구소가 없었다면, 안철수 후보는 단국대학교 의과대학 교수로 머물러 있었을 것이다. 국민들은 의과대학교 교수인 안철수 후보의 출마에 관심이 없었을 것이고, 안철수 후보 역시 자신의 처지를 잘 알고 대통령 출마 같은 터무니없는 생각을 겉으로 표현하지 않았을 것이다.

안철수 후보가 대통령 후보로 출마를 할 생각을 한 것은 안철수 컴퓨터 바이러스 연구소 이사회 의장이 되어서 국민들이 알아주기 때문이 아니라, 국민기업으로까지 불리는 기업의 이사회 의장이라는 사회적 책임 때문이다. 안철수 후보는 대기업의 총수와 마찬가지인 자신의 신분이 지워준 사회적 사명을 인식하고 있는 것이다. 기업의 경영자는 일반 국민이 느끼는 사회적 윤리보다 더 큰 윤리 의식을 가지게 되는데, 이것을 우리는 기업가 윤리라고 부른다. 이러한 기업가 윤리가 안철수 후보에게 병든 사회에 대해 차유에 나설 책임감을 부여한 것이다.

삼민 정책을 제시하며 중국 민주주의 발전에 기여한 공로로 근대 중국의 아버지 쑨원(孫文, 1866. 11. 12.~1925. 3. 12.)은 의사인 자신이 중국 혁명에 나서는 일에 대해서, 소의치병(小醫治病), 중의치인(中醫治人), 대의치국(大醫治國)이라고 했다. 의사의 사명은 고치는 일이고, 고치는 것은 병이건, 사람이건, 나라이건 관계없이, 고칠 힘이 있으면 고쳐야 한다는 말이었다. 제18대 대통령 선거에 출마할 의향을 비치고 있는 안철수 후보에게 쑨원은 좋은 성공모델이 될 수 있다.

일제 강점기, 지석영과 공병우 같은 한국의 의사들은 환자를 치유하는 일 못지않게 한국 정신을 잃는 것을 염려하며, 한글을 지키는 것으로 망국을 이겨 내려고 했다. 일본 역시 제국주의를 경험하며 서구의 위력을 실감했는데, 그때 노구치 히데요나 데즈카 오사무 같은 일본의 의사들도 의업 대신 자신들의 재능으로 국민들의 상처를 치유했다. 2012년 통일을 앞둔 한국, 이념에 의한 양극화와 지역주의가 병적으로 만연한 지금, 의사 안철수가 한국의 환부를 치유하겠다고 나서는 것은 환자를 보면 치료해야 한다는 의사 본연의 자세를 인식한 당연한 태도라고 생각한다.

의사 안철수는 대통령 선거 출마를 통해, 대한민국 사회가 지금 치유하지 않으면 안 되는 중증질환에 걸려 있다는 사실을 통보하고 싶은 것이다. 그래서 대통령이라는 직분에 욕심이 생긴 대통령병 환자라고 불리는 것을 의사 안철수는 전혀 두려워하지 않는다. 의사의 목적은 환자를 고치는 것이고, 환자를 고치기 위해 손해를 감수하는 것은 옳은 일이기 때문이다.

일제 강점기 의사였던 지석영이나, 공병우가 한글 수호에 나섰던 것은 환자를 보는 일보다 중요한 것이 우리의 정신을 지키는 일이라는 생각 때문이었다. 마찬가지로 같은 시기 일본의 의사 노구치 히데요와 데즈카 오사무는 먼저 근대화한 서구 열강에 대한 상처를 치유하는 것이 환자를 보는 일보다 더 중요한 것이라고 생각했다. 의사들은 "나의 양심과 위엄으로써 의술을 베풀겠노라"라는 「히포크라테스의 선서」를 자신의 선서로 받아들인 사람들이다. 의사들은 개인의 질병이든, 사회의 질병이든, 질병에 대해서는 해결 방법을 찾아 나서도록 교육받은 사람들이다.

지금 한국은 전근대화 근대, 영남과 호남, 좌와 우, 가진 자와 갖지 않은 자, 남과 북의 갈등이라는 바이러스에 감염되어, 가동 중단의 위기 상태이다. 컴퓨터 바이러스 백신으로 작동 중단의 컴퓨터를 회생시켰던 의사 안철수가 아니라면, 또 다른 의사가 한국병을 치유하겠다고 나설 일이다. 의사 안철수는 대통령이 되는 것이 목적이 아니라,

한국병의 치료가 관심인 대한민국 의사이다. 정치인도 아니고, 시민 운동에 나선 사회 개혁 인사도 아니지만, 대한민국 국민들이 안철수 후보를 주목하는 안철수 후보가 아픈 곳을 치유하는 의사이기 때문이다.

안철수 후보가 작동시킬 대한민국 부패정치 바이러스 백신 프로그램『안철수 V4』의 위력은 국민들을 향한 진정성의 깊이에 달려 있다. 안철수 후보의 대한민국 혁신 여정은 제18대 대통령 선거 출마 이후가 더욱 중요하다. 중국 혁명의 국부 쑨원이 출정한 것은 총통이 되기 위함이 아니라, 중국을 치유하기 위해서였던 것이다. 안철수 후보도 마찬가지이다. 안철수 후보도 대통령이 되기 위해 출마를 선언한 것은 의사만이 치유할 수 있는 한국병이라는 국가적 질환을 치유하려는 것이다.

안철수 후보는 외친다. 대한민국 사회여! "아프면 고쳐라!"

6장
외교: 반기문의 "세계를 품어라!"

1. 반기문의『UN 사무총장』

1)『유엔 사무총장』재선

한국인 최초의 반기문(潘基文, 1944. 6. 13.~) 유엔(United Nations) 사무총장이 지난해 2011년 6월 21일 연임에 성공했다. 안보리의 만장일치 찬성과 총회 192개 회원국의 박수 통과였다. 조용하면서도, 성실한 반기문 총장의 부드러운 리더십이 이해관계가 첨예한 안보리와 회원국 전체로부터 인정받은 것이다. 반기문 총장은 올해 2012년 1월 1일부터 새로운 5년 임기를 시작했고, 5년 뒤인 2016년 12월 31일까지 세계의 대통령이라고 불리는 유엔 사무총장의 직무를 수행하게 된다.

사실 반기문 총장의 연임은 낙관하기 힘든 일이었다. 유엔 내부의 반개혁 세력과 미국은 반기문 총장의 부드러운 리더십을 문제 삼았다. 중국의 인권문제에 침묵한다는 비판이 저변에 깔려 있었다. 반기문 총장은 반미 국가들로부터도 호응을 얻지 못하고 있었다. 미국의 지원을 받고 유엔 사무총장에 선출된 반기문 총장에 대해서 질투와 반발이 혼재되어 있었기 때문이다.

그렇지만 2011년 11월 말 코트디부아르 내전과 튀니지에서 시작된 '아랍의 봄', 즉 중동, 북아프리카 민주화 운동이 반기문 총장의 재선에 결정적인 영향을 미쳤다. 반기문 총장은 아랍권의 독재정권을 비판하며, 각국의 시위대의 민주주의 투쟁을 격려했다. 반기문 총장의 연임은 아랍 민주주의 운동이 기반이 되었고, 유엔 내부의 반개혁 세력과 미국도 반기문 총장의 손을 들어줄 수밖에 없게 되었다.

결국 2006년 12월 14일 제 8대 유엔 사무총장으로 취임했던 반기문 총장은 5년의 임기를 성공적으로 끝마쳤다. 지난 5년간의 임기 동안, 반기문 총장은 '아랍의 봄'에 보여 준 중동의 민주주의와 인권문제에 대한 유엔의 효과적인 대처, 기후변화 문제의 이슈화, 여성과 아동의 인권 신장 등의 성과를 올렸다. 반기문 총장의 연임은 바로 이러한 공적에 대한 유엔 회원국들의 평가 결과이다.

반기문 총장 이전의 유엔 사무총장 7명 가운데 온전하게 임기를 마치며 연임에 성공한 총장은 5명뿐이었다. 초대 사무총장 트리그브 할브란 리(Trygve Halvdan Lie, 노르웨이, 1946. 2. 1.~1952. 11. 10.)는 연임에 성공은 했지만 소련과 공산권 국가의 냉대로 인해 중간에 자진 사퇴를 했고, 6대 부트로스 부트로스 갈리(Boutros Boutros Ghali, 이집트, 1992. 1. 1.~1996. 12. 31.)는 유엔 개입을 거부한 1992년 보스니아 내전과 적극적 개입을 주장한 1993년 소말리아 사태가 모두 악화되면서 연임에 실패했다.

유엔 사무총장은 한 번 되기도 힘들지만, 연임하기도 쉽지 않은 직책이다. 2대 다그 함마르셸드(Dag Hammarskjöld, 스웨덴, 1953. 4. 10.

~1961. 9. 18.), 3대 우 탄트(U Thant, 미얀마, 1961. 11. 30.~1971. 12. 31.), 4대 쿠르트 발트하임(Kurt Josef Waldheim, 오스트리아, 1972.1. 1. ~1981. 12. 31.), 5대 하비에르 페레스 데 케야르(Javier Pérez de Cuéllar, 페루, 1982. 1. 1.~1991. 12. 31.), 7대 코피아난(Kofi Atta Annan, 가나, 재임기간 1997. 1. 1.~2006. 12. 31.)만이 지뢰밭 같은 국제 정세의 위기를 뛰어넘어 연임에 성공했고 임기를 온전하게 끝마쳤다. 연임에 성공한 8대 반기문 총장은 무리없이 임기를 마치면, 실질적으로 연임에 성공한 6번째 유엔 사무총장이 될 것이다.

연임 수락 연설을 통해, 반기문 총장은 새로운 5년의 임기를 요약하는 기치로 '강력한 유엔'을 내세웠다. '아랍의 봄'에 능동적 대처를 한 반기문 총장은 안보리의 5개국 상임이사국이 감당하지 못하는 아랍권의 민주화와 인권 개선에 유엔이 적극 참여할 뜻을 내비친 것이다. 반기문 총장의 주장대로, 아랍권 민주화와 인권 개선은 유엔이 아닌 다른 어떤 국가나 국제기구도 개입할 수 없는 문제이다.

반기문 총장은 유엔이 그 어느 때보다도 인간을 보호하고 평화를 구축하기 위한 최전선에 서 있다는 사실을 상기하며, 유엔의 역할은 선도라고 강조했다. 유엔은 결정적이고, 합심된 행동의 명령을 인지해야 하며, 시작만으로는 부족하고, 반드시 사람들이 만지고 느낄 수 있는 결과, 세상이 변하고 있음을 느낄 수 있는 결과를 주어야 한다고 했다. 반기문 총장은 유엔 르네상스를 꿈꾸고 있다.

반기문 총장의 '강력한 유엔'을 통해 유엔 르네상스라는 목표가 달성되려면, 넘어야 할 고지가 많다. 아랍권 민주화와 인권 개선 문제 외에도, 북한과 이란의 핵 개발 저지, 아프리카 국가들의 기근과 식량 부족 문제 등은 유엔의 적극적인 참여가 요구되는 문제들이다. 또한 재난과 재해에 대한 유엔의 효과적인 대응과 약자와 소외계층에 대한 배려와 관심 등도 반기문 총장이 방향을 제시해야 할 문제들이다.

이러한 문제들이 산적해 있기 때문에, 반기문 총장의 연임 기간은 더욱더 의미 있게 느껴진다. 반기문 총장이 연임 임기 중에 이러한 문제들을 세계가 공감할 수 있게 처리한다면, 반기문 총장은 '강력한 유엔'을 만들 기초를 닦는 셈이다. 그리고 유엔은 세계 질서를 조율하는 국제기구로서 소임을 강화하는 유엔 르네상스를 시작할 것이다.

2) 『유엔』

1991년 9월 17일, 남북한은 유엔에 동시 가입했다. 그리고 16년 만에 유엔 사무총장을 배출했고, 21년이 흐른 지금은 대한민국 외교관 출신 유엔 사무총장의 연임시대를 맞이하고 있다. 유엔가입 전까지 옵서버 단계에 머물던 대한민국의 위상을 생각해 보면, 보통 격세지감이 아닌 셈이다.

대한민국의 이러한 유엔 내 위상 상승은 정치 안정과 민주주의 실현 노력, 경제력을 포함한 국가 경쟁력 강화가 바탕이 되었다. 대한민국은 UN에 가입해 있는 193개 국가들 가운데, 분담금은 11번째로, 평화유지군 분담금은 10번째로 많이 내고 있는 국가이다. 유엔 사무총장을 배출한 국가답게, 대한민국은 앞으로 유엔에서 더욱더 견고한 위치를 차지할 수 있을 것으로 보인다.

남북한 동시 가입 전까지, 유엔은 대한민국에게 가까이 다가설 수 없는 희망이었다. 유엔 창립일인 10월 24일을 국가 휴일로 지정할 정도로 유엔에 대한 열망을 나타내고 있었지만, 유엔에 대한 대한민국의 기억 전부는 유엔국의 6·25한국전쟁 참전뿐일 정도로 일천했다. 분단국가의 설움과 원통을 경험하며, 결국 남북한은 유엔에 동시 가입했다.

유엔 가입 이후, 대한민국과 북한은 전혀 다른 행보를 보이고 있다. 대한민국이 재정적·물질적·인적 기여를 통해 유엔 내 위상 강화에 나서고 있는 반면, 북한은 핵 개발과 장거리 미사일 발사 등으로 여러 차례 사찰과 제재 조치를 당했기 때문이다. 국제평화와 안전이라는 유엔 설립 목적에 부응하는 대한민국의 역할에 대해서는 세계가 공감하고 있다.

유엔은 국제 평화유지와 국제 협력 달성을 목표로 설립된 세계의 두 번째 기구이다. 제2차 세계대전 이후 유엔이 창설되기 전에는 국제연맹(League of Nations)이 있었지만, 국제연맹은 주창국이었던 미국도 참여하지 않은 제한적인 국제 조직이었다. 회원국들이 자국의 이해관계에 따라 가입과 탈퇴를 자유롭게 했던 국제연맹은 모든 자산과 권리를 유엔으로 이양하고 해체되었다.

유엔연합헌장에 따라 1945년 10월 24일 창설된 유엔은 1946년 1월 10일부터 활동을 개시했다. 두 번의 세계대전을 경험한 국제사회는 국제평화유지와 국제협력달성이라는 선명한 목표를 가지고 있었고, 유엔은 이러한 목표를 추진하기 위해 유엔 평화유지군(UN peace-keeping force)까지 운영할 수 있는 강력한 기구로 발전했다. 유엔 평화유지군은 세계의 평화유지를 위해 유엔 회원 각국으로부터 차출한 다국적군으로, 무력의 사용 없이 분쟁지역의 평화 유지와 회복을 돕기 위해 활동하는 군대이다.

1946년 1월 10일부터 활동을 시작한 유엔은 제2차 세계대전에 연합군으로 참가한 51개국으로 출범했지만, 현재는 2011년 7월 18일 가입한 남수단까지 모두 193개국이 가입해 있다. 유엔 본부는 뉴욕에 있고, 국제연합총회, 안전보장이사회, 경제사회이사회, 국제사법재판소, 사무국의 다섯 개 주요 기관으로 구성되어 있다. 유엔에는 만 6천여 명의 직원이 근무하고 있다.

대한민국의 역사는 유엔의 역사와 함께한다. 1945년 제2차 세계 대전 종전과 함께 유엔이 창설될 때, 대한민국은 독립국가의 위상을 확보했다. 1948년 유엔은 「유엔한국임시위원단」을 설치하고, 대한민국의 자유선거 실시를 감시했다. 대한민국의 건국은 유엔이 세계 최초로 내정에 간섭한 사건이었다.

1950년 6 · 25한국전쟁이 발발했을 때, 유엔은 16개국의 연합군과 5개국의 의료지원군을 파견했다. 유엔군은 6 · 25한국전쟁에서 사망 40,670명, 부상 104,280명, 실종 4,116명, 포로 5,815명의 피해를 입었다. 대한민국의 자유민주주의를 실현하기 위해 유엔의 기치 아래, 세계의 젊은이들 144,881명이 희생된 것이다. 그러한 희생의 결실로 대한민국은 자유민주주의와 시장경제제도를 발전시킬 수 있었다.

1991년 유엔에 가입한 대한민국은 1993년부터 평화유지군(PKO)을 파견하기 시작했다. 1993년 7월 소말리아에 공병부대를 시작으로, 1994년 인도와 파키스탄, 그루지야, 1995년 앙골라, 2003년 라이베리아, 2006년 동티모르, 2007년 레바논, 2009년 수단, 코트디부아르, 서부 사하라, 아이티, 2011년 아베이, 남수단 등에 모두 640명을 파병했다.

대한민국은 유엔에서 특별한 의미를 가진 국가이다. 유엔의 지원을 받아 국가를 건설하고, 유엔군의 도움으로 내전에서 승리하고, 이제는 거꾸로 유엔군을 파견하고, 유엔분담금을 내고 있는 유일한 국가이기 때문이다. 대한민국처럼 유엔의 도움을 받아 국가를 성립한 이후, 유엔의 국제 평화유지와 국제 협력 달성에 기여하는 국가는 대한민국이 유일하다. 그리고 이제는 193개국을 대표하는 유엔의 사무총장을 배출한 8번째 국가가 되었다.

3) 반기문

반기문 총장의 조용한 성격은 유엔 사무총장 재선에 영향을 끼칠 만큼 중요한 요소였다. 외모에서 풍기는 인상처럼, 반기문 총장은 자기표현이 강하지 않기로 유명하다. 표현 방식만 그런 것이 아니라, 행동도 마찬가지이다. 반기문 총장은 국내에 귀국할 때에도 정치적 오해를 불러일으키는 자리에는 절대 참석하지 않는다. 외무 공무원으로 평생을 살아온 영향 때문이다.

외무 공무원이라는 직업은 겉으로는 화려해 보이지만, 속으로는 내부질서와 규율이 엄격하다. 외무 업무를 담당한다 할지라도 기본적으로 공무원인 까닭에, 외무 공무원들은 언제나 유무형의 내부 검열 기준을 갖고 행동할 수밖에 없다. 그러므로 외무 공무원들은 은퇴하기 직전까지, 아니 은퇴를 하고 나서도 일정 기간, 국가와 국민의 보위에 관계된 내용들에 대해서 신중한 자세를 취하게 된다.

반기문 총장만 조용한 성격이 아니라, 대부분의 외무 공무원들이 이러한 성격을 갖고 있다. 외교적이라는 말은 화려한 수사와 능숙한 매너를 의미하는 것 같지만, 실제로 외무 공무원들은 신중하고, 진지하며, 국가적 사안에 대해서 자기표현을 하지 않는다. 검찰에서 사용하는 검사동일체처럼, 외무 공무원들에게도 외무 공무원 동일체라는 표현을 써야 할 정도이다.

외무 공무원들은 대사로 임명받기 전까지는 외교관으로 불릴 수 없다. 대사만이 외교관이라는 호칭을 사용할 수 있다. 대사가 되었다고 표현이 자유로워지고, 적극적이 된다는 것은 아니다. 대사가 되면, 오히려 외무 공무원일 때보다 더 조심스러워지게 된다. 대사의 말 한마디, 행동 하나가 국가를 대표하기 때문이다.

1970년 외무고시 합격한 반기문 총장이 30년 넘게 외무 공무원 생활을 하고서도 조용한 성격이 아니라면, 그것이 더 이상한 일이다. 반기문 총장은 외교부 미주 국장(1990) 외교정책실장(1995), 제1 차관보와 대통령 의전수석(1996), 본부대사와 오스트리아 대사(1998), 외교부 차관(2000), 주 유엔 대표부 대사 겸 유엔총회 의장 비서실장(2001), 대통령 외교보좌관(2003) 등 외교부와 청와대 요직을 거쳤다. 그리고 2004년 1월 외교통상부 장관에 임명되어 2006년 11월까지 약 3년간 봉직했다.

반기문 총장은 1993년부터 1994년까지 제1차 북한 핵위기 때 주미 대사관 정무공사로 한미 간의 대북정책 조율 실무 총책임자였다. 그리고 1997년 황장엽 북한 노동당 비서 망명 때, 필리핀 라모스 대통령을 만나 황장엽 비서가 대한민국으로 망명할 수 있도록 협상을 성사시킨 김영삼 대통령의 정부 특사였다. 반기문 총장은 그 외에도 드러나지 않은 대한민국의 외교 문제에서 중요 역할을 감당해 왔다.

국가의 존망과 관련된 문제를 해결해 온 반기문 총장은 자신에게 부여된 임무가 완수될 때까지 자기의 존재를 드러내지 않았다. 반기문 총장에게는 외무 공무원 시절부터 골수에 사무친 외교적 성격이 내재하고 있었다. 신중하고, 진지하며, 국가적 사안에 대해서 자기표현이 없는 것이 바로 반기문 총장의 외교적 성격이다.

이러한 반기문 총장이 미국의 인권문제를 지적하라는 미국의 요구를 곧이곧대로 받아들이지 않은 것은 당연한 일이다. 외교관 출신이 아니었다면, 반기문 총장은 전통 우방인 미국이 주장하는 대로 유엔 사무총장의 자격으로 중국의 인권문제를 거론했을 것이다. 그리고 그러한 발언의 대가로 중국의 인권문제는 일정 기간 국제 여론의 주목을 받았을지 모르겠지만, 반기문 총장은 중국의 강력한 반발을 불러왔을 것이다. 유엔 사무총장 재선은 언감생심 꿈도 꾸지 못했을 것이다.

그러나 반기문 총장은 코트디부아르 내전과 튀니지에서 시작된 '아랍의 봄'에 대해서는 독재정권에 항거하는 시위대의 편을 들었다. 유엔 사무총장 연임을 위한 정략적 포석이라거나, 중국보다 국력이 약한 국가들이어서 쉽게 행동한 것이 아니었다. 코트디부아르와 '아랍의 봄'은 시민혁명이었기 때문이었다.

유엔 사무총장이라고 할지라도, 국민들의 내부적 요구나, 개혁을 위한 시도가 없는 상황에서 중국의 인권문제를 거론하는 것은 내정 간섭이 될 수 있었다. 반기문 총장은 외교적 성격으로 미국의 요구를 해석하고, 표현했다. 중국의 인권문제를 거론하지 않는 것은 반대가 아니라, 적절한 때를 기다리는 것일 수 있었다.

미국의 요구에 바로 대응하지 않고 기다린 결과, 반기문 총장은 민주주의와 인권문제에 대해서 세계인이 공감할 수 있는 기회를 잡았다. 그리고 미국이 견제했던 중국의 반감도 야기하지 않았고, 세계 각국으로부터 민주주의와 인권문제에 대해서 고민하는 유엔 사무총장이라는 공감도 불러냈다. 반기문 총장의 연임은 대한민국 외교관으로 살아온 외교적 성격이 가져다준 선물이고, 그 선물은 반기문 총장 개인의 것으로 끝나지 않고, 유엔 내에서 대한민국의 위상강화로 연결되는 결과로 이어지고 있다.

2. 대한민국 외교관

외무부 사무관에서 외무부 장관을 거쳐, 유엔 사무총장에 이른 반기문 총장은 대한민국 외교사의 정점을 찍었다. 반기문 총장이 유엔 사무총장이 된 것은 반기문 총장 개인과 함께 대한민국 외교력이 함께 도달한 것이다. 대한민국 국력이 바탕이 되지 않았으면 결코 일어날 수 없는 일이다.

외교력은 국력에 비례한다. 국력이 약했던 대한제국의 외교관 이준은 국제 사회에 나아가 대한제국이 처한 위기를 고발할 처지도 안됐다. 이준은 약소국의 비애를 느끼며, 외교관이 할 수 있는 다양한 외교적 행위를 통해 대한제국의 위기를 호소할 생각을 했다. 대한민국 외무장관 최초로 유엔에서 연설을 한 변영태 장관은 식량원조와 6·25한국전쟁 휴전 반대를 역설했다. 당시 대한민국은 유엔 회원국도 아니라 정식으로 회의에 참석할 수도 없는 옵서버 상태였다. 반기문 총장의 외교의 뿌리는 이준과 변영태와 맞닿아 있다.

1) 『헤이그 만국평화회의』의 이준

일성(一醒) 이준(李儁, 1859. 1. 21.~1907. 7. 14.)은 네덜란드 헤이그에서 순국했다. 사망한 지 100년이 지난 지금까지도 정확한 사인은 밝혀지지 않고 있다. 이준의 사인을 숨기려 했던 일제의 치밀한 은폐 시도 때문이었다.

일제는 이준의 사망 사실이 국내로 공개되는 것을 두려워하고 있었다. 대한제국 국민들의 민심이 분격할지 모른다는 염려 때문이었다. 일제는 네덜란드 정부에 영향을 뻗쳐, 이준의 사망 사실을 왜곡했다. 그래서 네덜란드 정부가 발행한 이준의 사망 증명서에는 사인이 기록되지 않았다.

그렇지만 일제의 의도와 달리, 이준의 사망 소식은 국내로 곧바로 알려졌다. 이준의 사망 직후 발행된 『대한매일신문』 호외 1907년 7월 18일자와 『황성신문』과 『경향신문』의 호외 1907년 7월 19일자는 "이준 씨가 불승 분격하여 자기의 복부를 할복 자처했다"는 기사를 싣고 있다. 이준의 할복자살은 대한제국 전체에 충격으로 다가왔다.

이준의 사망시점까지 함께 있었던 이상설도 이준의 사망 5년 뒤에 이준의 사인을 공개했다. 이상설의 주장은 『권업신문』 제18호 1912년 8월 16일자 1면의 「논설 이날(是日)」과 제120호 1914년 7월 19일자 1면에서 「논설 리쥰공이 피 흘린 날」 기사로 실려 있다. 이 기사에서 이상설은 이준이 할복자살했다고 밝혔다.

함경남도 북청에서 태어난 이준은 1884년에는 26세에 함경도시에서 장원 급제하며 관직에 나섰다. 1895년에 법관양성소에 입학해서 졸업한 뒤, 이준은 한성재판소 검사보로 법관생활을 시작했다. 그렇지만 망국의 간신들로 인해 법관 생활은 순탄치 못했고, 2개월 만에 야인이 되었다.

이후 이준은 서재필과 함께 독립협회에서 활동하며, 『독립신문』 간행, 독립문 건립, 가두연설 등의 활동을 했다. 하지만 이내 개화파는 몰락했고, 이준은 1898년 도쿄의 와세다 대학에서 법학을 공부하고 귀국했다. 1898년, 이준은 정부의 친러적 정책과 비자주적 외교에 반대해서 일어난 '만민공동회'에서 가두연설을 하다 이승만, 이동녕 등과 함께 투옥되기도 했고, 1902년 민영환, 이상재, 이상설, 이동휘, 양기탁, 남궁억, 노백린, 장지연 등과 함께 비밀결사인 개혁당을 조직하고 청중연설에 나서 일제의 제국주의를 비판하기도 했다.

이준은 국제사회의 갈등과 긴장을 평화적으로 협상할 목적으로 1907년 6월에 제2차 『헤이그 만국평화회의』가 개최된다는 소식을 접했다. 이준은 고종황제를 만나, 일본의 침략 행위를 규탄하고 국권을 회복을 이룩하겠다는 결심을 전했다. 고종황제는 헤이그 특사 특파위원으로 전 의정부 참찬 이상설을 임명하고, 전 평리원 검사였던 이준과 전 주러시아 공사관 참서관 이위종으로 수행원을 삼아 파견했다.

고종황제는 특사들에게 고종황제의 위임장과 러시아 황제 니콜라이 2세에게 보내는 황제의 친서를 전했다. 고종황제의 친서에는 "을사조약이 황제의 의사에 의하여 이루어진 것이 아니라 일제의 협박으로 강제로 체결된 조약이므로 무효"라는 사실과 "한국독립에 관한 열국의 지원"을 요청하는 내용이 담겨 있었다.

1907년 4월 22일 조선을 떠난 이준은 러시아 블라디보스토크에 도착해서, 북간도 용정에서 망명 중이던 개혁당 동지 이상설과 합류했다. 이준과 이상설은 시베리아 철도를 타고 러시아의 수도 페테르부르크에서 비공식 외교활동을 벌이던 이위종과 만났다. 이곳에서 이준 일행은 만국평화회를 주창한 러시아 황제 니콜라이를 만나, 고종의 친서를 전하며 『헤이그 만국평화회의』에서 발언할 수 있는 기회를 요구했다.

그러나 니콜라이 황제의 도움으로 네덜란드에 도착한 이준 일행은
『헤이그 만국평화회의』에서 열강들의 냉대를 받고, 회의에 참석하지
못한다. 일본과 영국의 방해공작 때문이었다. 이준 일행은 영어와 프
랑스어로 참가국 대표들과 언론 관계자들에 대한 연설을 펼쳤지만,『헤
이그 만국평화회의』에서 이준 일행의 고종황제 특사는 소기의 성과를
얻지 못했다.

이준의 할복은 분사라기보다, 유럽의 언론매체들과『헤이그 만국
평화회의』에 참석한 열강들의 시선을 집중시키기 위한 전략이었을
가능성이 높다. 실제로 이준의 할복 이후, 유럽의 언론들은 대한제국
이 일제와 강압적으로 맺은 을사조약에 대한 사실을 소개하기도 했
다. 국권을 상실한 약소국의 외교관이 세계에 호소할 수 있는 방법은
죽음밖에 없었던 것이다.

대한민국 정부는 1962년 이준에게 대한민국 건국장 대한민국장을
추서했고, 1963년 10월 4일, 네덜란드 헤이그에 묻혀있던 이준의 유
해를 국민장을 통해 서울 수유리로 이장했다.

2)『유엔』외교의 뿌리 변영태

일석(逸石) 변영태(1892. 12. 15.~1969)는 대한민국 3대 외무부 장관
(1951. 4.~1955. 7.)이었다. 초대 장택상(張澤相)과 2대 임병직(林炳稷)
에 이어, 고려대학교 교수 재직 중 외무부 장관에 취임했다. 변영태는
1954년 6월부터 1954년 11월까지 국무총리를 겸직했다. 1954년 사사
오입 개헌으로 인해, 1954년 11월부터 국무총리 제도가 폐지된 이후
에는 다시 외무부 장관으로만 1955년 7월까지 봉직했다.

외무부 장관 취임 전까지 학자로 서울대학교와 고려대학교에서 후학들을 양성했었지만, 변영태의 외교 업무는 그전부터 시작되었다. 1949년, 변영태는 이승만 대통령 특사로 필리핀에 파견되었다. 필리핀 정부로부터 대한민국 정부를 승인받고, 상주 외교 사절을 교환하며, 지역 협력 체제를 구축하는 가능성을 모색하기 목적이었다.

결과는 예상했던 수준이었고, 이승만 대통령은 만족해했다. 변영태는 6·25한국전쟁 중인 1951년에 외무부 장관에 취임했고, 『국제연합아시아극동경제위원회(ECAFE)』 회의에 참석했다. 1973년 유엔이 설립 권고를 받아들여 창립된 『국제연합아시아극동경제위원회』는 1947년 3월 창설되어, 아시아―태평양 지역 국가의 경제발전 지향을 목적으로 한 기구였다. 이승만 대통령이 6·25한국전쟁의 위기에 빠진 대한민국의 실상을 아시아 주변국들에 알리기 위해 변영태를 파견한 것이었다. 『국제연합아시아극동경제위원회』 회원국들은 대한민국의 위기에 공감했다.

1952년 9월, 변영태는 미국으로 출국했다. 10월에 열리는 『유엔 총회』에 참석을 목적으로 한 방문이었다. 정식 회원국이 아니었던 대한민국은 옵서버 자격으로 회의장에 입장할 수 있었다. 대한민국 유엔 외교사의 시작이며, 뿌리라고 말할 수 있는 사건이었다.

미국 출국 직전, 변영태는 풀과 나무뿌리를 담은 유리병을 준비했다. 6·25한국전쟁의 와중에 초근목피로 연명하는 대한민국 국민들의 실상을 『유엔 총회』에 참석한 회원국들에게 소개할 목적이었다. 대한민국 국민들의 현실을 말로만 설득하는 것은 한계가 있다고 생각한 것이었다.

변영태가 참석한 1952년 10월의 『유엔 총회』는 대한민국의 국운이

걸린 중요한 회의였다. 1953년 3월까지 장장 6개월간 계속된 이 회의에서, 회원국들은 6·25한국전쟁의 처리방식에 대한 논의를 했다. 1951년 7월부터 휴전협상은 시작되고 있었지만, 포로석방 방식을 두고 유엔과 북중 연합은 대립하고 있었다.

이승만 대통령은 변영태에게 '정전협정'에 반대한다는 대한민국 정부의 입장을 유엔 회원국들에게 관철시키라고 주문했다. 미국과 소련은 휴전협상 쪽으로 분위기를 잡아 가고 있었지만, 이승만 대통령은 휴전은 한반도 분단 고착화로 진행될 것을 우려했다. 이승만 대통령은 6·25한국전쟁이 통일을 향한 첩경이라고 생각하고 있었다. 이와 함께, 이승만 대통령은 대한민국의 유엔 가입도 추진하고, 유엔으로부터 대규모의 식량 원조도 받아 내도록 주문했다.

하지만 휴전이 대세였다. 미국은 자국에서 생겨난 반전여론을 의식하지 않을 수 없었고, 실리 없는 6·25한국전쟁에서 하루라도 빨리 발을 빼고 싶어 했다. 미국은 휴전협상을 진행하기 시작했고, 전쟁을 이유로 대한민국의 유엔가입 문제에 대해서도 유보적인 태도를 취했다. 또한 전쟁으로 인한 식량난에 대해서도 큰 문제가 없다는 태도를 보이며, 대한민국의 요구에 미온적인 반응을 보였다.

변영태는 프린스 완 태국 외무부 장관의 도움을 받아 유엔 정치위원회에 참석해서 발언을 할 수 있는 기회를 얻었다. 프린스 완이 북한 대표단의 참석을 허가하지 않는 청원을 발의를 해서, 54 대 5로 가결시킨 것이다. 6·25한국전쟁 참전으로 위기에 처한 트루먼 대통령의 재선 대통령 선거 전날인 11월 3일, 변영태는 옵서버 자격으로 연설을 했다.

그러나 변영태의 노력은 미국을 비롯한 서구 열강들의 무관심으로 인해 수포로 돌아갔다. 극동의 조그만 후진국 대한민국의 통일은 서구 사회에 그다지 중요한 문제가 아니었고, 유엔 내에는 6·25한국전쟁이 제3차 세계대전으로 확전할지 모른다는 불안감만이 팽배하고 있었다. 6·25한국전쟁의 휴전을 추진하던 트루먼 대통령은 재선에 실패했고, 미국은 1953년 7월 27일일 중국과 북한 대표와 휴전협정에 서명했다.

변영태는 외교력은 국력과 비례한다는 신랄한 국제사회의 현실을 체험하며, 대한민국의 유엔 진출사를 시작했다.

3. 일본의 외교관

제국시대 일본의 외교력은 막강했다. 중일 전쟁, 청일 전쟁, 러일 전쟁 등에서 승리한 일본은 아시아 최고의 군사력을 가지고 있었고, 국제 관계에서도 주도권을 가지고 있었다. 국력이 바탕이 된 일본 외교관들은 일본이 치르는 각종 전쟁의 뒷수습을 감당하거나, 전쟁을 통하지 않고도 주변국을 압도했다.

제2차 세계대전에서 패전을 한 일본은 뛰어난 외교관들을 통해서, 망국의 위기를 오히려 부흥의 계기로 바꾸었다. 한국계 외무대신 도고 시게노리는 패전국 일본이 취할 수 있는 최고의 선택을 통해서, 일본의 자존심을 세웠다. 외무대신 출신의 총리 기시 노부스케는 점령국 미국과 우호협력 관계를 설정하며, 일본 도약의 계기를 삼았다. 일본의 외교관들이 이러한 외교적 성과를 얻어 낸 것은 제국주의 시절의 막강 외교 경험을 바탕으로 효과적인 외교 역량을 발휘한 결과였다.

1)『A급 전범』도고 시게노리

도고 시게노리(東鄕茂德, 한국명 朴茂德, 1882. 12. 7.~1950. 7. 23.)는 일본 제국주의에서 두 차례 외무대신을 역임한 일본의 대표적인 외교관이다. 외교관 시험을 통해 외무성에 발을 디딘 도고 시게노리는 독일 대사, 중국 대사 등을 거쳐, 일본 외교를 총괄하는 외무대신의 자리에까지 올랐다. 재임기간은 65대 11개월, 70대 4개월로 짧은 편이지만, 제2차 세계대전의 시작과 끝을 담당했다는 점에서 도고 시게노리를 빼놓고 일본 외교사를 이야기할 수 없다.

한국계인 도고 시게노리가 첫 번째로 외무대신으로 입각한 것은 제2차 세계대전을 야기한 도조 히데키(東條英機) 내각에서였다. 일본이 미국의 진주만 공습을 하기 직전인 1941년 10월 18일에 외무대신이 된 도고 시게노리는 1942년 8월 31일 물러났다. 일본의 진주만 공습 반대에 이어, 도조 히데키의 동북아성 설치에 정면으로 반대했기 때문이었다. 외무 공무원 출신인 도조 히데키는 외교 일원화를 주장하며, 외무성과 업무 영역이 겹치는 동북아성 설치를 시도하려는 도조 히데키에게 반발했다.

도고 시게노리가 첫 번째로 외무대신으로 입각한 것은 제2차 세계대전의 패전 징후가 농후했던 당시의 스즈키 간타로(鈴木貫太郎) 내각에서였다. 무조건 항복을 요구하는 연합군의 포츠담 선언을 발표에, 군부는 결사항전을 주장하며 반발했다. 그러자 미국은 히로시마와 나가사키에 원자폭탄을 투하했고, 일본은 구석으로 몰리게 되었다. 도고 시게노리는 쇼와 일왕과 스즈키 간타로 총리를 설득시켜, 무조건 항복 선언을 이끌어 냈다.

도고 시게노리는 처음부터 일본의 제2차 세계대전 참전에 반대 입장이었다. 독일 주재 일본 대사로 재임하던 1938년, 도고 시게노리가 경질된 이유는 나치에 대한 반대 태도 때문이었다. 독일의 나치 정권과 동맹 관계를 맺기 원하는 일본 군부의 입장과 달리, 도고 시게노리는 나치가 추구하는 독일 제국주의를 싫어했다. 독일과 이탈리아와 함께, 세계 정복의 야심을 갖고 있던 일본 군부는 도고 시게노리를 본국으로 소환하고, 독일 정부와 동맹 강화에 나섰다.

1938년, 도고 시게노리는 독일 대사에서 물러난 직후 곧바로 소련대사로 부임했다. 소련은 러일전쟁의 패전에 대한 기억과 함께, 독일과 이탈리아와 방위조약 관계를 맺고 있는 일본에 대해 불편한 입장이었다. 그럼에도 불구하고, 도고 시게노리는 소일 어업협정, 소일 불가침 협상의 논의를 개시했다. 일본의 사할린 지배권 포기를 제안하며, 소련의 중국 정부 지원 금지를 구두로 협약하는 단계에까지 이르렀다.

하지만 고노에 후미마루(近衛文) 내각의 강경파 마쓰오카 요스케(松岡洋右) 외상은 도고 시게노리의 평화주의적인 외교 방식에 반대했다. 마쓰오카 요스케는 소련을 적성국으로 간주하고 있었기 때문에, 도고 시게노리에게 소련대사에서 자진사퇴하고 귀환할 것을 요구했다. 도고 시게노리는 강력히 반발했고, 마쓰오카 요스케는 1946년 독소전쟁이 발발하자, 대소 개전을 주장했다.

1941년 10월 18일, 도고 시게노리는 도조 히데키 내각에 외무대신으로 발탁되었다. 제3차 고노에 후미마루 내각을 개전론(開戰論)으로 무너뜨린 도조 히데키는 미국과의 전쟁을 기획하고 있었지만, 도고 시게노리는 미국과의 전쟁을 피하려고 노력했다. 평화주의자였던 도고 시게노리는 구미국장을 하며, 미국의 전력이 얼마나 대단한지를 잘 알고 있었기 때문이었다.

하지만 도고 시게노리는 출범 두 달 만인 1941년 12월 7일 미국 하와이의 진주만 공습을 도발한다. 도고 시게노리와 해군 수뇌부는 공습 전에 대미선전포고문을 미국에 전달하라는 명령을 내렸다. 하지만 해군제독 출신인 노무라 기치사부로(野村吉三郎) 미국 주재 일본 대사는 진주만 공습 이후에, 선전포고문을 전달했다. 평화주의자 도고 시게노리가 종전 뒤에 전범재판에 기소되는 이유는 선전포고문이 뒤늦게 전달된 책임에 따른 것이었다.

제2차 세계대전 개전 이후, 도고 시게노리는 도조 히데키와의 갈등으로 1942년 8월 31일 외무대신에서 물러났다. 그리고 3년 뒤인 1945년 4월 9일 스즈키 간타로 내가의 외무대신으로 복귀했다. 도고 시게노리가 개설한 동북아성 대신과의 겸직이었다. 도고 시게노리의 주장처럼, 동북아시아 침략에 나선 일본은 외교 업무가 늘어난 것은 사실이었지만, 외교 일원화를 하지 않으면 효율적인 국가 경영을 할 수 없는 것이 사실이었다.

내각 입각 전부터 각국의 패전사를 공부하던 도고 시게노리는 두 번째 외무대신으로 입각하자마자 패전방식에 대한 논의를 공론화시킨다. 일왕제도를 유지하는 조건의 항복 방식이었다. 도고 시게노리는 중립국 소련의 중재로 연합국과 협상을 시도했지만, 미국의 원폭 투하로 전쟁은 일본의 의지와 관계없이 마무리되고 있었다.

패전 선언 후, 도고 시게노리는 히가시쿠니노미야 나루히코(東久邇宮稔彦王) 내각에서도 외무대신으로 유임요청을 받았지만 사양한다. 그리고 1946년 5월 1일 스가모(巣鴨) 형무소에 제2차 세계대전을 야기한 『A급 전범』으로 구속되어, 선전포고 전달 지체에 대한 기만 혐의로 사형을 구형받았다.

도고 시게노리는 "왜 전쟁에 반대하지 않았느냐?"는 조사관의 신문에, "개인적으로는 반대였지만 그때 추세가 그랬다"는 소신을 피력했다. 도고 시게노리는 20년 금고형을 받았는데, 이에 대해 "패전국에 대한 승전국의 재판"이라며 강하게 반발했다. 도고 시게노리는 옥중에서 제2차 세계대전 회고록을 집필하던 중, 덴인사키(轉院先)의 미육군 제361병원 병사했다.

2) 『미일안보조약』의 개정안을 체결한 기시 노부스케

기시 노부스케(岸信介, 1896. 11. 13.~1987. 8. 7.)는 외무대신을 거쳐, 총리에 이른 일본 정치인이다. 기시 노부스케는 1956년 12월 23일 이시바시 단잔(石橋湛山) 내각의 86대 외무대신으로 입각했다가, 이시바시 단잔이 병으로 물러나자 1957년 2월 25일 총리가 된 후 제87대 외무대신으로 겸직을 했다. 기시 노부스케는 1957년 7월 10일 후지야마 아이이치로를 후임 외무대신으로 임명하고 외무대신에서는 물러나지만, 1959년 6월 18일 총리에서 물러날 때까지 외교 총리라고 불릴 정도로 외교업무에 치중했다.

제2차 세계대전 이후 현재까지 이르는 동안, 외교를 포함한 일본의 국정 전반은 기시 노부스케가 설정한 방식으로 진행되고 있다고 말해도 과언이 아닐 정도이다. 자유당과 민주당의 통합으로 자민당을 성립시킨 일, 일본의 독자적 외교권 추구, 『미일안보조약』 개정안 체결과 전후 미국과의 관계 재설정 등은 기시 노부스케가 아니었으면 추진할 수 없는 일들이었다.

1896년 11월 13일에 야마구치 현에서 출생한 기시 노부스케는 1920년 도쿄제국대학 법과대학을 졸업한 직후 농상무성에 입성해서 공직을 시작했다. 1935년 4월에는 상공성 공무 국장으로 취임할 때까지, 기시 노부스케는 고속 승진을 하며 승승장구했다. 제1차 세계 대전 이후, 철강, 화학, 자동차 등 중요 산업에 적극 관리하는 국가 통제 시대에 상공관료로서 뛰어난 역량을 보였기 때문이었다.

하지만 만 40세가 되던 1936년 10월 기시 노부스케는 돌연히 상공성에 사표를 제출하고, 건국 초기인 괴뢰정부 만주국에 실업부 차장이 된다. 실업부는 농공상업을 총괄하는 산업부로 개칭되었고, 차장은 명목상으로 세워 놓은 중국인 부장 아래의 차관급 지위였다. 기시 노부스케는 3년 동안 만주에 머무르며, 만주국 「만주 산업 개발 5개년 계획」을 실시했다.

만주국을 사실상 지배했던 관동군은 일본 중앙부처의 인재들을 끌어모았다. 기시 노부스케 역시 일본 군부에서 중앙부처에 요청한 인재들 가운데 한 명이었다. 기시 노부스케의 업무는 만주국에 중화학 공업을 일으켜 일본 군수산업의 기점으로 삼으려는 관동군의 계획을 실행하는 것이었다. 이미 1920년 농상무성에 입성해서 16년간 일본 중화학 공업화를 이끌었던 기시 노부스케에게 만주국 실업부의 업무는 농상무성과 상무성 업무의 복습일 뿐이었다.

3년간 만주국 경영은 기시 노부스케에게 국가 경영의 감각을 익히게 만들었다. 기시 노부스케는 일본 제국주의의 비호 아래, 다양한 정책을 실시하는 행정 요령도 터득할 수 있었고, 관료들을 활용하는 정치적 기술도 익히게 되었다. 기시 노부스케의 만주국 경영의 목적은 만주를 실효적으로 지배하는 관동군을 도와서, 만주를 일본 제국주의의 병참기지로 발전시키는 것이었다.

또한 이 기간, 기시 노부스케는 군부와 재계, 관료들과 다양한 교류를 시작했다. 1941년 10월 18일부터 1944년 7월 18일까지 일본의 제40대 총리를 지냈으며 태평양 전쟁을 일으킨 도조 히데키와의 관계도 이때 시작되었다. 도조 히데키는 기시 노부스케가 만주국 실업부 차장으로 재직할 당시, 관동군 참모장이었다. 3년간의 만주 생활은 기시 노부스케에게 정치인, 행정관으로서의 인생에 큰 영향을 미쳤다.

1939년 기시는 상공성 차관으로 도쿄에 복귀했다. 그리고 제2차 세계 대전 발발 직전인 1941년 10월 발족한 도조 히데키 내각의 상공대신으로 입각한다. 1942년에는 상공대신 신분으로 중의원에 당선되어 정치활동을 개시했고, 1943년에는 국무대신으로 군수차관을 겸직했다.

하지만 기시 노부스케는 이때부터 이미 일본의 패전을 예감하며, 도조 히데키 총리와 대립하기 시작했다. 도조 히데키가 1억 일본인의 옥쇄를 각오한 미일본토 결전을 주장하자, 기시 노부스케는 점령지 사이판을 마지노선으로 삼아야 한다고 강변했다. 기시 노부스케는 종전 후에 전범 재판이 개시될 때, 도조 히데키와 함께 처형될 수 있는 상황에서 벗어나기 위한 노력이었다. 결국 이러한 노력으로 인해, 기시 노부스케는 A급 전범 용의자였지만, 기소되지 않고 석방되었다.

1952년 4월 공직 참여 금지가 해제되자, 기시 노부스케는 '일본 재건 연맹'을 결성해 회장으로 취임한다. 그리고 1953년 4월 총선에 자유당 공천으로 출마해서, 중의원으로 당선되었다. 1954년 요시다 시게루 총리 퇴진을 주장한 하토야마 이치로(鳩山一郎) 등과 함께 자유당에서 제명되자, 기시 노부스케는 일본 민주당을 결성했다.

1955년 기시 노부스케는 민주당 간사장 신분으로 민주당과 자민당의 통합에 앞장서, 자유민주당의 간사장이 되었다. 1956년 자민당 총재선거에 나선 기시 노부스케는 이시바시 단잔에게 패했지만, 외무대신으로 입각했다. 그리고 이시바시 단잔이 병으로 총리직에서 물러나자, 1957년 총리가 되었다. 1960년 기시 노부스케는『미일안보조약』의 개정을 추진하고, 국회비준을 강행했다.

일본 국민들은 기시 노부스케가 체결한 쌍무성이 강화된『미일안보조약』개정안에 반발했다. 미국과 공동 방위, 동맹 관계 강화는 일본의 자위력 증강, 미국의 전쟁에 동시 참여 등의 위험 요소를 가진다는 근거 때문이었다. 미소 냉전의 와중에 핵전쟁 공포를 두려워한 일본 국민들은 결국 기시 노부스케를 퇴진시켰다.

그렇지만 기시 노부스케의『미일안보조약』개정안 체결은 결과적으로 옳은 판단이었다.『미일안보조약』개정안 체결로 인해, 미국과 쌍무적 관계를 맺은 일본은 국제 사회로부터 제2차 세계대전 개전국이라는 멍에로부터 벗어날 수 있게 되었고, 미국을 통한 안보유지와 대미수출을 필두로 한 수출무역 정책으로 경제 성장을 획득하게 되었다. 1960년대부터 시작된 일본의 비약적인 경제성장은 외교 총리 기시 노부스케의『미일안보조약』개정안 체결로부터 비롯되었다.

4.『유엔 사무총장』반기문

1) 우리의 소원은 통일

반기문 총장의 연임은『유엔 사무총장』초대 취임보다 더 큰 의미를 가지고 있다. 5년간의 초대 임기 동안, 반기문 총장은 40년 가까운 외무 공무원 생활을 통해 터득한 외교관의 역량을 충분히 발휘했다. 초대 총장 취임이 미국의 영향력 아래에서 이루어진 것이라면, 연임은 미국과 중국 사이의 적절한 조율, 그리고 주변국들과의 원만한 관계 설정 속에서 반기문 총장 스스로 성취해 낸 것이기 때문이다.

총장의 연임에 결정적인 역할을 하는 유엔 안보리는 만장일치로 반기문 총장의 연임에 찬성을 했다. 국제질서의 주도권을 놓치지 않으려는 미국, 경제발전과 사회성숙에 따라 인권문제가 부각되는 중국, 유럽 연합의 이익과 가치를 대변하는 프랑스, 동구권에까지 영향력을 미치는 러시아 연방, 영연방과 과거 식민지였던 아프리카, 아시아에 우월적 지위를 가지고 있는 영국 등 5개 상임 이사국들과 10개 비상임 이사국들이 찬성을 한 것은 반기문 총장이 외교적 역량을 발휘한 결과이다. 안보리 상임, 비상임 이사국들은 반기문 총장의 연임이 자국의 실익에 도움이 된다고 판단을 한 것이다.

총회 192개 회원국의 박수 통과도 이채로운 일이다. 반대표가 한 표도 나오지 않았다는 것은 안보리 상임이사국의 만장일치만으로는 해결될 수 없는 일이다. 국제 사회의 여론은 반기문 총장의 『유엔 사무총장』의 5년간의 역할이 『유엔』의 창설 이념에 부합한다고 간주한 것이다. 물론 총회 192개 회원국들은 반기문 총장의 연임이 끼치는 자국과 『유엔』과의 관계를 충분히 고려했을 것이다.

반기문 총장의 『유엔 사무총장』 연임은 개인적으로도 영광이지만, 대한민국 국익에도 절대적으로 기여할 것이다. 반기문 총장의 『유엔 사무총장』 재임 10년은 대한민국 외교사에 유례없는 신기원인 까닭이다. 『유엔 사무총장』이라는 지위를 통해, 반기문 총장은 전 세계

193개 회원국들의 수반과 유엔 대사, 외교관들과 개별적 외교 채널을 확보할 수 있다.

1907년, 국권 찬탈의 험악한 분위기 속에 『헤이그 만국평화회의』에 참석했던 대한제국의 외교관 이준이 뜻을 이루지 못하고 할복으로 세계의 이목을 집중시키려 했던 것이나, 6·25한국전쟁의 휴전을 논의하던 1952년 10월의 『유엔 총회』에 참석한 변영태가 약소국의 설움을 토로했던 일과 비교하면, 참으로 격세지감이다. 지난 60년간 대한민국 외교는 비약적으로 성장했고, 『유엔 사무총장』의 연임에 성공한 반기문 총장을 배출했다. 대한민국의 국력 성장과 함께 외교력도 진보한 것이다.

개화와 근대화를 먼저 실행한 일본은 제2차 세계대전을 도발하고도, 적국이었던 미국으로부터 일본 체재를 보장받았다. 그리고 다시 일본은 미국과 『미일안보조약』 체결과 재개정을 통해 협력적 동반자 관계를 유지했다. 일본이 미국으로부터 이러한 외교적 대접을 받을 수 있었던 것은 중국과 러시아에 대항하는 공산주의 방어선이라는 지정학적 특수성 때문만은 아니었다. 도고 시게노리와 기시 노부스케와 같은 탁월한 역량의 외교관들의 활약이 있었기에 가능한 일이었다.

현대 외교는 국력 그 자체이다. 세계 각국은 국제 사회 속에서 보여 준 외교 역량으로 국력을 평가받는다. 대륙간 탄도탄과 다수의 핵무기를 보유한 북한을 국제 사회의 평가가 낮은 것은 국방력과 경제력의 불균형, 국제 사회를 설득할 수 없는 외교력 때문이다. 핵무기와 재래식 무기, 군사력에서 세계 5위권에 해당되는 북한을 세계는 5대 선진국으로 보지 않는다. 현대 외교는 경제력과 국가 신인도를 포함하고 있다.

2기 임기를 시작하는 반기문 총장은 '강력한 유엔'을 달성할 목표를 가지고 있다. '강력한 유엔'은『유엔 사무총장』이라는 지위만으로는 이룩할 수 없는 목표이다. 아랍권 민주화와 인권 개선 문제, 북한과 이란의 핵 개발 저지, 아프리카 국가들의 기근과 식량부족 문제 등을 해결하려면, 이러한 문제들에 대한 해법을 제시해야 한다. 물론 이러한 해법 제시에 필요한 것은 반기문 총장의 출신국인 대한민국의 국력 상승과 외교력이다.

　　그동안 역대『유엔 사무총장』들이 '강력한 유엔'을 만들지 못했던 것은 국력과 외교력이 강성하지 못했던 국가 출신이었기 때문이었다. 노르웨이, 스웨덴, 미얀마, 오스트리아, 페루, 이집트, 가나 등 유엔 안보리 상임이사국들이 좌지우지할 수 있는 비강대국 출신의 외교 관리들이 주로『유엔 사무총장』으로 발탁되었었다. 그러므로 역대『유엔 사무총장』들은 무리 없는 역할을 자처하며, '원만한 유엔'을 추구했었다.

　　하지만 반기문 총장은 유엔 르네상스를 꿈꾸며, '강력한 유엔'을 추구하고 있다. '강력한 유엔'은 유엔 안보리 상임이사국들에 대해서도 주도적인 태도를 지닐 수 있는 강력한『유엔 사무총장』이 출발점이다. 중국의 인권문제를 지적하라는 미국의 주장을 있는 그대로 수용하지 않고, 아랍 인권 문제를 통해 우회적으로 중국의 인권문제를 지적한 반기문 총장의 부드러운 리더십은 미국에 굴복하지 않는 강력한 유엔 사무총장의 모습을 각인시켰다. 평생 외무 공무원으로 살아온 반기문 총장은 미국도 잃지 않고, 중국도 잃지 않는 외교적 수완을 보여 주었다.

　　이러한 반기문 총장의 외교력은 욱일승천하는 대한민국의 국력이 있었기에 가능한 일이었다. 이미 대한민국은 미국과 중국 양측의 경제 파트너이며, 협력적 동반자이다. 미국이 대한민국을 포기할 수 없듯이, 중국도 대한민국을 놓칠 수 없다. 이러한 균형감을 인식하고 있는 반기문 총장은 미국과 중국의 조율이 바로 세계 질서를 확립하는 것이며, 그것이 곧바로 '강력한 유엔'을 만드는 첩경이라는 사실을 깨닫고 있는 것이다.

2기 임기를 시작하는 반기문 총장은 '강력한 유엔'을 만들기 위해서, 균형감을 유지하며 더 많은 국가들을 포용하고 배려해야 한다. 반기문 총장은 부드러운 리더십을 통해 지난 60년간 민주주의 발전과 자유 시장경제 구축에 전념해 온 대한민국의 저력과 긍지를 현시해야 한다. 이제 세계는, 유엔은 더 이상 우리가 두려워하거나 부러워할 대상이 아니라 즐거운 마음으로 뛰어들어가 변화시켜야 할 대상인 것이다.

2) 독일 통일 외교의 선구자 한스-디트리히 겐셔

대한민국 외교관으로 유엔 사무총장을 역임하고 있는 반기문 총장의 외교 여정은 독일 통일에 기여한 서독 외무장관 한스-디트리히 겐셔의 외교 행보를 기대하게 한다.

한스-디트리히 겐셔(Hans-Dietrich Genscher, 1927. 3. 21.~)는 독일 통일의 근간을 마련한 외무장관이다. 독일의 자유민주당 정치인인 한스-디트리히 겐셔는 1974년부터 1990년까지 16년간 외무장관 겸 부총리를 지냈다. 서독 외무장관이었던 한스-디트리히 겐셔는 독일 통일 후인 1990년부터 1992년 6월까지 2년간 통일 독일의 초대 외무장관이었다. 한스–디트리히 겐셔가 서독과 통일 독일의 외무장관으로 활약한 기간은 모두 18년이다.

제2차 세계대전 중에 독일육군에 징병되었던 한스–디트리히 겐셔는 연합군 포로로 붙들렸다 석방된 독특한 이력의 소유자이다. 그는 독일 민주 공화국 지역에서 법학과 경제학을 전공하고, 1949년 하급 변호사가 되었다. 그리고 1952년 서독으로 탈출한 뒤, 독일 자유민주당에 입당했다.

1954년 한스–디트리히 겐셔는 함부르크에서 법률국가시험을 다시 치러 합격했고, 브레멘 지역구에서 공무원으로 승진했다. 1965년 노르트라인베스트팔렌 주의 부의장으로서 하원 의원에 선출된 한스–디트리히 겐셔는 1969년 자유민주당이 사회민주당과 연합 정부를 이루는 데 협조했고, 내무장관이 되었다. 5년 후인 1974년, 자유민주당 당의장이 되어, 외무장관이 되었다.

1982년 자유민주당이 기독교민주당과 연합으로 떨어져 나갔으나, 한스–디트리히 겐셔는 계속 외무장관직을 유지한다. 한스–디트리히 겐셔의 외교장관 재임과 외교력은 국내 정치력의 산물이다. 한스–디트리히 겐셔는 유능한 외교장관이기 이전에, 탁월한 정치인이었다.

헬무트 슈미트(Helmut Schmidt) 1차 내각에 외교장관으로 취임한 한스–디트리히 겐셔는 3차 슈미트 내각과 헬무트 콜(Helmut Kohl)의 3차 내각까지 6번의 내각 교체를 견디고 부총리 겸 외교장관직을 연임했다. 재임기간 동안, 한스–디트리히 겐셔는 친 소비에트 연방을 펼쳤으며, 소비에트 연방의 영향력 아래에 있는 동구권과의 관계 증진에 주력했다. 한스–디트리히 겐셔는 동독 주변국들과의 관계 개선을 통해 동독과의 화해 시도를 주도했다.

제2차 세계대전 패전과 동독과 분단된 이후 1990년 통일을 이룰 때까지, 서독의 역사는 외교의 역사라고 해도 과언이 아니다. 초대 외교장관으로 패전국 독일의 외교문제를 해결한 프란츠 블뤼허(Franz Blücher), 경제장관을 겸임한 루트비히 에르하르트(Ludwig Erhard)와 에리히 멘데(Erich ende), 동서화해 정책으로 독일의 긴장을 완화시킨 빌리 브란트(Willy Brandt), 유럽 내에서 독일의 입지를 강화시킨 발터 셸(Walter Scheel) 등 위대한 외교장관들이 분단 독일을 통일 독일로 이끌기 위해 노력했다. 하지만 역대 서독 외교장관들 가운데 독일 통일의 위업을 달성하는 데 기여한 공로가 한스-디트리히 겐셔를 능가하는 사람은 없다.

18년이라는 외교장관 재임기간 동안, 한스-디트리히 겐셔는 '겐셔리즘'이라고 불리는 탈서구적 외교노선을 견지했다. 미국을 중심으로 한 서방 일변도의 독일외교를 동독을 중심으로 한 동쪽으로 확대한 것이 바로 '겐셔리즘'이다. 서독과 동독의 균형발전과 화해, 동서독 동시 실리 추구는 독일 통일에 절대적으로 기여했다.

1975년 체결된 헬싱키 협약은 독일 통일에 대한 한스-디트리히 겐셔의 전략이 나타난 첫 번째 사건이다. 한스-디트리히 겐셔는 "독일민족은 통일 요구와 함께 자유로운 자결권을 갖는다"는 서독의 정치적 목표를 고수하면서, 협정 내용 안에 '국경의 평화적인 변경도 가능하다'는 원칙을 삽입시켰다. 동서독이 서로 원하면 서로 국경선을 제거할 수 있다는, 즉 통일을 할 수도 있다는 내용이었다. 소련은 처음에는 격렬히 반대했지만, 독일 통일이 불가능할 것으로 생각하고 한스-디트리히 겐셔의 '국경선 변경 가능' 원칙을 수용했다. 헬싱키 협약은 16년 뒤 독일 통일의 근거가 되었다.

한스-디트리히 겐셔는 친소련 정책을 펼치면서도, 소련을 견제하는 미국과 강한 동맹관계를 유지했다. 1980년대 소련이 군비를 증강하자, 한스-디트리히 겐셔는 소련의 SS-20 미사일에 대항하는 미국의 퍼싱2와 크루즈 미사일 배치를 주장했다. 독일 통일을 목표로 한 한스-디트리히 겐셔는 동독의 배후국인 소련에 호의적인 태도를 유지하면서도, 미국을 이용한 힘의 균형 상태를 추구했다. 한스-디트리히 겐셔는 독일의 평화는 힘의 우위가 지켜지고, 서독이 동독을 흡수통합하는 길만이 독일의 경쟁력을 확보하는 것이라는 사실을 잘 알고 있었다.

한스-디트리히 겐셔는 1989년 베를린 장벽이 붕괴되자, 독일 통일을 위한 주변국들의 협조를 얻기 위해 동분서주했다. 그 결과, 통일 후에 독일은 여전히 나토에 잔류할 수 있게 되었고, '2+4' 회담을 통해 동독과의 통일을 위한 여지를 마련했다. 한스-디트리히 겐셔의 '겐셔리즘'은 동독과의 동질성 확보, 미국과 소련을 오가며 절묘하게 독일 국익을 확보하며, 주변국들과의 신뢰를 확보해서, 독일 통일을 장기적으로 준비해 온 것이다.

3) 세계를 품어라!

세계를 품는 꿈으로 유엔 사무총장이 된 반기문 총장은 평화로운 인류 공존의 목표 못지않게, 남북한 통일의 민족적 목표도 달성하기 위한 초석을 다듬어야 한다. 반기문 총장을 유엔 사무총장으로 지지한 미국은 남북통일에 대한 자신들의 의지를 보여 준 것이다. 반기문 총장은 18년간 독일 외교장관으로 재직하며, 독일 통일의 기반을 마련한 한스-디트리히 겐셔와 같이 대한민국의 통일을 준비해야 한다.

사실 남북한의 통일로 하나 된 조국을 건설하는 왜곡된 역사를 바로잡는 길이기도 하다. 일본 제국주의의 식민지였던 한반도의 전략적 평가를 제대로 하지 못한 애꿎게 한반도 분단을 유도했기 때문이다. 제2차 세계대전 도발국이었던 독일의 분단은 당연한 일이었다.

하지만 또 다른 도발국이었던 일본 대신, 일본의 식민지였던 한반도가 분단된 것은 어처구니없는 일이었다. 6·25한국전쟁을 빨리 매듭짓고 미국 대통령 선거에서 재선할 목표를 세웠던 트루먼 대통령이 휴전의지가 강했기에 일어난 일이었다. 대한민국은 남북통일을 통해, 역사의 오류를 교정해야 한다.

사실 6·25한국전쟁 역시 미국에 의해서 발발한 측면도 없지 않다. 1950년 1월 12일, 미국 국무장관 딘 애치슨(Dean Gooderham Acheson)의 애치슨 라인 선언(Acheson line declaration)을 발표했다. 애치슨 라인은 스탈린과 마오쩌뚱의 공산주의 확산을 저지하기 위한 미국의 동북아 방어선에서 한반도가 제외된다는 내용이었다.

대소 유화주의자였던 애치슨은 미국의 태평양 지역 방어선을 알류샨 열도에서 일본과 오키나와, 필리핀으로 설정했다. 한반도와 타이완 인도차이나반도가 미국의 태평양 지역 방어선에서 제외된 것으로 인해서, 6·25한국전쟁이 발발했다는 군사학자들의 일반적 평가이다. 결국 한반도에 대한 미국의 두 번의 판단 착오는 제2차 세계대전 피해국인 한반도를 분단 상태로 만든 것이다.

한반도의 분단은 중국과 소련의 북한 지원으로 이어졌고, 2000년 이후 들어 북한은 핵무기와 대륙간 탄도탄을 개발하는 단계까지 접어들었다. 북한 핵을 둘러싸고 6자 회담이 열린 것이나, 유엔 차원의 제재방안이 논의되는 것은 한반도의 중요성을 알려 주는 대목이다. 유엔은 북한의 핵개발에 대해 지속적으로 경고해 왔지만, 유엔의 구속력은 북한의 돌발행동을 제어하지 못하고 있는 수준이다.

대한민국은 자유민주주의의 성숙과 시장경제의 발전, 튼튼한 국방력과 주변국의 호응을 얻어 내는 외교력을 통해, 아시아 태평양의 세력 균형점이 되어야 한다. 남하하는 중국과 러시아의 북방세력을 저지하며, 아시아태평양의 평화와 안정을 구축해야 하는 것이 21세기 통일 대한민국에게 부여되는 사명이다. 이러한 사명은 대한민국 국민의 의사와 관계없이 이념으로 분단된 대한민국의 역사적 현실이 제공한 것이다.

반기문 총장의 『유엔 사무총장』 선출과 연임은 우연이 아니다. 한반도에 전개된 역사적 오류에 대한 세계적인 인식에 대한 보상일 수도 있고, 지난 60년간 국제 평화에 기여한 대한민국의 역할에 대한 격려일 수도 있다. 임기 2기를 맞는 반기문 총장은 이 기간 동안, 대한민국 외교의 역량을 보여 주며, 『유엔 사무총장』으로 활동하며 대한민국 외교 발전에 기여해야 한다.

반기문 총장은 2기 임기의 목표를 '강력한 유엔'의 실현으로 내세우고 있다. 상징적 조직에 그치고 있는 유엔의 영향력을 실질적으로 향상시키며, 유엔 르네상스를 이룩하는 것이 '강력한 유엔'의 지향점이다. 미국과 중국 사이를 조율하는 부드러운 리더십을 계속 견지하며, 아랍권 민주화와 인권 개선 문제, 북한과 이란의 핵 개발 저지, 아프리카 국가들의 기근과 식량부족 문제 해결, 각종 재난과 재해에 대한 유엔의 효과적인 대응, 약자와 소외계층에 대한 배려와 관심 등이 '강력한 유엔'을 만들려는 반기문 총장이 해결해 나가야 할 문제들이다.

그 가운데 북한 핵문제는 유엔이 취급해야 하는 여러 국제 문제들 가운데 하나이지만, 반기문 총장을 배출한 대한민국의 입장에서 볼 때는 국가의 명운이 달린 절체절명의 문제이다. 북한이 핵 보유를 선포한 이후, 대한민국은 국가 경쟁력에서도 위험 요소를 안게 되었고, 남북통일은 요원한 일처럼 여겨지고 있다. 북한 핵의 영향권 아래 놓여 있는 한, 대한민국의 평화와 행복은 장담할 수 없는 일이다.

반기문 총장이 더욱더 '강력한 유엔'을 만들기 위해서 필요한 것은 대한민국은 유엔이 추구하는 세계 평화와 안정에 적극 동참해야 한다. 그리고 그 가운데 특별히 북한 핵문제는 대한민국 정부가 적극적으로 나서 반기문 총장이 지도하는 유엔의 입장을 지지해야 한다. 반기문 총장의 '강력한 유엔'은 결국 대한민국의 국시인 통일의 초석을 마련하는 것이 될 것이다. '강력한 유엔'은 핵무기로 무장한 북한의 테러리즘을 비판할 수 있고, 북한의 인권문제를 지적할 수 있다.

'강력한 유엔'을 추구하는 반기문 총장은 앞으로 대한민국이 동아시아를 대표하는 선진국으로 발돋움할 수 있는 근간을 마련할 것이다. 반기문 총장은 국제 문제의 총괄자인『유엔 사무총장』의 지위가 반기문 개인의 역량뿐만 아니라, 세계 평화와 인류 공영에 기여한 지난 60년간의 대한민국에 업적에 대한 평가라는 사실을 잘 알고 있기 때문이다.

2020년 국민 소득 4만 달러 시대에 도달할 대한민국은 반기문 총장 시절의 외교적 성과를 바탕으로 남북통일을 이룩할 것이다. 그때 대륙세력과 해양세력의 교차점에서, 자유민주주의와 공산사회주의의 최전방 통일 대한민국은 명실상부한 미국과 중국의 균형자가 될 것이다. 반기문 총장의『유엔 사무총장』2기는 '강력한 유엔'을 추구하며, '강력한 통일 대한민국'을 위한 대한민국의 외교적 준비기이다. 반기문 총장에게 독일 통일의 외교적 기반을 닦은 통일 독일의 한스－디트리히 겐셔 외무장관은 좋은 성공모델이 될 수 있을 것이다.

반기문 총장이 그랬듯이, 대한민국 국민들도 통일 조국의 무궁한 발전을 위해서 "세계를 품어라!"

7장 |

국제: 김용의 "아낌없이 사랑하라!"

1. 김용의 『세계은행 총재』

1) 『세계은행 총재』 선출

한국계 미국인 김용(金墉, Jim Yong Kim, 1959. 12. 8.~)이 2012년 4
월 16일 세계은행(The World Bank) 총재로 선출됐다. 1944년 세계은행
이 설립된 이후, 아시아계가 세계은행 총재로 선출된 것은 이번이 처
음이다. 김용 총재는 로버트 졸릭 현 세계은행 총재의 뒤를 이어 2012
년 7월 1일부터 2017년 6월 30일까지 5년간 세계은행을 경영하게 되
었다.

김용 총재의 경쟁 후보는 응고지 오콘조 이웰라(Ngozi Okonjo Iweala,
1954. 6. 13.~) 현 나이지리아 재무부 장관이었다. 1977년 미국 하버드
대학을 졸업하고, 매사추세츠 공과대학에서 박사학위를 취득한 경제
학자인 응고지 오콘조 이웰라 재무부 장관은 2003년부터 2006년까지
나이지리아 재무부 장관을 이미 한 차례 역임했었고, 2006년에는 짧

은 기간 외무부 장관도 경험한, 나이지리아 델타 지역의 오가시 우쿠 지역 세습군주의 딸이다. 응고지 오콘조 이웰라는 2007년 10월부터 2011년 7월까지는 세계은행의 사무총장까지 역임해서, 세계은행은 물론 세계은행 187개 가입국으로부터도 신망이 높은 상황이었다.

세계 언론도 김용 총재보다 응고지 오콘조 이웰라에 대해서 호의적이었다. 응고지 오콘조 이웰라가 수학 분야에 뛰어난 경제학자라는 점과 나이지리아 재무 책임자를 두 차례 역임했다는 사실, 그리고 세계은행 사무총장 경력을 통해 세계은행 조직에 정통하다는 이유 때문이었다. 응고지 오콘조 이웰라가 후진국의 경제부흥과 개발 촉진을 지원하는 세계은행 목적에 적합한 인물이라는 점을 들어 비경제인 출신인 김용 총재에 비해서 높은 점수를 준 것이다.

응고지 오콘조 이웰라는 유럽연합의 지원도 받고 있었다. 1944년 세계은행이 설립된 이래 지난 67년간 줄곧 세계은행 총재는 미국인이 맡아 온 것에 대한 반발이었다. 유럽연합은 오바마 미국 대통령이 내세운 김용 총재의 일천한 경제 분야 경력을 문제 삼으며, 이번이야말로 비미국인 출신 세계은행 총재를 배출할 수 있는 절호의 기회라고 간주하고 있었다. 세계 경제 패권을 놓고, 미국에 대해서 유럽연합이 도전장을 내민 셈이었다.

하지만 화려한 경력의 응고지 오콘조 이웰라라는 카드를 앞세운 유럽연합의 세계은행 도전은 실패로 돌아갔다. 세계은행 집행이사회가 한국계 미국인 김용 후보를 차기 총재로 선임한 것이다. 김용 후보에 대한 온갖 논쟁에도 불구하고, 15.85%의 투표권을 가지고 있는 미국이 강한 영향력을 행사한 것이다. 세계은행 설립 당시 45%의 자금을 출자한 미국은 세계은행의 실질적인 지배주주였다. 유럽연합이 공조작전을 펴서 응고지 오콘조 이웰라를 세계은행 총재로 선출했다고 할지라도, 미국은 부결권을 행사했을 것이다. 미국은 세계은행 총재 선출에 대한 부결권을 가진 유일한 국가이기 때문이다.

그러므로 2012년 3월 23일 오바마 미국 대통령이 세계은행 차기 총재 후보로 지명했을 때, 김용 총재는 사실 세계은행 총재로 선출된 것이나 다름이 없었다. 총재 선출에 대한 유일한 부결권을 가진 미국이 어떤 형태로든 김용 총재의 당선을 관철시켰을 것이기 때문이었다. 미국의 총재 부결권은 결국 총재 지명권과 동일한 말이다. 미국인이 아닌 후보에게 세계은행 총재 자리를 양보한다는 것은 미국의 자존심이 허락할 수 없는 일이었다. 미국은 이겨야 할 전쟁에서는 반드시 이긴다는 원칙을 지키는 국가이다.

이번 김용 총재의 선출을 통해서 확인할 수 있는 것은 유럽연합의 강력한 견제에도 불구하고, 여전히 압도적인 미국의 영향력이다. 세계 3대 국제기구인 유엔과 세계은행, 국제통화기금에서 수장들은 대부분 미국의 의도대로 선출된다. 중국과 러시아, 유럽 연합과 일본이 아무리 강력한 힘을 발휘해도, 이러한 상황은 변함이 없을 것이다. 그것은 미국의 세계 경영과 관련이 있는 일이기 때문이다.

세계은행의 역할은 후진국 개발을 도우며 빈곤을 퇴치하는 일이다. 세계은행 총재는 이러한 역할을 감당하는 세계은행의 효율적 경영을 진두지휘해야 한다. 역대 세계은행 총재들은 빈부격차가 심화되는 신자유주의 세계화 경제 환경 속에서 융자와 원조를 통해 후진국들의 성장과 발전을 지원해 왔다. 김용 총재에게도 후진국 개발과 빈곤 퇴치라는 세계은행 본연의 역할의 성실 수행에 대한 의무가 부여되고 있다.

역대 세계은행 총재의 면면은 화려하다. 초대 유진 마이어(Eugene Meyer, 부흥금융회사 의장)에 이어, 2대 존 J. 머클로이(John Jay McCloy, 체이스맨해튼은행 의장), 3대 유진 로버트 블랙(Eugene Robert Black, 연방준비제도 의장), 4대 조지 데이비드 우즈(George David Woods, JP 모건 부사장), 5대 로버트 맥나마라(Robert McNamara, 포드 자동차 사장), 6대 올던 클로센(Alden Winship Clausen, 뱅크 오브 아메리카 최고경영자), 7대 바버 코너블(Barber Conable, 미국 상·하원 의원), 8대 루이스 프레스턴(Lewis Thompson Preston, JP모간 최고경영자), 9대 제임스 울펀슨(James David Wolfensohn, 울펀슨 앤 컴퍼니 회장), 10대 폴 월포위츠 (Paul Dundes Wolfowitz, 미국 국방부 부장관), 11대 로버트 졸릭(Robert Bruce Zoellick, 패니 메이 부회장)까지 모두가 미국인 출신이다.

역대 세계은행 총재들 가운데, 경제 전문가 출신이 아닌 사람은 7대 바버 코너블과 10대 폴 월포위츠뿐이었다. 미국의 다국적 기업의 창업자이거나, 전문경영인 출신인 역대 세계은행 총재들은 자신들의 경험을 바탕으로, 개발도상국의 부흥성장을 도모하며, 세계경제의 흐름을 바꿔 왔다. 지난 67년간 후진국을 중심으로 한 세계 경제의 발전은 이들 세계은행 총재의 결단의 결과라고 해도 과언이 아니다.

12대 김용 총재도 이들의 반열에서 향후 세계 경제의 새로운 패러다임 형성에 결정적인 영향을 끼칠 것이다. 한 가지 이채로운 사실은 김용 총재는 유색인종 최초의 세계은행 총재이며, 오스트레일리아에서 태어난 제임스 울펀슨과 함께 미국에서 태어나지 않은 두 번째 미국 이민자 출신 세계은행 총재라는 사실이다.

2) 『세계은행』

　『세계은행』은 국제부흥개발은행(IBRD: International Bank for Reconstruction and Development)의 약칭이다. 1944년 7월 조인된 브레턴우즈협정에 기초해서, 1945년 12월 미국 워싱턴에 본부를 두고 설립된 국제협력기구다. 설립 목적은 장기개발자금의 공여를 통해 제2차 세계대전 후 전재복구를 도모하고 개발도상국의 경제개발을 지원하는 것이다.

　브레턴우즈는 미국 뉴햄프셔 주에 있는 작은 도시이다. 이 작은 도시에서 세계 경제 질서를 결정하는 중요한 결정이 내려졌다. 바로 미국 달러화가 세계 기축통화가 되는 것이었다. 브레턴우즈에서 이루어진 이 회의는 이후 브레턴우즈 체계로 불리며, 세계 통화 시장의 기준이 되었다.

　1944년 7월 연합국 44개국은 브레턴우즈에 모여, 통화금융회의를 열고 최종의정서를 작성했다. 미국 달러를 주거래 통화로 삼고, 고정환율제를 시행하자는 내용의 국제 국제금융 질서에 관련된 내용이었다. 미국 달러만 유일하게 금과 일정한 비율로 바꿀 수 있게 하고, 각국 통화가치는 미국 달러와 상대적인 비율을 정하는 체제를 만든 것이다. 미국 달러화가 세계 기축통화가 되는 순간이었다.

　브레턴우즈 협정 최종의정서에는 국제통화기금(IMF: International Monetary Fund) 협정조문과 세계은행 협정조문 2가지가 부록으로 따라붙었다. 1945년 12월 44개 연합국의 정식조인이 끝나자, 부록은 곧바로 시행되었다. 1946년 6월에 세계 무역 안정을 위한 세계은행이 설립되었고, 이듬해인 1947년 3월에는 국제통화와 금융제도 안정을 위한 국제통화기금이 업무를 개시했다.

2012년 현재, 187개국이 회원국으로 가입해 있는 세계은행은 은행보다는 국제개발기구의 역할을 담당하고 있다. 세계은행의 주 업무는 회원국들의 출자와 채권 발행을 통해 확보한 자금을 저리로 개발도상국가에 지원하는 하드론 발행이며, 회원국들에 대한 경제 정책 자문과 개별 국가들에 필요한 정책 자문 등도 병행한다. 대한민국은 1955년에 가입했고, 1970년 대표이사로 선임되었다.

세계은행이 지원하는 개발도상국의 프로젝트 총 투자액은 연간 600억 달러 정도 규모로, 한화로는 70조 원가량 된다. 세계은행은 현재 중남미 지역을 주 수혜국으로 삼아, 석유와 전력 등 에너지 분야에 비중을 두고 지원하고 있다. 세계은행의 융자는 절반 정도로 협조융자로 지원하고, 나머지는 각국의 수출신용과 상업차관으로 하고 있다.

참고로 세계은행과 대한민국과의 관계를 살펴보면, 대한민국도 1960년 외자도입촉진법을 제정해 세계은행 차관을 도입한 국가였다. 대한민국은 세계은행으로부터 1962년부터 1973년까지 총 1억 1,600만 달러의 국제개발협회(IDA) 차관을 도입했다. 국제개발협회 차관은 최빈곤국에 공여되는 차관으로, 자금 융자기간은 거치기간을 포함해 35∼50년이다. 국제개발협회로부터 지원받았던 자금은 한국철도공사, 교육과학기술부, 한국농어촌공사 등에 전대돼 철도 인프라 구축과 농업기반 확충 등에 투자되는 등 대한민국 경제발전에 기여했다.

대한민국은 세계은행 역사상 전례가 없는 차관공여 성공 국가이다. 대한민국은 2009년 세계은행의 국제개발협회 차관을 전부 상환했으며, 이미 18년 전인 1991년부터 세계은행을 통해 개발도상국 44개국에 유·무상 원조를 시행하고 있기 때문이다. 대한민국은 개발원조위원회 수혜국에서 공여국으로 전환한 첫 번째 사례이며, 현재 경제개발협력기구(OECD), 개발원조위원회(DAC) 가입 국가이다. 세계은행은 대한민국의 성공 사례를 근거로, 차관 공여가 후진국의 산업발전에 근간이 될 것이라는 희망을 가지고 있다.

설립 이래 줄곧 미국 워싱턴에 본부를 두고 있는 세계은행은 매년 2,000 여 개 가까운 프로젝트에 참여하고 있다. 금융 분석가를 포함해서, 각 분야의 엔지니어와 환경관련 과학자들까지 다양한 전문가들 10,000여 명이 세계은행에 재직하고 있으며, 베트남 도로 유지 보수, 아이티 지진, 동아시아태평양 금융 위기 허브 조성 등의 업무를 담당하고 있다. 세계은행은 2011년 한 해 동안 약 2,580억 달러를 후진국에 지원했다.

현재 세계은행이 가진 문제는 후진국 개발에 뛰어든 개별국가와 기관들의 활약이 증대되면서 세계은행의 역할이 줄어들고 있다는 점과 70년 가까운 기간 동안 운영되면서 내부 분위기가 관료화되고 있다는 점을 꼽을 수 있다. 후진국에 영향력을 행사하기 원하는 막대한 현금 보유국인 중국과 브라질 등이 세계은행의 역할을 흉내 내기 시작했고, 빌 게이츠 재단과 같은 민간단체들이 후진국 지원에 나서면서, 세계은행 중심의 일원화된 후진국 지원 시스템이 흔들리고 있는 것이 세계은행의 솔직한 현실이다. 게다가 마련된 재원을 공여하는 데에만 초점을 맞춰 온 세계은행의 경영방식은 경영 효율화와 창의적 사업 개발에 주저하고 있는 형편이다. 김용 총재는 이러한 문제점을 해결하고, 세계은행의 위상을 회복시켜야 할 사명을 가지고 있다.

3) 김용 총재

2009년 다트머스 대학교(Dartmouth College) 총장으로 취임하기 전까지, 김용 총재는 대한민국에 알려지지 않은 인물이었다. 1860년 전후로 시작된 러시아 해외 이주를 시작으로 지난 150년간 지속된 한인 해외 이민 역사를 통해, 대한민국은 700만 재외동포, 150만 재미교포 시대를 맞고 있다. 그러므로 2,300만 북한 동포와 대치하고 있는 5,000만 대한민국 사회가 700만 재외동포들까지 세심하게 관심을 쏟는 일은 결코 쉬운 일이 아니다.

대한민국이 김용 총재에 대해서 관심을 갖게 된 것은 아이비리그 소속인 다트머스 대학교 총장이 되면서부터이다. 대한민국 사회에서도 마찬가지이지만, 미국 사회에서도 대학의 총장이 된다는 것은 보통 어려운 일이 아니다. 학자로서의 명망과 함께, 대학 구성원들의 찬성을 얻어 내야 하는 이중 노력이 필요하기 때문이다. 더욱이 다트머스 대학은 미국인들도 입학하기를 희망하는 아이비리그 대학 가운데 하나이기 때문에, 김용 총재의 총장 취임은 대한민국 사회에서 한동안 화제가 되었었다.

미국 뉴햄프셔 주 하노버에 위치한 다트머스 대학교는 2011년 미국 대학 랭킹 11위에 올라 있는 대학이다. 다트머스 대학에는 현재 약 600명의 전임교원과 약 6,000명의 학생이 재학하고 있다. 1769년 목사였던 엘리어자 휠록(Eleazar Wheelock)이 설립한 다트머스 대학은 외국 유학생이 8%에 불과하며, 유색인종 비율도 35%밖에 되지 않는 전형적인 백인중심의 대학교이다.

김용 총재의 총장 취임은 미국에서도 화제였다. 아이비리그 가운데에서도 보수적인 색채를 지니고 있는 다트머스 대학교가 다트머스 대학교와 전혀 관련이 없는 김용 총재를 대학교 총장으로 선임한 사실 때문이었다. 김용 총재는 다트머스 대학 졸업자도 아니고, 다트머스 대학 교수도 아니었다.

당시 김용 총재는 역시 아이비리그 대학교 가운데 하나인 브라운 대학교(Brown University)를 졸업(1982)하고, 하버드 대학교(Harvard University)에서 의학(1991)과 인류학(1993) 분야에서 박사학위를 동시에 취득한 하버드 대학 의대 교수였다. 김용 총재는 하버드 대학 의대 재직 중 세계보건기구(WHO) 에이즈국 국장으로 발탁되면서(2004), 본격적으로 미국 사회에 알려지기 시작했다. 세계보건기구 활동을 통해 미국 내 입지를 확보한 김용 총재는 2006년 미국의 시사주간지 타임(Time)이 선정한 「세계에서 가장 영향력 있는 100인」에 오르기도 했다. 세계보건기구 활동을 마친 김용 총재는 모교인 하버드 대학교 의과대학 교수로 되돌아가 재직하던 중에 다트머스 대학교 총장으로 취임했다.

백인중심의 미국 사회에서 이민자 출신의 유색 인종 학자가 국제기구의 고위직에 오르는 것은 쉬운 일이 아니다. 또한 미국 지성의 심장이라고 할 수 있는 아이비리그 8개 대학교 가운데 총장으로 선출된다는 것 역시 불가능한 일이다. 300년 가까운 역사를 지닌 다트머스 대학교는 두말할 것도 없고, 8개 아이비리그 대학교 전체에서 최초로 아시아계 총장에 선출되었다는 것은 보수적인 색채의 미국 학계에서 김용 총재가 얼마나 큰 두각을 나타낸 것인지 짐작할 수 있는 대목이다.

다트머스 대학교 총장으로 재직 중이던 2010년, 김용 총재는 미국 예술과학원 회원(American Academy of Arts and Sciences)으로 선출되었다. 1780년 설립된 미국 예술과학원은 현재 4,000명의 미국 학자들과 600명의 외국 저명 학자들로 구성된 미국 학술 지도자 그룹이다. 매년 정례 학술회의와 주제토론을 통해, 미국 사회는 물론 국제 사회의 현안들에 대한 심도 깊은 제언들을 발표하는 미국 예술과학원은 3억 2천만 명의 미국 인구를 이끄는 미국 내 0.0000125%의 지식 집단이라고 할 수 있다. 김용 총재는 만 51세의 나이로 미국 예술과학원 회원이 되었다.

김용 총재는 1959년 서울에서 태어나, 미국으로 이민을 떠난 부모에 의해 미국에서 성장했다. 5살부터 시작된 미국 생활은 그다지 문제가 될 것은 없었다. 서울대학교 치과대학을 졸업한 아버지는 아이오와 대학(University of Iowa)에서 치의학을 강의했고, 어머니는 학업을 계속 해서 아이오와 대학에서 철학박사 학위를 받았다. 경제적으로 유복한 상황 속에서 이루어진 김용 총재의 미국 이민 생활은 전 시대와 동시대의 미국 이민자들의 생활이민과는 다소 다른 형편이었다.

김용 총재는 아이오와 주 머스커틴 고등학교(Muscatine High School)를 수석 졸업하고, 아이오와 대학(University of Iowa)을 거쳐 브라운 대학을 우등(magna cum laude)으로 졸업했다. 하버드 의과대학에 재학 중이던 1987년, 김용 총재는 입학동기 폴 파머(Paul Farmer, 현 하버드 대학 교수)와 의료구호단체 PIH(Partners In Health)를 설립하고, 중남미를 비롯한 의료 낙후지역의 보건 지원 프로젝트를 수행했다. 2003년에는 세계보건기구에 들어간 김용 총재는 2004년 3월 에이즈 국장으로 승진한 뒤, 30만 명이었던 후진국 에이즈 치료자를 130만 명으로 증가시켰다.

의학과 인류학이라는 두 가지 전공의 학문적 배경을 가진 김용 총재는 1993년부터 다트머스 대학 총장이 된 2009년까지 하버드 의대 교수 신분을 유지했다. 김용 총재는 2003년 맥아더 재단이 창의적인 개인에게 충분한 연구 기회를 보장하기 위해서 연금을 제공하는 맥아더 펠로우십(MacArthur Fellowship)을 수상했고, 2005년에는 US 뉴스 앤 월드 리포트(US News & World Report)의 미국의 지도자 25인(one of America's 25 Best Leaders)으로 선정되기도 했다. 김용 총재는 세계 보건 증진 자문 기구라는 NGO의 일원으로 활동하고 있으며, 미국 국립 의료 아카데미의 회원이다.

의료분야 전문가로, 아이비리그 총장이었던 김용 총재가 세계은행 총재가 된 데에는 세계은행이 시행하는 여러 가지 프로젝트에 인류애적 감성이 필요하다는 오바마 대통령의 판단에 따른 것으로 사료된다. 경제전문가는 아니지만, 세계보건기구에서 보여 준 후진국 보건 지원 업무를 통해 드러난 김용 총재의 국제 감각과 인도주의적 감성을 후진국 경제부흥에 활용하겠다는 의도이다. 세계은행 총재 선출 이후, 미국 언론들은 비정치적인 김용 총재의 발탁에 대해서 이제는 호감을 드러내고 있다. 김용 총재는 후진국 출신 미국 이민자로 세계은행 총재에 오른 전례 없는 인물이다.

2. 대한민국 이민자

김용 총재의 성공은 150년 대한민국 이민사를 회상하게 만든다. 구한말 농업 이민과 일제 강점기의 독립투쟁, 6·25한국전쟁 포로 중 중립국 선택으로 인한 국적 포기에서부터, 생활이민과 취업이민, 유학이민, 월남전과 독일 광부와 간호원 파견, 영유아 해외입양, 건설노동자 중동 파견 등 다양한 종류의 이민들이 발생했다. 이민은 대한민국 국민이 대한민국 국적을 포기하고, 다른 나라 국적을 취득하는 일로, 지난 150년간 대한민국은 국적을 포기하고 싶을 만큼 살기 힘든 곳이었다.

일제 강점기, 독일로 망명했던 이미륵은 독일 사회에서 인정받는 지식인이었고, 소설가였다. 독일 교과서에 작품이 실릴 정도로 뛰어난 재능을 발휘한 이미륵은 광복 후에도 대한민국 땅을 밟지 못했다. 최근 프랑스에서 장관으로 입각한 플뢰르 펠르랭은 대한민국 입양아 출신 프랑스인이다. 고국의 친부모를 찾지 않겠다는 의지를 보이고는 있지만, 플뢰르 펠르랭은 "21세기 클럽"이라는 외국인 출신 프랑스인 모임의 회장을 맡아 활동하며, 입양아라는 자신의 처지를 충분히 활용하고 있다. 이민자들에게 대한민국은 죽을 때까지 잊을 수 없는 자기 자신인 셈이다.

1) 『압록강은 흐른다』의 이미륵

1930년대 독일에서 작가활동을 했던 이미륵(李彌勒, Mirok Li, 1899. 3. 8.~1950. 3. 20.)은 일본 제국주의의 압제를 피해 독일로 피신한 조선의 망명 작가이다. 황해도 해주에서 태어난 이미륵의 본명은 이의경(李儀景)이며, 미륵은 이미륵이 독일에서 문필 활동을 하며 사용한 필명 Mirok Li(미로크 리)를 한국식으로 옮긴 것이다.

미륵은 미륵보살에게 치성을 드려 아들을 낳은 이미륵의 어머니가 어린 시절 아명으로 부르던 이름이다. 자비라는 뜻을 내포하고 있는 미륵이라는 말은 석가모니불이 구제할 수 없었던 중생들을 미륵보살이 남김없이 구제한다는 대승적 자비사상에서 출발한 것이다. 이미륵은 독일에서 작가로 활동하며, 의경이라는 본명 대신 미륵이라는 필명을 사용했다.

이미륵이 미륵이라는 어머니가 부른 아명을 사용한 것은 자기 자신에 대한 정체성에 대한 강한 표현으로 해석할 수 있다. 이미륵은 독일에서 활동하는 작가였지만, 조선인이라는 자아의식이 분명했다. 그것은 이미륵이 살아온 인생과 관련된 일이었고, 구한말부터 일제 강점기까지 이어진 조선의 역사와도 관련된 일이었다.

이미륵은 조선, 중국, 일본, 독일의 4개 문화가 공존하는 작가이다. 황해도 해주의 조선의 양반 가문에서 태어난 이미륵은 4세 때부터 유교식 한문교육을 받았다. 12세 때 일제 강점기를 맞은 이미륵은 1917년 경성의전에 입학해서 일본식 교육을 받다가, 1919년 3·1운동과 연루되어 중국을 거쳐 독일로 망명을 떠나, 학업을 마치고 작가로 활동했다. 50년 남짓한 인생에서 이렇게 다양한 문화를 경험한 이미륵이 자기 자신의 정체성에 대해서 고민한 것은 당연한 일이었다.

1920년 5월 독일 뷔르츠버그(Würzbur)에 도착한 이미륵은 조선에서의 학력을 인정받아, 1922년 하이델베르그 대학(Ruprecht-Karls-Universität Heidelberg) 의과대학에 입학했다. 하지만 질병과 의학에 대한 회의로 인해 의학공부를 포기하고, 1925년 뮌헨 대학교(Ludwig Maximilian University of Munich)에서 1928년까지 다시 동물학과 인류학을 공부했다. 1928년 이미륵은 「비정상적 상태의 플라나리아의 규제력 있는 현상(Regulative Erscheinungen bei der Planarienregeneration unter anormalen Bedingungen)」으로 동물학 박사학위를 취득했다.

1931년, 이미륵은 문학지 『다메(Dame)』에 「조선야경(Nachts in einer koreanischen Gasse)」을 발표했고, 호평을 받으며 독일 문단에 진출했다. 이 작품으로 이미륵은 자일러(Seyler) 교수의 후원을 받게 되었고, 자일러 교수가 거주하던 그레펠핑(Gräfelfing)으로 이주했다. 이미륵이 독일로 망명을 떠난 것은 독일의 의학이 발전 때문이었는데, 정작 이미륵은 독일에서 동물학을 전공했고, 작가로 데뷔한 것이다.

또한 이미륵은 일본과 동맹관계였던 독일에서 제2차 세계대전을 경험했다. 1945년 독일의 제2차 세계대전 패전과 함께 일본의 패망 소식을 듣게 되지만, 이미륵은 대한민국으로 귀국하지 않았다. 25년이 넘는 독일 망명 생활 중에, 조국에 남겨 둔 가족들과는 거의 절연 단계에 있었기 때문이다. 이미륵은 고국에 대한 사무치는 애정을 자전적 소설로 집필할 생각을 했다. 이렇게 해서 발표된 작품이 1946년 출판된 단행본 『압록강은 흐른다(Der Yalu fließt)』였다.

『압록강은 흐른다』는 독일 독자들에게 대호평을 받으며, 대한민국에 대한 호기심을 불러일으켰다. 독일 신문들에는 『압록강은 흐른다』에 대한 문학 비평이 100차례가 넘게 실리기도 했고, 괴테 이후 독일어로 쓰인 가장 아름다운 문학작품이라는 찬사를 보내기도 했다. 이 작품은 나중에 독일 중·고등학교 교과서에 실리게 되었다. 이 작품을 발표하고 나서, 이미륵은 2년 뒤인 1948년 모교인 뮌헨 대학교 동아시아 학부에서 한국어와 중일문학과 역사를 강의하게 되었다.

하지만 이러한 문학적 성과와 관계없이, 이미륵은 1950년 3월 20일 독일 그레펠핑에서 위암으로 사망했다. 이미륵의 유해는 현재 그레펠핑 시립 묘지에 안장되어 있다. 독일 망명 뒤인 1920년부터, 사망한 1950년 51세로 타계한 이미륵은 일생 가운데 5분의 2에 해당하는 21

년 동안만 조선인이었다. 그렇지만 이미륵은 평생 자신이 조선인이라는 사실을 잊지 않았다.

『압록강은 흐른다』의 2부, 3부에 해당되는 여러 작품들은 집필이 완료된 상태였지만, 이미륵이 사망하기 직전 전부 소각한 것으로 알려지고 있다. 독일에서의 생활, 고국에 대한 그리움 등에 대한 내용이 담겨 있을 것으로 사료되지만, 이미륵 망명 이후 정신이상이 되어 객사한 아들과 제대로 돌보지 못한 아내와 딸에 대한 죄의식 등으로 인해 출판하지 못한 것 같다. 이미륵의 사후에 제자들에 의해 출판된 책들은 『이야기(Iyagi)』(1972), 『그래도 압록강은 흐른다(Vom Yalu bis zur Isar)』(1982)가 있다.

이미륵이 죽은 뒤인 1963년, 대한민국 정부는 이미륵에게 독립운동에 대한 공로를 기려 "대통령 표창"을 수여했다. "대통령 표창"은 27년 뒤인 1990년에 "건국훈장 애족장"으로 명칭이 변경되었다. 이미륵의 유해는 현재도 여전히 그레펠핑 시립 묘지에 안장되어 있다.

2) 『프랑스 중소기업 디지털경제부 장관』 플뢰르 펠르랭

플뢰르 펠르랭(Fleur Pellerin, 1973. 8. 29.~)은 2012년 5월 프랑수와 올랑드 프랑스 대통령 내각의 신임 중소기업 디지털 경제부 장관이다. 플뢰르 펠르랭이 주목받는 이유는 만39세의 젊은 여성 장관이라는 이유 때문만은 아니다. 플뢰르 펠르랭은 검은 머리카락에, 홑꺼풀 눈매, 누런 피부를 가진 프랑스인이다.

플뢰르 펠르랭은 1973년 8월 29일 대한민국 서울에서 태어나서, 일주일도 못 돼 친부모에게 버림을 받았다. 플뢰르 펠르랭이 부모로부터 물려받은 것은 동양적 외모와 김종숙이라는 이름뿐이다. 1974년 2월, 플뢰르 펠르랭은 프랑스로 입양되었고, 프랑스인으로 성장했다. 꽃이라는 뜻을 가진 플뢰르라는 이름은 양부모가 지어 준 이름이다.

원자물리학자 아버지와 가정주부 어머니 슬하에서 성장한 플뢰르 펠르랭은 고국 대한민국을 기억하지 않아도 좋을 만한 사랑과 배려 속에 성장했다. 양부모는 김종숙이라는 한국명을 잊지 않도록 호적에 종숙이라는 이름을 기재해 주지만, 플뢰르 펠르랭은 김종숙이라는 이름에 더 이상 연연하지 않았다. 비록 다른 프랑스인들과 생김새는 달라도, 플뢰르 펠르랭은 프랑스인이라는 자기 정체성을 갖고 성장했기 때문이다.

학업 능력이 뛰어난 플뢰르 펠르랭은 동료들보다 2년 빠른 16세에 대학입학자격시험인 바칼로레아를 프랑스어와 독일어로 각각 치러 합격했다. 이후 프랑스 최고의 상경계열 학교인 그랑제콜(Grandes Ecoles) 에섹(ESSEC)을 졸업하고, 명문 정치계열 학교인 파리정치대학(Institut d'Etudes Politiques de Paris: IEP de Paris)과 국립행정학교(École nationale d'administration)를 졸업했다.

흔히 시앙스포(Sciences Po)라고 불리는 파리정치대학은 역대 대통령, 국무총리, 장관, 국회의원, 외교관 등 주요 관계 및 정계 인사들을 배출한 프랑스 정치외교 명문 대학원이다. 프랑수아 미테랑(Francois Mitterrand), 프랑수아 올랑드(Francois Hollande) 대통령 등 프랑스 국내외 29명의 대통령, 30명의 국무총리, 20명의 외무부장관이 시앙스포의 동문이다. 프랑스 국회의원과 고위 외교관들 가운데 시앙스포를 졸업하지 않은 사람이 거의 없을 정도이다.

시앙스포를 졸업한 플뢰르 펠르랭은 국가고시를 거쳐 국립행정학교(École nationale d'administration)에 진학했다. 흔히 에나(ENA)로 불리는 국립행정학교는 프랑스 정부가 고급공무원 양성을 목적으로 세운 3년제 대학원 과정의 그랑제콜이다. 프랑스에서 국립행정학교에 진학한다는 것은 대한민국의 행정고시에 합격에 해당되는 일이다. 자크 시라크(Jacques Chirac), 발레리 지스카르 데스탱 등 2명의 대통령과 에두라르 발라뒤르(Édouard Balladur), 도미니크 드 빌팽(Dominique de Villepin) 등 7명의 국무총리가 에나의 동문이다.

프랑스 고급 공무원 진출의 엘리트 코스를 거친 플뢰르 펠르랭은 유엔 조직감사위원회에서 외부감사위원으로 근무했고, 프랑스 감사원(Cour des comptes)에서 문화, 시청각, 미디어, 국가교육 담당자로 일했다. 플뢰르 펠르랭은 2010년부터 프랑스 "21세기 클럽" 회장을 맡고 있다. 2004년 설립된 "21세기 클럽"은 프랑스 및 유럽의 다양성, 기회 평등, 교육 확대 등을 목표로 설립된 단체로, 다양한 출신배경의 프랑스인들이 모여 의견을 나누는 조직이다.

언론 전문가인 플뢰르 펠르랭은 사회주의 성향을 가진 양부모의 영향으로 사회당에서 정치 경력을 쌓아 왔다. 2002년 대통령 선거의 사회당 후보였던 리오넬 조스팽(Lionel Jospin) 캠프에서 연설문 작성에 참여하며 정계에 입문했고, 2007년 대통령 선거의 사회당 후보였던 마리 세골레느 루아얄(Marie Segolene Royal) 캠프에서는 언론 분야 특보로 참여했다. 2011년 11월부터는 다시 2012년 프랑스 대통령 선거를 위한 사회당 후보 캠프에 합류해서, 디지털 경제 특보로 활약하며 프랑수와 올랑드 후보의 당선에 크게 기여했다.

2012년 5월 중소기업 디지털 경제부 장관으로 취임한 플뢰르 펠르랭은 프랑스의 초고속망 확대를 위한 기초를 다지겠다는 의욕을 피력하고 있다. 플뢰르 펠르랭은 최근 정보통신 분야의 강국으로 부상한 대한민국을 발전 모델로 삼고 있다. 따라서 프랑스의 초고속망을 10년 내로 대한민국 수준으로 육성할 계획을 가지고 있다.

플뢰르 펠르랭은 선진국 최초의 한국계 장관이다. 성장과정에서 있었을 정체성의 위기에 대해서 함구하는 플뢰르 펠르랭은 자신을 버린 조국 대한민국에 대한 감정을 피력하지도 않고, 친부모를 찾으려는 시도도 하지 않았다. 외모만 한국인이지, 내면은 프랑스인이라고 자신하는 플뢰르 펠르랭은 역시 프랑스 공무원인 남편 로랑 올레옹(Laurent Olléon)과 8살 난 딸 베레니스(Bérénice)를 두고 있다.

3. 일본의 이민자

개화와 근대화가 빨랐던 일본은 제국주의를 거치며, 제2차 세계대전을 도발했다. 그리고 패전 후에도 외교력과 경제력을 통해, 다시 한 번 부흥의 첩경을 밟고 강대국에 진입했다. 따라서 일본의 이민자들은 대한민국의 이민자들과 전혀 다른 상황 속에서 이루어졌다. 대한민국 이민자들이 생존을 위해 이민을 떠나야 했던 것에 비해, 일본의 이민자들은 더 나은 생활을 위해 이민을 선택했던 것이다.

노벨 물리학상 수상자였던 난부 요이치로는 일본에서 공부를 마치고, 미국에서 연구의 꽃을 피운 과학자였다. 난부 요이치로는 일본의 학자들과도 연계해서 연구를 했고, 미국에 있으면서도 일본 과학기술의 발전에 크게 기여했다. 페루 대통령이 된 알베르토 후지모리는 일본 이민 역사의 꽃이라고 할 수 있다. 일본계로 이민국의 대통령이 된 알베르토 후지모리의 취임 당시, 일본 사회는 세계 지도국이라는 자부심에 들떴다. 이상적인 이민은 이민자과 모국의 보호를 받으며 이민국에 정착해서, 모국과 이민국의 발전에 기여하는 형태가 되어야 한다.

1) 『2008년 노벨 물리학상』 난부 요이치로

난부 요이치로(南部陽一郎, 1921. 1. 18.~)는 2008년 노벨 물리학상 수상자 가운데 한 명이다. 2008년 노벨 물리학상은 난부 요이치로를 비롯해서, 일본 고에너지가속기연구기구 교수인 고바야시 마코토(小林誠, 1944. 4. 7.~), 일본 교토 대학 명예교수 마스카와 도시히데(益川敏英, 1940. 2. 7.~)까지 3명이 공동수상했다. 이들 세 사람은 공동연구를 한 것은 아니었지만, 연구 주제의 연관성 때문에 공동 수상을 했다.

2008년 노벨 물리학상 수상자들의 연구 주제는 우주의 비대칭 기원 규명이었다. 난부 요이치로는 소립자 물리학에서의 자발적 대칭성 파괴 메커니즘을 규명한 연구를 전개했고, 고바야시 마코토와 마스카와 도시히데는 자연계에 3가지 쿼크가 존재하는 것을 예견하는 대칭성 붕괴의 기원을 발견했다. 이들 세 사람의 연구는 현재 상태의 우주가 존재하게 된 이유를 이론적으로 증명한 것이라고 할 수 있다.

2008년 일본은 노벨 물리학상 수상자 3명 외에도, 노벨상 수상자가 한 명 더 있었다. 노벨 화학상을 수상한 시모무라 오사무(下村脩, 1928. 8. 27.~) 미국 해양생물연구소 명예교수이다. 시모무라 오사무는 해파리에서 녹색형광단백질을 처음 발견해서, 분자생물학이나 생명과학의 발전에 기여한 공로로 마틴 챌피(Martin Chalfie), 로저 첸(Roger Y. Tsien)이 공동으로 노벨 화학상을 수상했다.

2008년 노벨상은 일본의 과학 분야 발전을 상징적으로 보여 주는 해였다. 3개 분야에서 9명의 과학 분야 노벨상 수상자 가운데, 4명이 일본 국적, 혹은 일본계였기 때문이다. 고바야시 마코토와 마스카와 도시히데는 물론이고, 1960년부터 52년 동안 미국 보스턴 대학과 해양생물연구소에서 재직해 온 시모무라 오사무(下村脩, 1928. 8. 27.~)까지 일본 국적을 유지하고 있었기 때문이다. 난부 요이치로만 미국 국적을 가지고 있는 일본계 미국인이었다.

하지만 일본은 난부 요이치로의 미국 국적에 대해서 그다지 신경을 쓰지 않고 있다. 난부 요이치로 스스로 일본인이라는 자부심을 가지고 있고, 학부부터 박사과정까지를 전부 일본에서 끝마쳤기 때문이다. 일본인들은 노벨상을 수상한 난부 요이치로의 학문적 토대가 일본에서 마련되었다는 사실에 고무되어 있으며, 일본의 과학자가 미국의 노벨상 수상에 기여했으므로 일거양득이라는 태도를 가지고 있다.

일본 제국주의 전성기였던 1921년에 태어난 난부 요이치로는 1942년 도쿄 제국대학 물리학과를 졸업했다. 그리고 1949년부터 오사카 시립대학 조교수로 재직하며, 1952년 도쿄 제국대학에서 이론 물리학으로 박사학위를 취득했다. 박사학위 취득과 함께 미국으로 건너간 난부 요이치로는 프린스턴 고등 연구소에 4년간 근무를 한 후, 1956년부터 시카고 대학에서 교수로 재직하며 연구에 매달렸다.

1970년 1월 1일 만 47세 11개월에 미국 국적을 취득한 난부 고이치로는 니혼 대학 물리학과 교수였던 고토 데쓰오(後藤哲夫)와 함께 『끈 이론(String Theory)』를 발표했다. 당시 『끈 이론』은 이론적 근거가 희박하다고 여겨졌지만, 난부 요이치로는 여기에 초대칭성을 더한 『초끈 이론』을 발표했다. 당시 난부 요이치로의 『끈 이론』 발표에는 한국계 물리학자인 미국 듀크 대학교 물리학과 한무영(韓茂栄)도 참여한 것으로 알려지고 있다.

난부 요이치로는 1970년 9월부터는 시카고 근교 바타비아에 위치한 국립 엔리코 페르미 연구소(Fermi National Accelerator Laboratory)에서 이론물리학 교수가 되어 1982년 퇴직할 때까지 재직했다. 엔리코 페르미 연구소는 원래 1967년에 설립된 "국립 가속기 연구소(National Accelerator Laboratory)"였지만, 1974년에 이탈리아 출신 미국인 엔리코 페르미가 노벨 물리학상을 수상하자 그의 이름을 따서 개명했다. 난부 요이치로는 퇴직 이후에도 엔리코 페르미 연구소의 명예교수로 현재까지 남아 있다.

페르미 연구소에 재직하는 동안, 난부 요이치로는 다니엘 하인만 상(Dannie Heineman Prize, 1970), 로버트 오펜하이머 상(Robert Oppenheimer Prize, 1977), 일본 문화 훈장(Japan's Order of Culture, 1978), 미국 문화 훈장(U.S.'s National Medal of Science, 1982), 막스 플랑크 메달(Max Planck Medal, 1985), 디락 상(Dirac Prize, 1986), 사쿠라이 상(Sakurai Prize, 1994), 울프 상 물리학 부분(Wolf Prize in Physics, 1994/1995), 벤저민 프랭클린 메달(Benjamin Franklin Medal, 2005) 등 물리학과 관련된 각종 상을 수상했고, 미국 물리학 발전에 기여한 공로로 다양한 문화 훈장도 수상했다.

92세의 노령에도 미국과 일본을 오가며 활발한 활동을 하고 있는 난부 요이치로는 현재도 자신의 마지막 근무지였던 시카고 대학교 물리학과 엔리코 페르미 연구소 명예 교수직과 자신의 첫 근무지였던 오사카 시립 대학의 명예 교수직을 함께 수행하고 있다. 그리고 자신이 중고등학교 시절을 보낸 후쿠이 현 후쿠이(福井) 시의 명예시민의 칭호를 가지고 일본 문화와 학문의 발전에 기여하고 있다.

2) 『페루 45대 대통령』 알베르토 후지모리

일본계 페루인 알베르토 후지모리(Alberto Fujimori, 藤森謙也, 1938. 7. 28.~)는 일본인의 외모를 가지고 제45대 페루의 대통령에 오른 인물이다. 일본인 혈통으로 일본이 아닌 다른 나라의 정권 수반에 오른 사람은 알베르토 후지모리가 유일하다. 알베르토 후지모리의 1990년 7월 28일부터 2000년 11월 22일까지 약 10년이었다.

알베르토 후지모리는 일본 구마모토(熊本) 현 출신으로 1938년 칠레로 이주한 이주노동자 출신의 자녀이다. 1938년생인 알베르토 후지모리는 일본에서 태어난 뒤 칠레로 이주했다는 설도 있지만, 구체적인 사실은 밝혀지지 않고 있다. 칠레 출생자만 대통령이 될 수 있다는 칠레 헌법에 위배되는 일이기 때문에, 대통령 출마 전부터 알베르토 후지모리는 자신의 출생지에 대한 논란에 대해 칠레 리마 출신이라는 태도를 견지하고 있다. 그렇지만 알베르토 후지모리가 일본 국적도 함께 유지하기 원했던 부모가 페루 주재 일본 영사관에 함께 출생신고를 한 까닭에, 알베르토 후지모리는 칠레와 일본의 이중 국적을 보유하기도 했다.

페루의 수도 리마에서 성장한 알베르토 후지모리는 1957년 리마의 명문 대학인 라 모리나 국립대학교(Universidad Nacional Agraria La Molina) 농업기술학과에 진학했고, 1961년 졸업을 했다. 대학 졸업 후에는 라 모리나 대학교에서 약 3년간 수학 강사로 지냈다. 1964년 프랑스 스트라스부르 대학(Université de Strasbourg)에 유학을 간 알베르토 후지모리는 포드 장학금을 받고 미국 위스콘신 대학교(University of Wisconsin-Milwaukee)에 진학해서 일반 수학 석사학위를 취득했다.

1968년 국립 라모리나 농과대학의 수학과 조교수로 임용된 알베르토 후지모리는 1971년 교수로 승진했다. 그 후 이학부장 등 주요 보직을 거친 알베르토 후지모리는 1984년 국립 라모리나 농과대학의 총장으로 취임했다. 이때부터 알베르토 후지모리의 본격적인 사회활동이 시작되었다. 페루 대학평의회 의장을 두 차례 역임했고, 1987년부터 1989년까지는 페루 국영방송 텔레비전 채널 7의 프로그램 "모두 함께(Concertando)"의 사회자로 활동했다.

알베르토 후지모리는 테러리즘과 인플레이션이 기승을 부리던 1989년 연합 신당 '변화 90(Cambio 90)'을 급조 창당하며, 정계 진출을 선언했다. 원주민 옷차림과 선동주의적 수사로 페루 국민들의 마음을 사로잡은 알베르토 후지모리는 일천한 정치 경력이 도리어 신선하게 작용했다. 국립대학 총장 출신으로 페루 대학 평의회 의장을 역임한 사회적 배경과 약 3년간의 토크쇼 사회를 진행하면서 얻은 인지도를 바탕으로, 알베르토 후지모리는 1990년 대통령에 취임했다.

알베르토 후지모리는 집권 1년 만에 인플레이션을 잡고 페루 경제를 안정시켰다. 그리고 신자유주의 정책을 바탕으로 경제 성장을 주도하며, 국민들의 기대에 부응했다. 또한 강한 행정부를 바탕으로 강도 높은 대 테러 정책 펼쳐, 공공질서를 회복시켰다. 알베르토 후지모리의 인기는 하늘 높은 줄 모르고 솟아올랐고, 이런 인기를 바탕으로 알베르토 후지모리는 1992년 4월 친위 쿠데타를 일으켜 성공했다.

알베르토 후지모리가 친위 쿠데타를 일으킨 것은 국회가 개혁에 미온적인 태도를 보였기 때문이었다. 알베르토 후지모리는 의회를 해산한 뒤, 1993년 12월에 신헌법을 발표해서 강력한 대통령 중심제의 토대를 마련했다. 그리고 1995년 1월 에콰도르와의 군사적 충돌이었던 케네파 전쟁을 통해 평화 체제를 구축하면서, 알베르토 후지모리는 인기몰이를 더 해 나가기 시작했다.

알베르토 후지모리는 1995년 4월의 대통령 선거에서 64.2%의 찬성표를 얻으며, 재선에 성공했다. 경쟁자였던 하리에르 페레스 데 케야(Javier Pérez de Cuéllar)는 22%의 찬성표만 얻었다. 재선에 성공한 알베르토 후지모리는 여전히 내정과 행정에서 성공적인 활약을 했다. 초긴축정책과 외자 유치로 8000%까지 치솟던 인플레이션이 안정되었고, 30년 넘게 활동하던 게릴라조직이 안전 진압되었다.

그러나 이렇게 탁월한 정치, 경제적 업적을 이룩한 알베르토 후지모리는 장기집권의 올무에 빠지기 시작했다. 1996년 8월, 3선 대통령 출현을 막는 헌법을 개정하면서, 정권 연장을 위한 작업을 시작했다. 2000년 4월, 3선에 도전한 알베르토 후지모리는 과반 득표에 실패해서 2차까지 가는 투표 끝에 51.2%의 찬성을 얻어, 경쟁자 알레한드로 톨레도(Alejandro Toledo) 후보를 제치고 3선에 성공했다.

하지만 2000년 7월 28일 취임식 당일에 대규모 반대 데모가 일어나, 국립은행 경비원 6명이 사망하는 사태가 발생했다. 이어 2000년 11월, 알베르토 후지모리의 절대 권력을 지탱해 온 최측근 블라디미로 몬테시노스(Vladimiro Montesinos) 국가정보부장이 야당 의원을 매수하는 비디오테이프가 공개되면서, 칠레 전역에는 알베르토 후지모리 퇴진 운동이 전개되었다. 알베르토 후지모리는 2000년 11월 실각하고, 일본으로 도피해서 5년간 망명생활을 했다.

정치적 부활을 목적으로 2005년 11월 페루에 재입국한 알베르토 후지모리는 칠레 당국에 체포되었지만, 보석으로 풀려났고, 가택연금 상태에 놓였다. 2007년 7월 29일, 알베르토 후지모리는 일본 참의원 선거에 국민신당 소속 비례대표로 출마했다 낙선했다. 이때부터 알베르토 후지모리의 이중 국적 보유 문제가 논란이 되기 시작했다. 2010년 1월 3일 페루 대법은 집권 연장을 위한 범죄행위를 근거로 25년의 징역형을 선고했고, 알베르토 후지모리는 현재 복역 중이다.

4. 『세계은행 총재』 김용

1) 미국의 코리안 드림

확실히 김용 총재의 『세계은행』 총재 발탁은 획기적인 일이다. 1860년 즈음부터 시작된 지난 150년간의 한국인의 해외 이주의 역사 가운데, 가장 두드러진 사건이라고 말할 수 있다. 김용 총재의 성공을 대한민국 국민들이 함께 기뻐하는 것은 김용 총재가 한국명 김용을 고수하며, 역시 한국계 미국인으로 보스톤 아동 병원(Children's Hospital Boston)에서 소아과 의사로 재직하고 있는 임경숙 씨와 결혼 생활을 하고 있기 때문이다.

김용 총재는 한국계 미국인이라는 사실을 부끄러워하지 않고 떳떳하게 밝히고 있다. 자신의 성공이 오히려 한국계 미국인이라는 핸디캡에 의한 것일 수도 있다는 사실을 잘 알고 있기 때문이다. 어색하지만 한국말을 사용하고 있고, 대한민국을 방문해서 한미동반 성장의 의지를 피력하는 김용 총재는 아버지가 떠난 조국에 금의환향한 대한의 아들임에 틀림없다.

이러한 김용 총재의 성공은 합법, 불법으로 미국에 체류하고 있는

200만 재미교포들 가운데 단 한 명의 성공이다. 김용 총재의 세계은행 총재 선출은 미국 명문대학에서 의학과 인류학 분야에서 동시에 박사학위를 취득한 개인의 탁월한 역량과 아시아계 미국인이라는 약점을 후진국에 대한 의료 인도주의 지원과 적절하게 연결시킨 시대감각, 그리고 한미 FTA를 통해 동반자 관계를 굳게 하려는 미국 정부의 대한민국 정부에 대한 배려가 동시에 조합된 결과이다.

대한민국의 국력신장이 선행되지 않았더라면, 김용 총재의 세계은행 총재 선출은 이루어지지 않았을 수도 있다. 지금 대한민국은 미국에 가장 애정 어린 동반 국가이다. 유럽에서 영국이 있고, 미주에서 캐나다가 있듯이, 아시아에서는 대한민국이 미국의 혈맹국가로 부상하고 있다. 대한민국은 중국과 러시아의 남하를 방어하는 자유민주주의 세계의 저지선이며, 미국이 주도하는 시장경제의 아시아 기점이다.

경제 분야의 경력이 일천한 김용 총재를 미국이 세계은행 총재로 내세운 것은 우연이 아니다. 비경제계 유색인사라는 비난에도 불구하고, 미국이 김용 총재의 세계은행 총재 진출을 주도한 것은 대한민국에 대한 미국 내의 태도 변화와 필요 때문이다. 해양세력과 대륙세력이 교차하며, 민주주의를 바탕으로 한 자본주의와 공산주의를 근간으로 한 사회주의가 대립하는 한반도는 미국의 대항마로 떠오른 중국의 개혁개방을 유도할 전초기지인 셈이다.

세계 7번째 국민소득 20,000달러, 5,000만 국민의 경계를 뛰어넘은 대한민국은 더 이상 미국이 쉽게 포기할 수 있는 국가가 아니다. 미국의 경제전문가들은 2020년 대한민국의 국민소득이 40,000달러에 육박할 것이며, 세계 5대 기술 강국으로 부상할 것을 주장하고 있다. 미국의 투자은행 골드만삭스는 이미 몇 해 전 2050년이 되면 대한민국의 국민소득은 80,100달러가 될 것이며, 미국에 이어 세계 2위가 될 것으로 예측했다.

물론 이러한 통계의 외형적 가치보다 더 중요한 것은 그 속에 담긴 내면적 의미이다. 6·25한국전쟁의 폐허 속에서 지난 60년간 대한민국이 이렇게 비약적인 성공을 할 수 있었던 것은 미국의 절대적인 지원이 있었기 때문에 가능한 일이었다. 대한민국의 최대 수출국은 최근까지 미국이었고, 미국은 대한민국이 서방세계로 진출하는 출구였다. 월남전을 비롯한 미국이 주도한 유엔의 평화유지군에 대한민국이 지속적으로 참가한 것을 비롯해서, 미국과의 FTA 체결 등으로 이제 대한민국은 미국이 지켜 내야 할 미국의 확실한 시장이 되었다.

미국 경제에 대한 대한민국 경제의 종속이라고 주장하는 반미주의자들의 주장과 달리, 대한민국 경제는 지난 60년간 비약적으로 발전해 왔다. 대한민국은 세계경영에 나선 미국이 확보한 가장 이상적인 자유민주주의 시장경제 환경이다. 미국은 이제 대한민국을 전략적 동반자에서 혈맹으로 받아들이고 있다.

골드만삭스가 주장하는 대한민국의 국민소득 81,000달러는 미국의 전폭적인 지원이 있을 때에만 가능한 일이다. 천연자원이 부족한 대한민국이 이러한 국민소득을 올릴 수 있는 길은 기술집약적 산업의 계속적 성장과 지속적인 수출 실적 향상뿐이다. 골드만삭스의 대한민국 정부에 대한 미래전망은 대한민국 국민들이 경청해야 할 미국의 대한민국 경제 패러다임이다.

3억 4,000만 명의 미국 국민 가운데, 대한민국 이민자 200만 명은 0.6%에 불과한 미미한 숫자이다. 전체 70억 인구 가운데, 5천만 대한민국 국민 역시 0.7%밖에 되지 않는 적은 인구이다. 그럼에도 불구하고, 미국은 2050년까지 대한민국을 세계 2위의 경제대국으로 끌어올릴 생각을 하고 있다. 그리고 그러한 의지의 강력한 표현으로 김용 총재를 세계은행 총재로 선출하며, 대한민국에 대한 호감과 기대를 세계 사회에 피력한 것이다.

2) 외국인들의 코리안 드림

독일계 한국인 이참(李參, 1954. 4. 3.~)은 2009년 7월 한국관광공사 사장에 임명된 대한민국 수립 사상 최초의 외국인 이민자이다. 베른하르트 크반트(Bernhard Quandt)라는 독일이름보다 이한우(李韓佑)라는 옛 이름으로 더 알려져 있는 이참은 1986년 대한민국에 귀화했다. 이참이라는 이름은 2001년 "한국 문화에 동참하겠다" 뜻을 담아 개명한 것인데, 이름대로 이참은 대한민국 공기업 수장에 오르면서 대한민국 사회 발전에 참여하게 되었다.

독일 마인츠 요하네스 구텐베르크 대학교(Johannes Gutenberg-Universität Mainz)에서 불문학과 신학을 전공하고, 미국 트리니티 신학대학원(Trinity Evangelical Divinity School)에서 상담학을 전공한 이참은 13년간 주한 독일문화원 독일어 강사와 국내 여러 대학의 독일어 강사로 활동하다, 방송계에 진출하며 대한민국 사회에 본격 진출하게 되었다. 이참은 한독 상공회의소 이사를 역임했으며, 충청남도 국제협력위원, 한국사회문화연구원 이사, 환경운동연합 지도위원 등으로도 활약했다.

이참은 2007년 대통령 선거에서 이명박 후보의 한반도대운하 특보를 지내며 정치에 입문했다. 그 후 이명박 대통령 취임 2년째인 2009년, 한국관광공사에 대한민국 공기업 최초의 외국계 한국인 사장으로 임명되었다. 이참은 2012년 6월 현재 만 3년째 한국관광공사 사장직을 유지하며, 대한민국 최초의 이민자 출신 공기업 수장으로 대한민국 관광 발전을 선도하고 있다.

필리핀계 한국인 이자스민(Jasmine Bacurnay, 1977. 1. 6.~)은 제19대 대한민국 국회의원 총선에서 새누리당 비례대표로 출마해서 당선되었다. 1993년 필리핀 다바오에 있는 아테네오 데 다바오 대학교(Ateneo de Davao University) 생물학과에 입학한 이자스민은 1995년 한국인 남편과 결혼하고, 1996년 3월 대한민국에 입국했다. 1999년 대한민국으로 귀화한 이자스민은 이주 여성들의 봉사 단체이자, 문화네트워크인 '물방울 나눔회'의 사무총장으로 활약하며, 다문화 가정의 복지 향상을 위해 힘써 왔다.

해외 이주 여성을 소개하는 텔레비전 다큐멘터리 프로그램에 출연한 것을 계기로, 각종 교양 프로그램에 출연하기 시작한 이자스민은 영화 의형제(2010)과 완득이(2011) 출연을 계기로 사회적 이미지를 확보하기 시작했다. 급류에 빠진 딸을 구하려다 남편이 죽는 고통을 이겨 낸(2011년 11월 15일 KBS 2TV 여유만만 출현 중 본인 소개, 같은 날 재경일보 보도) 이자스민은 2011 KBS 감동대상 한울타리상을 수상했다. 이자스민은 대한민국에 대한 긍정적 이미지를 알리기 위해 한국이미지커뮤니케이션연구원에서 주최한 2012 제8회 CICI KOREA 시상식 한국이미지 맷돌상과 여성신문이 마련한 2012 제10회 미래를 이끌어 갈 여성 지도자상도 수상했다.

이자스민은 제19대 국회의원 선거에서 새누리당 비례대표 17번으로 출마, 당선됐다. 이자스민은 100만 명 외국인, 16만 명 이주 여성 시대에 외국인들의 권익향상이 필요하다는 새누리당의 총선 전략에 따라 공천되었다. 이자스민의 국회의원 당선 직후, 베니그노 시메온 "노이노이" 코후앙코 아키노 3세(스페인어: Benigno Simeon "Noynoy" Cojuangco Aquino III, 1960. 2. 8.~) 필리핀 대통령은 이자스민의 국회의원 당선을 축하하며, 한-필리핀 관계 발전에 기여할 것을 당부했다.

북한 이탈 주민인 새터민 조명철(1959~) 역시 제19대 대한민국 국회의원 총선에서 새누리당 비례대표로 출마해서 당선되었다. 북한의 김일성종합대학 자동조종학과 학사(1977~1983) 출신인 조명철은 1994년 7월 중국 톈진(天津)의 난카이(南開)대 교환 교수 시절 제3국을 거쳐 탈북했다. 당시 조명철은 김일성 종합대학 경제학부 교수였다.

북한 사회의 최고 엘리트 출신이었던 조명철은 대외경제정책연구원(KIEP)에서 연구위원, 통일국제협력팀 팀장을 거쳐, 국제개발협력센터 소장 등으로 17년간 근무했다. 그사이 조명철은 KDI 국제정책대학원 자문위원, 일본 리쓰메이칸 대학 국제지역연구소 특별연구원, 통일부 통일정책분과 정책자문위원 등으로 활약했으며, 한국동북아경제학회 이사, 한국철도공사 자문위원, 한국동북아경제학회 이사, 법제처 정책자문위원, 한국관광공사 남북관광자문위원, 국가인권위원회 정책자문위원, 한국경제신문 객원논설위원 등의 관계, 정계, 재계, 학계, 언론계 등 각종 기관과 단체의 자문으로 활약하며, 북한의 대외전략을 평가하고, 분석하는 일에 전념해 왔다.

23,000만 탈북자 시대를 맞은 2011년 6월, 조명철은 국내 탈북자 가운데 최고위급인 고위 공무원 가급(1급) 직위인 통일부 산하 통일교육원장에 임명됐다. 탈북자들의 원만한 대한민국 사회 정착을 요구하는 통일부의 의도에 적합한 인물이라는 평가와 함께, 개방직 공무원 채용에 지원한 조명철이 발탁된 것이다. 제19대 국회의원 당선 이후,

조명철은 '맞춤형 탈북자 정책 프로그램'으로 탈북자들을 대한민국 사회에서 성공시켜 통일의 주역으로 만들어 내야 한다는 통일 비전을 제시하고 있다.

3) 아낌없이 사랑하라!

김용 총재는 세계은행 총재로서의 공식 업무를 2012년 7월 1일부터 시작했다. 세계은행 총재 취임 전까지, 김용 총재는 다트머스 대학 총장이었다. 총재 취임 직전까지 김용 총재는 총장 직무를 성실히 수행했다.

현 총장이 세계은행 총재로 발탁되는 미국 역사상 초유의 행운을 거머쥔 다트머스 대학은 자부심이 이만저만이 아니었다. 대학 홈페이지의 Office of the President에 김용 총재의 세계은행 총재 선출 소식을 담은 미국의 주요 일간지의 기사들을 게재해 놓았었다. 다트머스의 김용이라고 불리는 김용 총재는 다트머스 대학교뿐만 아니라, 자신이 졸업한 모교 브라운과 하버드 대학의 자랑거리이기도 하다.

백인 중심의 미국 사회에서, 유색인종으로서 존재감을 확인시킨 것만도 감사한 일인데, 김용 총재는 미국 사회의 자랑거리가 되었다. 후진국들을 지원하는 세계은행 총재 직무를 시작하면, 김용 총재는 세계인들의 자랑거리가 될 것이다. 그리고 김용 총재의 활약으로 인해, 대한민국은 자부심과 긍지는 더욱 높아질 것이다.

구한말이었던 1860년 전후, 간도와 사할린으로 농민들이 이주를 시작한 이후 한인 이민 150년 역사를 돌이켜 보면, 김용 총재의 세계은행 총재 취임은 꿈만 같은 일이다. 국권침탈로 인한 항일 독립 운동가들의 해외 이주, 일제의 중국, 러시아, 미국, 남미 강제농업 이민,

광복 후 파독 광부와 간호사 영구 정착, 중동 건설 노동자 파견과 현지 정착, 기술과 취업 이민 등 다양한 형태의 이민으로 현재 한국인 이민자는 700만 명에 이르고 있다.

그리고 대한민국 이민사에 또 하나 빼놓을 수 없는 상처가 바로 영유아 해외 입양이다. 6·25한국전쟁으로 발생한 10만 명의 고아 가운데 상당수를 해외로 입양시켰다. 1953년부터 2011년까지 해외에 입양된 고아와 혼혈아는 약 16만 명이다. 대한민국은 누적 해외입양인 숫자에서 세계 1위이다. 대한민국은 현재도 매년 2,000명 정도를 해외로 입양하고 있다.

한국인의 해외 이민은 근대화를 먼저 이룩한 일본의 해외 이민과 비교할 수 없는 수준이다. 생존을 위해 이민한 한국인과 보다 나은 환경을 위한 선택적 이민은 이민 후 출발하는 사회적 계급이 다를 수밖에 없다. 그럼에도 불구하고 한국인들은 지난 100년간의 이민 역사를 통해, 다양한 국가에서 정착하며 한국인 특유의 성실과 노력을 바탕으로 정착에 성공해 왔다.

한국인의 해외 이민과 비교할 때는 상대적으로 적은 숫자이지만, 외국인들의 대한민국 이주도 최근 괄목할 만큼 증가하고 있다. 1980년대 중반부터 본격 유입된 외국인 이주 노동자들을 중심으로, 현재 대한민국은 140만 외국인 시대를 통과했다. 숙명여자대학교 김영란 교수는 2020년에는 취업, 유학, 결혼 등으로 대한민국에 정착할 외국인이 국민의 약 5%에 이른 것이라고 주장하고 있다. 2012년 현재 국민소득 20,000달러인 대한민국은 2020년에는 국민소득 40,000달러에 도달할 것으로 예상되며, 대한민국에 체류하는 외국인은 250만 명을 상회할 것으로 추산된다.

대한민국은 가장 짧은 시간에 이민 송출국에서 이민 수용국으로 변모한 국가가 되었다. 이러한 외국인 급속한 유입의 분위기는 대한민국의 선진국 진입을 알려 주는 귀중한 신호이다. 대한민국은 외국인들의 인권문제에서부터, 참정권, 납세, 군복무 등 다문화 사회로 전환하기 위한 다양한 제반조치들을 확보해야 한다.

그러나 무엇보다 중요한 것은 바로 대한민국 국민들의 의식개혁이다. 한국계 미국인 김용 총재가 미국 사회의 자랑거리가 된 것이 우리에게 즐거움이 된 것처럼, 대한민국 사회에서 번듯한 성취를 이룬 외국인들에 대해서도 대한민국 국민들은 미국 사회가 김용 총재를 바라보는 것 같은 태도를 취할 수 있어야 한다. 그것은 선진국의 도리이고, 문화 사회의 증거이다.

선진국으로 진입하기 위해서, 대한민국 사회는 한국계라고 밝히는 해외 이민자들의 이민의 방식에 대해서도 더 이상 문제 삼지 말아야 한다. 자의와 관계없이 타의로 해외 입양된 신임 프랑스 중소기업 디지털 경제부 장관 플뢰르 펠르랭이나, 부모의 자발적 이주로 일본에서 태어난 일본 프로야구 400승 투수 가네다 마사이치(金田正一, 1933. 8. 1.~) 모두 타의에 의해 외국 국적을 취득한 사람들이다. 이들이 수립한 업적과 한국계 선언은 독립운동가 이미륵이 독일로 망명해서 발표한 문학 작품이 독일 국어 교과서에 실린 것 못지않게 대단한 위업과 용단이기 때문이다.

김용 총재가 세계은행 총재가 된 사실에 감격하듯이, 대한민국 사회는 이참 한국관광공사 사장 발탁과 이자스민과 조명철의 국회 진출도 축하해야 한다. 한국인이라고 밝히는 김용 총재에게 당신의 조국은 어디냐를 묻지 않는 것처럼, 대한민국 사회는 대한민국의 발전과 번영을 위해 헌신하는 이민자들과 입양아, 외국인과 탈북자들 모두에게도 당신의 조국이 어디냐를 묻지 말아야 한다.

대한민국 사회보다 먼저 해외 이민을 시작한 일본은 이미 해외 이민자들과 본국의 유기적 관계를 통해서, 이상적인 이민의 방식을 제시했다. 대한민국처럼 독립운동이나, 징용, 망명, 해외입양, 생존을 위한 해외 노동자 취업이 아닌, 순수한 이민 형태로만 해외 진출을 한 일본은 이민국의 상층부에 진출해서, 사회 전반에 두각을 나타내는 지도자를 양성했다. 그리고 난부 요이치로의 노벨 물리학상 수상, 알베르토 후지모리의 페루 대통령 취임과 같은 일본계 외국인들의 업적은 일본 사회의 국제신인도 향상에도 크게 기여했다.

하지만 배타적인 일본 사회의 특성은 외국인들의 일본 사회 진입을 제한하며, 배타적인 사회문화를 형성해 왔다. 외국인 지문날인 제도와 같은 외국인 차별법은 궁극적으로 자문화 우월주의의 외적 표현인 것이다. 선민의식이나 후진국 개화론은 여전히 독일과 일본에 문화 잔재로 남아 있는데, 이러한 사상은 적자생존, 약육강식과 같은 생물학의 개념에 바탕을 둔 19세기 서구 제국주의의 산물이다.

알렉산더의 대제국이나, 세계 초강대국 미국의 사례에서 알 수 있듯이, 다문화에 대해 열려 있는 사회가 되기 위해서는 잡종강세 (hybrid vigor)라는 새로운 생물학적 개념을 수용할 필요가 있다. 순혈주의, 배타사상은 세계화의 분위기 속에 대한민국을 국제 사회와 고립시키는 올무가 된다. 혼혈이나 외국인 유입은 대한민국이 쌍수를 들고 권장해야 할 의무사항은 아니지만, 대한민국 사회가 선진사회로 나아가기 위해서는 반드시 수용해야 할 권장사항이다.

다트머스 대학교 총장이었던 김용 총재가 세계은행 총재로 선출된 것은 감격스러운 일이다. 더구나 김용 총재가 자신의 정체성에 대해서 한국계라는 사실을 밝힌 것은 감동스럽기 그지없다. 어떤 외국계 미국인도 해낼 수 없는 일을 성취한 것은 김용 총재 개인의 역량과 함께, 대한민국 사회가 발전하면서 서로에게 상승작용을 한 것이 틀림없다.

이제 대한민국은 세계로 향하던 시선을 대한민국 내부로 돌려야 할 때가 되었다. 대한민국 사회 안에도 김용 총재처럼 되고 싶은 많은 외국인들이 있다. 또한 대한민국에 대한 애증을 가진 많은 한국계 외국인들이 있다. 대한민국 사회는 그들에게도 김용 총재에게 보여준 온정의 시선을 보내야 한다. 김용 총재의 성공처럼, 이참 한국관광공사 사장과 이자스민, 조명철 의원의 국회 입성도 찬사를 받아야 한다. 피부색과 인종은 다르지만, 그들도 우리와 같은 인권을 가진 인간이다.

대한민국은 김용 총재가 후진국 지원을 위한 의료 활동을 할 때, 미국인이나 한국인으로 한 것이 아니라, 인간을 사랑하는 인간으로 했던 것이라는 사실을 기억해야 한다. 김용 총재가 세계은행 총재가 된 것에 자랑스러워하듯, 대한민국은 대한민국으로 이주한 외국계 한국인들이 모국에 대한민국에서의 성공을 자랑할 수 있게 만들어야 한다. 그것은 대한민국의 국격을 향상시키며, 대한민국에 대한 호감을 증진시키는 일이다.

대한민국 사회는 대한민국의 일원임을 떳떳하게 밝히는 이들에게 오로지 이 한 가지 사실만을 부탁해야 한다.

그대 대한민국을 "아낌없이 사랑하라!"

에필로그

2012년 6월 23일 토요일 저녁 6시 18분, 대한민국 국민이 5,000만 명을 돌파했다. 1967년 3,000만 명, 1983년 4,000만 명을 돌파하고, 16년 만에 이루어진 일이다. 이로써 대한민국 국민은 세계인구 70억 5,000만 명의 0.71%를 차지하게 되었다. 통일이 이루어져 약 2,300만 명으로 추산되는 북한 인구까지 더해진다면, 통일 한국은 7,000만 명이 넘는 인구를 갖게 된다. 그렇게 되면 대한민국 국민의 수는 세계인구의 1%에 해당된다.

국민이 5,000만 명을 돌파하면서, 대한민국은 국민소득 20,000달러에 인구 5,000만 명을 가진 20−50 클럽에 가입하게 되었다. 일본(1987), 미국(1988), 프랑스와 이탈리아(1990), 독일(1991), 영국(1996) 등 주요 6개 선진국 이후에 17년 만에 등장한 7번째 회원 국가이다. 대한민국의 국제적 발언권은 이미 이전부터 강화된 상태였는데, 20−50 클럽 가입을 계기로 앞으로 국제적 영향력은 더욱 커질 것으로 전망된다.

2012년, 대한민국은 2020년 국민소득 40,000달러를 목표로 달려갈 것을 국제사회에 선포했다. 이는 실현 가능한 목표이다. 이러한 목표가 정말로 달성된다면, 대한민국은 골드만삭스가 예측하는 것처럼 2050년 국민소득 80,000달러의 세계 2위 경제대국이 될 것이다. 생각만 해도 가슴 벅차고, 흐뭇한 일이다.

2012년 대한민국의 부흥 성장은 우연한 일이 아니다. 무수한 외세의 침략을 이겨 낸 한민족의 저항정신의 꽃은 바로 1945년 조국 광복이었다. 일제 강점기를 극복하며, 한국인들은 국가 발전에 대한 강렬한 의지와 함께, 미래에 대한 비전을 획득하기 시작했다. 2012년 대한민국 사회를 움직이고 있는 역동적인 활력들은 바로 이러한 극일 정신에서 출발한다.

놀라운 사실은 지난 150년간의 근대화와 현대화의 과정이 한국인과 일본인 모두에게 유사한 형태로 진행되었다는 사실이다. 정치, 경제, 사회, 문화, 사상, 외교, 국제 모든 면에서, 한국인과 일본인들은 각각의 분야에서 두각을 나타내는 인물들을 통해, 사회를 발전시켜 온 것이다. 오늘날 대한민국과 일본이 맞이한 현실은 150년간 각 분야에서 활약해 온 인물들이 이룩한 결과의 총합이다.

2012년은 대한민국의 역사에서 일본을 극복한 시발점이 될 것이다. 대한민국과 일본은 AA라는 국가 신인도 등급에서 함께 만났다. 긍정적(Positive)인 대한민국 국가 신인도에 대한 평가와 부정적(Negative)인 일본의 국가 신인도에 대한 평가는 향후 양국의 국가 신인도 발전 방향을 나타내는 신호인 것 같다.

이러한 대한민국과 일본의 국가 신인도는 지난 150년간 두 국가가 국민들을 통해 실현해 온 정치, 경제, 사회, 문화, 사상, 외교, 국제 분야에서 축적한 국가적 역량을 바탕으로 하고 있다. 궁극적으로 대한민국과 일본은 산업혁명과 시민혁명을 통해 국제 경쟁력을 지닌 민주 시민을 양성했느냐, 그렇지 못했느냐 하는 차이점을 통해, 오늘의 현실을 맞이하게 되었다. 이상적인 민주 시민은 세계 평화와 인류 공영에 이바지할 수 있는 세계 시민을 의미한다.

역사 연표에는 나타나지 않는 것이 바로 역사의 의미이다. 대한민국과 일본의 역사는 20년의 격차를 두고 개항과 근대화, 그리고 제국주의 점령국과 식민지로 발전했지만, 실제로는 두 나라 모두 산업혁명을 통해 자본주의로 발전해 나갔고, 서구적 민주주의를 받아들이며 자유민주주의 국가로 발전해 나갔다.

대한민국과 일본의 차이는 시민혁명을 했느냐, 하지 못했느냐이다. 대한민국은 독립운동과 독재정권에 대한 저항을 통해 시민혁명을 거듭한 반면, 일본은 시민 세력을 배제한 권력 주체의 권력 이동을 통해 시민혁명을 경험하지 못했다. 시민혁명을 경험한 대한민국은 시민이 권력의 견제장치가 되었던 반면, 시민혁명을 경험하지 못한 일본은 시민이 권력을 제어하지 못하는 상황이 되었다. 알을 깨고 나온 새와 깨진 알에서 나온 새와 같은 차이가 생긴 것이다.

이러한 시민혁명 정신은 21세기에 들어서면서 대한민국과 일본을 구분 짓는 극명한 차이가 되었다. 대한민국은 절대 권력에 대한 저항정신을 기존의 질서에 대한 혁명 정신으로 발전시켰다. 정치적 성공을 경제적, 사회적, 문화적, 사상적, 외교적, 국제적 성공으로 계승한 것이다. 삼성전자의 세계 제패나, SM 엔터테인먼트의 해외 진출 등은 시민혁명의 저항정신을 사회 각 분야로 발전시킨 것이다.

반면 일본은 저항정신 없이 무상으로 받아들인 민주주의로 인해, 민주주의의 본질인 시민혁명 정신을 획득하지 못했다. 일본은 절대 권력에 대한 저항정신을 갖지 못한 까닭에, 경제적, 사회적, 문화적,

사상적, 외교적, 국제적 성공을 실현하지 못하고 있다. 21세기는 19세기에 이룩한 20세기의 패러다임을 깨고, 예측할 수 없는 방향으로 발전해 나가고 있기 때문에, 정치적으로 저항과 도전의 경험이 없는 일본 국민들은 사회 각 분야에서도 기존 질서에 도전하는 혁명 정신을 발휘하지 못하고 있다.

대한민국과 일본의 차이는 10년, 20년이 지나면 더 극명하게 나타날 것이다. 스스로 알을 깨고 나온 새와 스스로 알을 깨지 않은 새는 상상할 수 없는 차이로 나타날 것이다. 고이즈미 준이치로 총리 이후 일본 정치가 혼란을 겪고 있는 것이나, 각 분야에서 일본이 고전을 면치 못하는 것은 산업혁명과 시민혁명을 이상적으로 완성했다는 안도감에서 비롯된 것이다. 대한민국이 시민혁명과 산업혁명에 대해서 계속 회의와 의문을 제기해 왔던 것과 비교하면, 대한민국과 일본이 맞이한 오늘의 현실은 우연한 것이 아님을 알 수 있다.

2012년 현재, 대한민국은 역대 그 어느 시대보다 훌륭한 인재들을 목도하고 있다. 제18대 대통령 출마를 선언한 박근혜 전 새누리당 비대위원장과 제19대 국회의원으로 의정활동을 시작한 문재인 민주통합당 의원, 그리고 출마 선언을 하고 공식 선거 운동에 나선 안철수 후보 등은 각자의 분야에서 최선을 다해 살아온 사람들이다. 대한민국 대통령이 되겠다는 포부를 가지고 있는 이 사람들은 다 같은 정치인이 아니라, 각각 정치, 사회개혁, 혁신주의 사상을 가진 전문가들이다.

2012년 12월 19일 제18대 대통령 선거는 이들이 추구하고 있는 방향성을 국민들이 선택하는 자리이다. 그리고 그러한 선택을 통해서, 대한민국은 새로운 모습으로 발전해 나갈 것이다. 옳고 그름의 문제가 아니라, 어떤 방식으로 대한민국이 성장해 나갈 것이냐 하는 대한

민국 국민들의 결단의 문제이다. 어떤 후보가 뽑혀도 좋을 만큼, 2012
년 대한민국은 지도자 풍년이다. 국민 개개인이 가진 지역성, 이념성,
정치성을 배제하고 보면, 세 명의 후보들 모두 훌륭한 인물들이다.
2012년 제18대 대통령 선거가 기다려지고, 대한민국 국민들이 국가주
의와 국민주의, 혁신주의 지도자 중 어떤 지도자를 선택할지 벌써부
터 기대가 된다.

삼성전자의 도약은 경천동지할 일이다. 6·25한국전쟁이 끝났을
때만 하더라도, 대한민국은 국민소득 100달러도 안 되는 후진국이었
다. 내다팔 것도 없고, 식량 원조를 받아서 겨우 연명하던 대한민국은
1960년대부터 산업화를 시작해서, 이제 세계 최고의 기술력을 가진
IT 강국이 되었다. 삼성전자는 일본의 IT 기업들 전체보다 많은 매출
과 순이익을 기록하는 세계 최고의 기업이 되었다. 삼성전자의 이건희
회장은 애플과의 특허 소송을 하며, 유례없는 국민적 지지를 받고 있
다. 이런 정서를 발전시킨다면, 삼성전자는 국민기업도 될 수 있다.

이수만 회장의 SM 엔터테인먼트 역시 삼성전자의 도약과 같은 성
취를 이룩했다. 한류의 붐을 5대양 6대주로 확산시킨 이수만 회장의
저력은 세계제국을 건설한 칭기즈 칸을 떠올리게 하고, 스웨덴 그룹
아바(ABBA)처럼 세계인들에게 기억되기를 고대한다. 연예업에 대기
업의 제품 기획, 제작, 홍보 전략을 가져온 이수만 회장은 몰락한 파
나소닉과 소니가 아니라, 수백 년째 건재한 페라가모와 구찌 같은 명
품을 생산하는 연예 장인이 되어야 한다.

반기문 유엔 사무총장과 김용 세계은행 총재의 등장은 욱일승천하
는 대한민국 국력을 상징한다. 세계의 위기를 조정하고, 국제 문제를
경영하는 국제기구의 수장에 두 사람의 한국인이 자리를 잡고 있다

는 것은 대한민국 국가 경쟁력을 반영하는 사례이다. 1910년 일제 강점기, 1945년 광복, 1953년 6·25한국전쟁 휴전 당시를 돌이켜 보면, 대한민국 역사에 결코 일어날 수 없는 일들이 일어난 것이다. 대한민국이 맞이한 자랑스러운 현실은 대한민국에 대한 기대와 함께 책임감도 불러일으킨다.

골드만삭스가 2050년 GNP 80,000달러의 세계 2위 국가로 대한민국을 지목한 것과 반기문 유엔 사무총장과 김용 세계은행 총재의 선출은 별개의 일이 아니다. 대한민국의 국가 경쟁력은 미국의 지원이 없이는 상상할 수 없는 일이다. 미국은 반기문 유엔 사무총장과 김용 세계은행 총재를 세계의 지도자로 선택함으로써, 대한민국을 혈맹으로 받아들이고 있다.

대한민국을 미국의 식민지라고 주장하는 반미주의자들도 인정하는 대한민국의 국가 경쟁력 향상이다. 소련이 선택한 동독과 미국이 후원한 서독처럼, 중국이 지원하는 북한과 미국이 협력하는 대한민국의 차이는 앞으로도 더 벌어질 것이다. 중국과 러시아를 상대하는 지형적 조건 외에, 지난 60년간 자유민주주의와 자본경제에 대해 일관성을 보여 온 대한민국에 대한 미국을 비롯한 자유세계의 지원은 앞으로도 계속될 것이고, 대한민국은 점차 자유세계를 인도하는 선도국으로 발전해 나갈 것이다.

산업혁명과 시민혁명 모두를 이룩하고 근대화에 성공한 대한민국은 이제 통일을 향해 나아가고 있다. 통일은 대한민국의 발전과 국제사회의 인정을 통해 자연스럽게 이루어질 운명적 사건이다. 그렇지만 통일을 위해서는 대한민국 지도자들의 적극적인 준비가 필요하다. 그리고 국민들의 혼연일치된 단결이 시간을 앞당길 수 있다. 통일 조국의 국가 경쟁력은 우리가 지금 상상하는 것 이상이 될 것임에 틀림없다.

그러나 이러한 상황 속에서 기억해야 할 것은 일본의 위력이다. 일본은 여전히 세계를 움직일 수 있는 강력한 동력을 가진 국가이다. 무장화를 통해서 순식간에 10,000기 이상의 핵무기를 보유할 수도 있고, 1억 3천만 명의 독자적 경제권역을 발전시켜 다시 한번 세계 경영을 추진할 수도 있다. 일본은 세계 최강 대국 미국과 대결하겠다고 선전포고를 한 국가였다. 그것은 중국도, 러시아도 감히 생각하지 못한 일이었다. 대한민국은 이러한 일본을 주변국으로 두고 생활하고 있다.

일본을 물리치고 세계 2위의 경제력을 획득한 중국도 간과할 수 없는 경쟁 국가이다. 중국은 오히려 대한민국을 경쟁국으로 간주하지 않을 수도 있다. 새로운 정치, 경제 형태를 취하면서, 서서히 제자리를 찾아가는 러시아도 우리가 무시하지 못할 세력이다. 이러한 국가들 사이에서 대한민국이 국가 경쟁력을 확보하고 있다는 사실이 기적처럼 느껴진다.

6·25한국전쟁을 거치면서 혈맹의 단계로까지 부상한 미국과의 원만한 관계 유지, 그리고 유엔 가입국 192개국과의 조화를 통해, 대한민국이 이룩해야 할 과제는 남북통일이다. 유럽연합의 맹주 독일의 통일처럼, 이제부터 남북통일을 위해 대한민국이 주도면밀해져야 할 것이다. 2012년 대한민국 사회를 움직이는 활력들은 한민족이 세계로 웅비하는 데 가장 큰 성장 자산이 될 통일에 초점이 맞춰져야 하는 것이다. 2012년 대한민국 사회를 설득하기 위해 나선 각 분야의 인재들을 보며, 흐뭇한 마음을 금할 길이 없다.

2012년, 한국사회를 움직이는 7가지 설득력이 향후 대한민국의 발전을 예감하는 지침서가 되기를 바란다. 오랜 기간 출간 지연을 기다려준 조선일보에 진심으로 감사한다.

150년 전 근대화 실패로 인한 역사적 오류를 뒤로하고,
50년 뒤 세계 1등 선진국 대한민국을 꿈꾸며

6·25한국전쟁 서울 수복 제62주년을 맞는
2012년 9월 28일 아침
여의도에서 저자 이성민

이성민

　한국방송공사 아나운서실 차장
　백석예술대학교 외국어학부 겸임교수
　고려대학교 영문학 박사
　고려대학교 일문학 박사 수료

　『윌리엄 포크너의 미국주의』
　『가나데혼 주신구라의 비극성』

한국사회를
움직이는
7 가지
설득력

초 판 인 쇄 ｜ 2012년 11월 30일
초 판 발 행 ｜ 2012년 11월 30일

지 은 이 ｜ 이성민
펴 낸 이 ｜ 채종준
펴 낸 곳 ｜ 한국학술정보(주)
주　　　소 ｜ 경기도 파주시 문발동 파주출판문화정보산업단지 513-5
전　　　화 ｜ 031) 908-3181(대표)
팩　　　스 ｜ 031) 908-3189
홈 페 이 지 ｜ http://ebook.kstudy.com
E - m a i l ｜ 출판사업부　publish@kstudy.com
등　　　록 ｜ 제일산-115호(2000. 6. 19)

ISBN　　978-89-268-3737-5 03330 (Paper Book)
　　　　978-89-268-3738-2 05330 (e-Book)

이담
Books 는 한국학술정보(주)의 지식실용서 브랜드입니다.